Jürgen Funk, Nora Hummel, Axel Schack (Hg.)

Familienpolitik im Unternehmensfokus

10. Wiesbadener Gespräche zur Sozialpolitik

Jürgen Funk, Nora Hummel, Axel Schack (Hg.)

Familienpolitik im Unternehmensfokus

10. Wiesbadener Gespräche zur Sozialpolitik

Frankfurter Allgemeine Buch

Bibliografische Information der Deutschen Nationalbibliothek
Die Deutsche Nationalbibliothek verzeichnet diese Publikation in der Deutschen Nationalbibliografie; detaillierte bibliografische Daten sind im Internet über http://dnb.d-nb.de abrufbar.

Jürgen Funk, Nora Hummel, Axel Schack (Hg.)
Familienpolitik im Unternehmensfokus
10. Wiesbadener Gespräche zur Sozialpolitik

Frankfurter Societäts-Medien GmbH
Frankenallee 71–81
60327 Frankfurt am Main
Geschäftsführung: Hans Homrighausen

Frankfurt am Main 2014

ISBN 978-3-95601-063-7

Frankfurter Allgemeine Buch

Redaktion: Gabriele Deisinger, Eric Morel und Ole Richert

Umschlaggestaltung: Q Kreativgesellschaft mbH, Wiesbaden
Foto: Arne Landwehr
Umschlag: Anja Desch, F.A.Z.-Institut für Management-, Markt- und Medieninformationen GmbH, 60327 Frankfurt am Main
Satz: Wolfgang Barus, Frankfurt am Main
Druck: Kösel GmbH & Co. KG, Am Buchweg 1, 87452 Altusried-Krugzell

Printed in Germany

Inhalt

Unternehmensbeispiele

Verband und Zukunftsforschung

Vorwort

Der Arbeitgeberverband HessenChemie hat in seiner Verbandsstrategie$^{\text{2013plus}}$ als oberstes Ziel die Gestaltung und Verbesserung wettbewerbsfähiger und flexibler Arbeits- und Wirtschaftsbedingungen für die Mitgliedsunternehmen, die Sicherung des Industriestandortes Deutschland und die Bewahrung der sozialen Marktwirtschaft definiert. Der Familienpolitik kommt in diesem Kontext in den vergangenen Jahren eine immer höhere Bedeutung zu.

Sucht man bei Wikipedia nach dem Begriff „Familienpolitik", so lautet der erste Satz des dazugehörigen Artikels: „Unter Familienpolitik versteht man die Gesamtheit der Maßnahmen, mit denen der Staat regelnd und gestaltend die Rahmenbedingungen für Familien beeinflusst.". Mehr als 150 verschiedenen Einzelleistungen mit einem finanziellen Volumen von jährlich rund 200 Milliarden Euro, die in Deutschland für familienpolitische Zwecke verwendet werden, sind ein eindrucksvoller Beleg dieses Verständnisses. Familienpolitik als Spannungsfeld zwischen dem Staat und seinen Bürgern, mit der Familie als Zielobjekt und Nutznießer staatlichen Handelns.

Diese Auffassung von Familie und Familienpolitik greift aber zu kurz, denn es geht von dem Bild einer bürgerlichen Kleinfamilie aus. In Zeiten sich wandelnder Familienbilder, von Singlehaushalten und Patchworkfamilien stellt sich vielmehr die Frage, was Familie heute (noch) ist oder in Zukunft sein könnte. Dr. Eike Wenzel, Zukunftsforscher und Gründer des Heidelberger Instituts für Trend- und Zukunftsforschung, geht dieser Frage in seinem Beitrag zum Konzept einer Großfamilie 2.0 nach. Damit unmittelbar verbunden ist die Frage, ob die derzeitigen an die Familie anknüpfenden politischen Konzepte und Maßnahmen zum einen den Bedürfnissen heutiger Familien genügen und ob diese aus ökonomischer Sicht sinnvoll sind. Professor Dr. Michael Hüther und Dr. Wido Geis vom Institut der deutschen Wirtschaft Köln greifen diese Frage in ihrem Beitrag „Wie effektiv ist die familienpolitische Förderung aus ökonomischer Sicht?" auf.

Stellt man die Frage nach dem „Warum?" von Familienpolitik, so wird man nicht nur mehr als eine Antwort bekommen, sondern neben der Bundes- und Landespolitik auch eine Vielzahl weiterer Akteure auf diesem Gebiet ausmachen können, die sich teilweise auch widersprechen. So engagieren sich Kommunen und Städte nicht zuletzt, um ihre Einwohnerzahl zu halten und neue Bürger zu gewinnen. Karl-

Christian Schelzke beleuchtet diesen Aspekt in seinem Beitrag „Familienpolitik in der Kommune. Eine Herausforderung für alle“. Unternehmen greifen das Thema auf, um generell, aber auch besonders im Kampf um die besten Köpfe („war for talents“), wettbewerbsfähig zu sein und um sich auf den drohenden Fachkräftemangel vorzubereiten beziehungsweise diesem zu widerstehen. Viele Unternehmen haben diese Herausforderungen bereits erkannt und setzen mit ihrer betrieblichen Familienpolitik ein Zeichen für Arbeitgeberattraktivität und gute Arbeit. Dies zeigt sich unter anderem eindrucksvoll anhand der in diesem Tagungsband dargestellten Beispiele aus den Unternehmen AbbVie Deutschland GmbH und Co. KG, der B. Braun Melsungen AG und der Technoform Group.

Die Sozialpartner der chemischen Industrie sind bei der Schaffung guter, familienfreundlicher Arbeitsbedingungen Vorreiter und Partner der Unternehmen. Im Rahmen des Wittenbergprozesses zur sozialen Marktwirtschaft haben die Industriegewerkschaft Bergbau, Chemie, Energie (IG BCE) und der Bundesarbeitgeberverband Chemie e.V. (BAVC) bereits 2008 eine außertarifliche Sozialpartnervereinbarung getroffen, in der sie sich explizit dazu verpflichten, „unter den Bedingungen des globalen Wettbewerbs die Voraussetzungen für gute Arbeit zu bewahren“ und verantwortungsvoll für diese einzutreten. Dieses Bestreben manifestiert sich nicht nur im tarifvertraglichen Bereich, zum Beispiel durch den Tarifvertrag Lebensarbeitszeit und Demografie, sondern auch in vielen Projekten und Initiativen der Sozialpartner, wie den Beiträgen von Edeltraud Glänzer und Margret Suckale zu entnehmen ist.

Die betriebliche Familienpolitik spielt vor dem Hintergrund des demografischen Wandels und den damit einhergehenden Herausforderungen für Gesellschaft und Unternehmen eine maßgebliche Rolle für die zukünftige Wettbewerbsfähigkeit nicht nur der Unternehmen der chemischen Industrie, sondern aller Branchen und Unternehmen in der Bundesrepublik Deutschland. Angesichts dieses Megatrends beleuchtet das vorliegende Buch das Thema Familienpolitik aus unterschiedlichen Perspektiven, ohne dabei den Schwerpunkt der Unternehmenssicht aus den Augen zu verlieren. Die verschiedenen Beiträge sollen zur Versachlichung der Diskussion auf dem Weg zum Ziel des Verbandes beitragen. Sie geben die Meinungen des jeweiligen Verfassers wider.

Wiesbaden, im Oktober 2014 — Die Herausgeber

Politische Dimension

Grußwort der Bundesministerin für Familie, Senioren, Frauen und Jugend

Manuela Schwesig

Die Lebensrealität junger Familien ändert sich. Immer mehr Mütter mit kleinen Kindern gehen ihrem Beruf nach und möchten beruflich weiterkommen, immer mehr Männer möchten sich stärker am Familienleben beteiligen. In vielen Familien sind Arbeits- und Familienzeit aber ungleich auf Mann und Frau verteilt – und das entspricht oft nicht den Wünschen der Familien. Die Mehrheit der Paare mit kleinen Kindern wünscht sich heute eine partnerschaftliche Arbeitsteilung, in der beide Eltern die Chance haben, sowohl für die Familie da zu sein als auch im Beruf Aufstiegsmöglichkeiten zu haben. Doch nur wenigen gelingt es, dieses Modell auch im Alltag umzusetzen. Das führt in vielen Familien zu Unzufriedenheit und Stress.

Gleichzeitig stellt der demografische Wandel unsere Gesellschaft aber auch unseren Arbeitsmarkt vor neue Herausforderungen. Die Zeiten, in denen Unternehmen sich aus einer Vielzahl von Bewerberinnen und Bewerbern ihr Personal aussuchen konnten, gehen zu Ende. In einer alternden Gesellschaft sind es die gut ausgebildeten Frauen und Männer, die die Auswahl unter mehreren potenziellen Arbeitgebern treffen. Dabei entscheiden sie nicht nur nach Gehalt und Karriereoptionen, sondern achten zunehmend darauf, ob sie Familie und Beruf vereinbaren können. Familienfreundliche Unternehmen haben es daher leichter, Fachkräfte anzuziehen und dauerhaft zu binden.

Moderne Familienpolitik besteht vor diesem Hintergrund darin, partnerschaftliche Familienmodelle zu fördern. Mit dem „ElterngeldPlus" wollen wir Eltern die bestmögliche Inanspruchnahme des Elterngeldes in Kombination mit einer Teilzeittätigkeit ermöglichen, damit sich für sie ein rascher Wiedereinstieg in den Job auch wirklich lohnt. Diese Eltern sollen doppelt so lange Elterngeld bekommen wie bisher. Und wenn sie Familie und Beruf gemeinsam gleichzeitig schultern, soll es für sie zusätzlich einen Partnerschaftsbonus geben. Eine Teilzeittätigkeit darf aber nicht zu einer Teilzeitfalle werden, die aufs Karriere-Abstellgleis führt. Daher werden wir einen Anspruch auf befristete Teilzeitarbeit einführen. Flankierend zu diesen Maßnahmen werden wir den Ausbau der Kinderbetreuung weiter intensiv vorantreiben.

Für viele Mütter und Väter sind familienfreundliche Arbeitsbedingungen und vor allem Arbeitszeiten entscheidend, um Beruf und Familie gut zu vereinbaren. Viele Unternehmen haben die Bedeutung von Familienfreundlichkeit bereits erkannt, um das Potenzial qualifizierter Fachkräfte für sich zu gewinnen und zu halten. Dies wird in Zukunft noch wichtiger werden. Mit unserem Unternehmensprogramm „Erfolgsfaktor Familie" helfen wir Arbeitgebern in Zusammenarbeit mit Wirtschaftsverbänden und Gewerkschaften, familienfreundliche Maßnahmen im betrieblichen Alltag umzusetzen. Das zugehörige Unternehmensnetzwerk beim Deutschen Industrie- und Handelskammertag mit rund 5.500 Mitgliedern unterstützt vor allem kleine und mittlere Betriebe kostenlos und unkompliziert und vernetzt die Akteure aus der Wirtschaft in den Regionen.

Wie es gelingen kann, Familienpolitik so zu gestalten, dass Eltern sich familiäre und berufliche Aufgaben gemäß ihren Wünschen aufteilen können und gleichzeitig die Gesellschaft und Wirtschaft davon profitieren, ist eine der entscheidenden Zukunftsfragen. Ich freue mich, dass die 10. Wiesbadener Gespräche zur Sozialpolitik sich diesem Thema widmen. Sie leisten damit einen wichtigen Beitrag zur innovativen Gestaltung der Arbeitswelt.

Die Familie eint und entzweit wie wenig andere Themen – und das bezieht sich nicht nur auf die privaten Beziehungen, die in und durch die Familie gepflegt werden. Es liegt also nahe, unseren Tagungsband nicht mit einem Fachartikel zu eröffnen, sondern mit einem Impulsessay, das Meinungen und Perspektiven, Frust und Lust rund um die Familie in einer prägnanten Form bündelt.

Vereinbarkeit 2.0 – ein Impulsessay

Jutta Allmendinger

Frust. Die Politik fühlt sich missverstanden. Dabei hat sie doch so viele Mittel für familienpolitische Leistungen bereitgestellt. So viele neue Programme aufgelegt: Elterngeld, Betreuungsgeld, das Recht auf einen Kitaplatz schon für Einjährige, die Flexiquote. Und was ist das Ergebnis? Deutschland hat mit die niedrigste Geburtenrate in Europa und so wenige Frauen in Führungspositionen, dass die Europäische Kommission schon Mahnungen schickt. Die Menschen verlieren das Interesse an Politik, ihr Vertrauen sinkt. 80 Prozent der Frauen sagen: Es wird nicht genug für die Gleichstellung getan. Sehen die nicht richtig hin? Wie undankbar.

Die jungen Frauen fühlen sich einsam und vorgeführt: Was wollt ihr eigentlich noch alles von uns? Wir machen Abitur und studieren, sagen sie, zunehmend auch in den MINT-Fächern. Wir setzen unsere Ausbildung um, sind erwerbstätig, sehr gern sogar und fast ununterbrochen. Wir erziehen Kinder und pflegen Eltern. Das wolltet ihr doch mit der Reform des Unterhaltsrechts und mit den Hartz-IV-Regelungen. „Verdient euer eigenes Geld, macht euch finanziell unabhängig", wurde uns von klein auf gesagt. Die Männer haben das sofort verstanden. Sie erwarten, dass wir selbst für unseren Unterhalt sorgen. Der deutschen Wirtschaft helfen wir dadurch sehr. Sie profitiert gern von unserer guten Ausbildung. „Frauen gegen den Fachkräftemangel: Nutzt die bislang verschenkten Potenziale", so das Credo landauf und landab.

Klar, ihr wollt auch Kinder. Wir auch, sehr sogar. Ihr tut auch was dafür, das sehen wir. Das Elterngeld ist gut, auch wenn es uns zeigt, wie wenig unsere Familienarbeit offenbar geschätzt wird. Die Väter würdet ihr sicher nicht so billig abspeisen. Doch unser Einkommen reicht nicht für die ganze Familie. Mehr Kitas soll es nun geben, aber die meisten werden zu schnell aus dem Boden gestampft, sind nicht gut ausgestattet. Und das jetzt, wo alle gute und verlässliche Kitas mit langen Öffnungszeiten brauchen. Kommen unsere Kinder zur Schule, wird es auch nicht besser. Der Unterricht endet früh, eher als unser Job. Wir drücken also zu Hause mit unseren Kindern noch die Schulbank, helfen ihnen bei den Hausaufgaben, fragen sie für Tests ab. Neben Geld verdienen und Haushalt ist das unsere dritte Pflicht. Irgendwie schaffen wir das, reduzieren die bezahlte Arbeit, arbeiten dafür länger ohne Bezahlung. Wir organisieren uns und unsere Familie bis auf die Minute durch. Zeit zum Durchatmen oder um mit den Kindern einfach nur mal ein Eis essen zu gehen? Schön wär‘s.

Meint ihr das mit Vereinbarkeit von Familie und Beruf? Es muss doch gehen, sagt ihr, mit all der Flexibilität. Ja, die haben wir. Wir sehen aber auch, wie die Männer im Job an uns vorbeirauschen, winkend, denn in der Schule hatten wir die besseren Noten und rauschten an ihnen vorbei. Wir sehen auch die kinderlosen Frauen, sie haben eine Vollzeitstelle, ihnen wird Verantwortung übertragen. Doch bald verharren auch sie, zögern und zweifeln, sind zerrissen. Kinderlos bleiben? Nein, das würden sie dann doch bereuen. All das wäre nicht schlimm, wären wir nicht erzogen und ausgebildet worden mit Blick auf einen Job, in dem wir uns weiterentwickeln können, eine Karriere aufbauen. Diesen Twist bekommen wir nicht aus dem Kopf. Wir wollen nicht in dieser Sackgasse steckenbleiben, auf dieser Teilzeitstelle. Wir wollen uns nicht einfach anpassen und lächelnd schlucken. Das setzt uns zu und macht mürbe.

Auch die jungen Männer fühlen sich nicht wohl: Wir haben gelernt, dass wir den Arbeitsmarkt mit Frauen teilen, sagen sie, häufiger sogar im gleichen Beruf. Wir haben akzeptiert, hier und da auch eine Führungsposition an eine Frau abzugeben. Vom Argument „Frauen wollen doch gar nicht führen“ haben wir uns längst verabschiedet. Ein Drittel von uns sagt offen: „Frauen sind die besseren Chefs.“ Larmoyant sind wir sicher nicht. Wir sehen, dass wir mehr Geld verdienen, schneller befördert werden, in die besseren Jobs kommen. Wir stehen an der Seite der Frauen. Nur die Quoten gehen zu weit. Warum sollen wir büßen für die Privilegien unserer Väter und Großväter? Und vergessen wir nicht unsere Kollegen mit niedriger Bildung. Auch sie bräuchten eine Quote. Bildungsarmut ist Männerarmut. Über 80 Prozent jener, die nicht das richtige Elternhaus hatten und nur einen Hauptschulabschluss machten, fühlen sich heute aus der Gesellschaft ausgeschlossen. Warum sieht da niemand hin?

Und dann die Kinder. Auch wir Männer wollen sie, gar keine Frage. Auch für uns gehören sie zu einem erfüllten Leben dazu. Doch zugeben will das fast keiner von uns. Wird man dann nicht als uncool abgestempelt? Kinder sind anstrengend, sie kosten viel und machen eine Menge Arbeit. Die Mütter gehen dann auf Teilzeit, verdienen weniger und wollen auch noch unsere Zuarbeit. Zwei Monate Elternzeit geht ja noch, mittlerweile wehrt sich nur jeder Dritte von uns dagegen. Wir bringen unser Kind auch mal zur Kita oder holen es nachmittags vom Sport ab. Das bekommen wir ab und zu schon hin. Aber immer putzen, waschen, kochen? Das geht dann doch zu weit. Wie sollen wir das auch schaffen? Wir müssen nun ja länger arbeiten, wir brauchen das Geld, und der Chef will unsere Anwesenheit. Ansonsten können wir die nächste Beförderung gleich in den Wind schreiben. Wir selbst würden auch lieber kürzertreten, stattdessen machen wir Überstunden. Gedankt wird uns nicht, unsere Frauen werden zunehmend böse. Warum sehen sie nicht, dass es viel schwieriger ist, altes Terrain zu verlassen, von der Vollzeit runter auf eine geringere Stundenzahl zu gehen? Die meisten von uns werden doch von ihrem Chef schief angeguckt, wenn sie ihre Arbeitszeit reduzieren wollen.

Alle sind irgendwie unglücklich. Nur: Frust hilft nicht, niemandem. Politik und Wirtschaft müssen handeln, mutig Perspektiven entwickeln, die Orientierung geben. Die Erwerbsarbeit von Frauen und Männern ist mittlerweile gesetzt. Warum geht man da ran und schafft mit dem Betreuungsgeld ganz falsche Anreize? Auch die Vereinbarkeit ist gegeben, so lange wir über Frauen, eine niedrige Teilzeit, geringe Einkommen und viel unbezahlte Hausarbeit reden. Vereinbarkeit muss aber mehr als das bedeuten: eine tatsächliche Chance auf eine ordentliche Karriere und ein gerechter Lohn für die gezeigte Leistung. Das wollen Frauen, das versprechen wir ihnen. Zu erreichen ist dies nur, wenn wir bezahlte Erwerbsarbeit und unbezahlte Familienarbeit fairer zwischen Frauen und Männern aufteilen. Wir können nicht über Erwerbsarbeit reden, ohne die Hausarbeit zu thematisieren. Solange die bezahlte Erwerbsarbeit so ungleich wie heute verteilt ist, und zwar systematisch entlang der Geschlechterlinien, solange werden Arbeitgeber auf Verfügbarkeit und Erreichbarkeit setzen. Sie werden Frauen und Männern nicht vertrauen, die hervorragend sind, aber nicht immer anwesend. Sie werden zurückschrecken vor Personalentwicklungsplänen mit langem Atem, vor Führung in niedriger Vollzeit oder in Teams. Dabei können solche Teams die temporäre Abwesenheit einer Kollegin oder eines Kollegen besser auffangen.

Wir brauchen neue Arbeitszeiten, 32 Stunden in der Woche, gerechnet über ein ganzes Arbeitsleben. Frauen können dann länger arbeiten, Männer weniger. Das wünschen sie sich auch. Aber sie wollen auch nicht zu den heutigen Konditionen arbeiten, mit 50 Stunden und mehr in der Woche. Das sagen sie deutlich. Vor Jahren, bei der Debatte zur Humanisierung der Arbeitswelt, waren wir da weiter. Heute beklagen wir den Burnout. Mit den neuen Arbeitszeiten würden wir viel gewinnen. Die Arbeitszeiten von Frauen und Männern würden sich annähern, was sich positiv auf die Chancengerechtigkeit auswirkt und zu Produktionsgewinnen beiträgt. Frauen und Männer hätten unterm Strich auch mehr Zeit für sich und füreinander. Sie können etwas für ihre Gesundheit tun, sich weiterbilden und wahrscheinlich eher bis zur Altersgrenze arbeiten. Es mag merkwürdig klingen, aber wenn wir die Arbeitszeit verkürzen, kann das Arbeitsvolumen sogar steigen. Natürlich brauchen wir auch eine Entlastung von Eltern, Lehrern und Kindern. Einen Auf- und Ausbau der Schulen zu verlässlichen Ganztagsschulen, mit mehr gut ausgebildetem Personal. Das kostet Geld. Aber das sind familienpolitische Maßnahmen, die in den Familien auch ankommen. Sie würden beitragen zu einem Miteinander von Beruf und Familie, das wir wahrhaftig Vereinbarkeit nennen dürfen.

Wie effektiv ist die familienpolitische Förderung aus ökonomischer Sicht?

Michael Hüther und Wido Geis

A. Einführung

In den letzten Jahren steht die Familienpolitik in Deutschland vermehrt im Fokus des öffentlichen Interesses und wird zunehmend auch unter ökonomischen Gesichtspunkten diskutiert. Dies ist zum einen die Folge einer breiten Debatte um die anhaltend niedrige Fertilität in Deutschland und deren längerfristigen Auswirkungen auf die Finanzierbarkeit der umlagefinanzierten sozialen Sicherungssysteme sowie auf die Verfügbarkeit qualifizierter Arbeitskräfte. Zum anderen hängt dies auch mit einer großangelegten Evaluation der familienpolitischen Leistungen mit den Mitteln der ökonomischen Wirkungsforschung zusammen, deren Ergebnisse im Jahr 2013 vorgelegt wurden[1]. Dabei hat sich gezeigt, dass Familienpolitik einen wichtigen Beitrag zur wirtschaftlichen Entwicklung in Deutschland leisten kann, die einzelnen Leistungen jedoch unterschiedlich effektiv sind und teilweise zu unerwünschten Nebeneffekten führen.

Der vorliegende Beitrag stellt die Wirksamkeit der familienpolitischen Leistungen in Deutschland aus ökonomischer Sicht dar. In einem ersten Schritt wird die Bedeutung familienpolitischer Maßnahmen für die wirtschaftliche Entwicklung vor dem Hintergrund des demografischen Wandels beschrieben (Abschnitt B). Daraufhin wird kurz auf den heutigen Stand der Familienpolitik in Deutschland eingegangen (Abschnitt C). Im Anschluss daran wird die Wirksamkeit familienpolitischer Maßnahmen in den Teilbereichen Betreuungsinfrastruktur (Abschnitt D), monetäre Leistungen (Abschnitt E) und Zeitpolitik (Abschnitt F) im Detail diskutiert. Der Beitrag schließt mit einer kurzen Zusammenfassung und einigen Empfehlungen (Abschnitt G).

1 BMFSFJ – Bundesministerium für Frauen, Senioren, Familie und Jugend, 2013, Politischer Bericht zur Gesamtevaluation der ehe- und familienbezogenen Leistungen, Berlin.

B. Demografischer Wandel und wirtschaftliche Entwicklung: Familienpolitik hat entscheidenden Einfluss

Für den wirtschaftlichen Erfolg Deutschlands ist die Fachkräftebasis von zentraler Bedeutung. Einerseits können die Unternehmen ihr Marktpotenzial nur voll ausschöpfen, wenn ihnen genügend qualifizierte Mitarbeiter für die Herstellung und den Vertrieb ihrer Waren und Dienstleistungen zur Verfügung stehen. Andererseits müssen sie technisch auf dem neuesten Stand sein, um im globalen Wettbewerb bestehen zu können. Dies setzt Innovationen voraus, die von hochspezialisierten Fachkräften erbracht werden. Allerdings tun sich bereits heute viele Unternehmen in Deutschland schwer, für die Besetzung ihrer offenen Stellen geeignete Kandidaten zu finden. In einer Erhebung aus dem Jahr 2013 gaben 70 Prozent der Unternehmen an, dass zu wenig passende Bewerber für die Besetzung von Stellen für qualifizierte Tätigkeiten zur Verfügung stehen. Zudem gehen die meisten Unternehmen davon aus, dass die Bewerberlage auch mittelfristig angespannt bleiben wird. So erwarten 64 Prozent, dass auch in fünf Jahren die Bewerberzahl für qualifizierte Tätigkeiten nicht ausreichen wird[2]. Dabei stellt sich die Problematik allerdings je nach Berufsfeld unterschiedlich dar. Während es in vielen Bereichen heute zumindest rein rechnerisch noch genügend Bewerber gibt, um alle offenen Stellen zu besetzen, bestehen in einer Reihe von Ingenieurberufen, gewerblich-technischen Ausbildungsberufen und Gesundheitsberufen substanzielle Fachkräfteengpässe[3].

Diese Fachkräfteengpässe dürften sich in den nächsten Jahren noch verstärken und auf weitere Bereiche ausweiten. Grund hierfür ist der demografische Wandel. Bereits seit Anfang der 70er Jahre werden in Deutschland weniger Kinder geboren als für den Erhalt der Bevölkerung notwendig wären. Seit der Wiedervereinigung schwankt die zusammengefasste Geburtenziffer zwischen 1,2 und 1,4 Kindern je Frau; im Jahr 2011 lag sie bei 1,36[4]. Ein Wert in dieser Größenordnung bedeutet, dass die Kindergeneration um rund ein Drittel kleiner ist als die Elterngeneration. Kommt es nicht zu einer starken Zuwanderung, führt dies zu einem deutlichen Bevölkerungsrückgang in den

---

2 BMAS – Bundesministerium für Arbeit und Soziales, 2013, Unternehmensbarometer – Fachkräftesicherung 2013, Berlin.

3 Demary, Vera/Seyda, Susanne, 2013, Engpassanalyse 2013 – Besondere Betroffenheit in den Berufsfeldern Energie und Elektro sowie Maschinen- und Fahrzeugtechnik, Gutachten im Auftrag des Bundesministeriums für Wirtschaft und Technologie.

4 Statistisches Bundesamt, 2013, Bevölkerung und Erwerbstätigkeit – Natürliche Bevölkerungsbewegungen 2012, Fachserie 1 Reihe 1.1, Wiesbaden.

nächsten Jahren und Jahrzehnten. Bei einer Nettozuwanderung von 100.000 Personen im Jahr würde Prognosen des statistischen Bundesamts zufolge die Bevölkerung von 82 Millionen im Jahr 2008 auf 79,9 Millionen im Jahr 2020 und 77,4 Millionen im Jahr 2030 sinken (Tabelle 1).

	1990	2000	2010	2020	2030
Gesamtbevölkerung in Tausend	79.753	82.260	81.752	79.914	77.350
Bevölkerung unter 20 Jahren in Tausend	17.307	17.390	15.082	13.624	12.927
Anteil an der Gesamtbevölkerung in Prozent	*21,7*	*21,1*	*18,4*	*17,0*	*16,7*
Bevölkerung zwischen 20 und 65 Jahren in Tausend	50.534	51.176	49.826	47.636	42.149
Anteil an der Gesamtbevölkerung in Prozent	*63,4*	*62,2*	*60,9*	*59,6*	*54,4*
Bevölkerung über 65 Jahren in Tausend	11.912	13.694	16.844	18.654	22.275
Anteil an der Gesamtbevölkerung in Prozent	*14,9*	*16,6*	*20,6*	*23,3*	*28,8*

Tabelle 1: Entwicklung der Bevölkerung nach Altersgruppen (Fortschreibung und Prognose). Ab 2020: Variante: Untergrenze der „mittleren" Bevölkerung (Geburtenhäufigkeit: annähernd konstant, Lebenserwartung: Basisannahme, Wanderungssaldo: 100.000)

Quelle: Statistisches Bundesamt 2009, 2013

Dabei verschiebt sich auch die Altersstruktur der Bevölkerung. Waren im Jahr 1990 noch 21,7 Prozent der Bevölkerung in Deutschland unter 20 Jahre alt, so sank dieser Anteil bis zum Jahr 2010 auf nur noch 18,4 Prozent[5]. Dieser Rückgang der jungen Bevölkerung wird sich auch in absehbarer Zukunft fortsetzen. Prognosen des statistischen Bundesamts zufolge[6] wird ihr Anteil bei einer Nettozuwanderung von 100.000 Personen im Jahr 2030 nur noch bei 16,7 Prozent liegen. Gleichzeitig nimmt auch die Bevölkerung im erwerbsfähigen Alter ab. Waren im Jahr 2008 noch 60,6 Prozent der Menschen in Deutschland zwischen 20 und 65 Jahren alt, so werden es den Prognosen zufolge 2030 nur noch 54,5 Prozent sein. Allein die Anzahl der Älteren über 65 Jahren nimmt noch deutlich zu und wird den Prognosen zufolge von 16,7 Millionen im Jahr 2008 auf 22,3 Millionen im Jahr 2030 ansteigen (Tabelle 1).

5 Statistisches Bundesamt, 2013, GENESIS – Fortschreibung des Bevölkerungsstandes: Deutschland, Stichtag, Altersjahre, URL: https://www-genesis.destatis.de [Abrufdatum: 01.07.2013].

6 Statistisches Bundesamt, 2009, Bevölkerung Deutschlands bis 2060 – Ergebnisse der 12. koordinierten Bevölkerungsvorausberechnung 2009, Wiesbaden.

Ein derart starker Anstieg der älteren Bevölkerung führt nicht nur am Arbeitsmarkt, sondern auch im umlageorientierten Renten- und Sozialversicherungssystem zwangsweise zu großen Herausforderungen, da einer wachsenden Anzahl an Leistungsempfängern weniger Beitragszahler gegenüberstehen. Schon heute liegt Deutschland bei der Gesamtbelastung der Arbeits- und Lohneinkommen durch Steuern und Sozialabgaben weltweit auf einem Spitzenplatz. So stiegen die Beitragssätze zu den Sozialversicherungen in den vergangenen 40 Jahren von insgesamt 26,5 Prozent der sozialversicherungspflichtigen Einkommen im Jahr 1970 auf knapp 40 Prozent im Jahr 2013[7].

Um den Herausforderungen am Arbeitsmarkt und im Renten- und Sozialversicherungssystem zu begegnen, ist eine Anpassung des Renteneintrittsalters zwingend notwendig. Allerdings ist sie nicht ausreichend, da Deutschland über die steigende Lebenserwartung und eine nicht-bestandserhaltende Geburtenrate hinaus noch eine demografische Besonderheit aufweist. Während in den Kriegsjahren und der unmittelbaren Nachkriegszeit in Deutschland nur sehr wenige Kinder geboren wurden, kam es in der Phase des Wirtschaftswunders zwischen 1955 und 1969 zu einem regelrechten Babyboom. Dieser Babyboom schlägt sich entsprechend in der Altersstruktur der Bevölkerung nieder. So lebten 2013 beinahe anderthalbmal so viele 50-Jährige wie 40-Jährige in Deutschland[8]. Sind diese Babyboomer heute noch im erwerbsfähigen Alter, werden sie auch bei einer Erhöhung des Renteneintrittsalters in den nächsten zwei Jahrzehnten sukzessive aus dem Arbeitsmarkt ausscheiden.

Vor diesem Hintergrund ist eine abgestimmte Demografiestrategie notwendig, um den wirtschaftlichen Erfolg Deutschlands zu sichern. Diese sollte an der Größe der Fachkräftebasis (Sicherungspfad „Köpfe“), am Erwerbsumfang der Fachkräfte (Sicherungspfad „Zeit“) und an ihrer Produktivität (Sicherungspfad „Produktivität“) ansetzen[9]. Diese drei Bereiche bilden entstehungsseitig das Humankapitalpotenzial ab, aus dem die Fachkräftebasis für die arbeitsteiligen Wirtschaftsprozesse geschöpft werden kann. Davon abgeleitet lassen

---

7 Sozialpolitik-aktuell, 2013, Beitragssatzentwicklung in der Sozialversicherung 1970 – 2013, Duisburg, URL: http://www.sozialpolitik-aktuell.de/tl_files/sozialpolitik-aktuell/_Politikfelder/Finanzierung/Datensammlung/PDF-Dateien/tabII6.pdf [Abrufdatum: 23.07.2013].

8 Eurostat, 2014, Bevölkerung, URL: http://epp.eurostat.ec.europa.eu/portal/page/portal/population/data/database [Abrufdatum: 29.01.2014].

9 Klös, Hans-Peter/Plünnecke, Axel, 2011, Handlungsfelder der Fachkräftesicherungspolitik, Gutachten im Auftrag des Bundesministeriums für Arbeit und Soziales, Köln.

sich Handlungsfelder für wirtschafts-, arbeitsmarkt- und bildungspolitische sowie betriebliche Maßnahmen systematisieren, deren Ziel die Sicherung einer ausreichenden Fachkräftebasis für die deutsche Volkswirtschaft ist (Übersicht 1).

Sicherungspfad „Köpfe“	Sicherungspfad „Zeit“	Sicherungspfad „Produktivität“
• Geburtenrate erhöhen • Nettozuwanderung erhöhen • Arbeitsmarktzugang für hier lebende Migranten verbessern	• Erwerbstätigenquoten erhöhen • Jahresarbeitszeit erhöhen • Lebensarbeitszeit erhöhen	• Bildungsarmut vermindern und Höherqualifizierung erleichtern • Arbeitsorganisation und lebenslanges Lernen verbessern • Innovations- und Gründungsraten steigern

Übersicht 1: „Referenzsystem Demografievorsorge“
Quelle: Klös/Plünnecke, 2011

Mit Blick auf dieses Referenzsystem für Fachkräftesicherung und Demografievorsorge kommt der Familienpolitik eine besondere Bedeutung zu, denn sie vermag auf alle drei Sicherungspfade positiv einzuwirken. Familienpolitische Leistungen und Maßnahmen können zum einen die Anzahl der „Köpfe“ erhöhen, indem sie Rahmenbedingungen schaffen, die jungen Paaren die Entscheidung für erste und weitere Kinder erleichtern. Zum anderen können sie sich positiv auf den Faktor „Zeit“ auswirken, indem sie die Vereinbarkeit von Familie und Beruf verbessern und es so Personen mit Familienverantwortung und hier insbesondere Müttern ermöglichen, im gewünschten Umfang erwerbstätig zu sein. Dabei kann es sich um die Aufnahme einer Erwerbstätigkeit von zuvor nicht erwerbstätigen Personen (Erhöhung der Beschäftigungsquoten), um eine Ausweitung der Arbeitsstunden bereits erwerbstätiger Personen (Erhöhung der Jahresarbeitszeit) und um eine Verkürzung kindbedingter Erwerbsunterbrechungen (Erhöhung der Lebensarbeitszeit) handeln. Zudem kann Familienpolitik auch die „Produktivität“ steigern, indem sie im Rahmen der frühkindlichen Bildung ein solides Fundament für die Kompetenzentwicklung junger Menschen legt[10].

10 Geis, Wido/Plünnecke, Axel, 2013, Fachkräftesicherung durch Familienpolitik, in: IW-Positionen Nr. 60, Köln.

C. Familienpolitik in Deutschland heute: Unübersichtliche Vielfalt an Leistungen

Verglichen mit anderen Industrienationen gibt Deutschland relativ viel Geld für familienpolitische Maßnahmen aus. Berechnungen der OECD zufolge lag der Anteil der Familienleistungen am deutschen Bruttoinlandsprodukt im Jahr 2009 bei 3,1 Prozent. Im Schnitt über alle 33 OECD-Länder waren es nur 2,6 Prozent. Dabei erfolgt ein besonders großer Teil der Familienleistungen hierzulande in Form von Steuererleichterungen. Bei diesen lag Deutschland im Jahr 2009 mit einem Prozent des Bruttoinlandsprodukts an der Spitze unter den OECD-Ländern – im Vergleich zu lediglich 0,3 Prozent im OECD-Mittel. Die deutschen Ausgaben für Geld- und Dienstleistungen lagen mit 1,2 und 0,9 Prozent hingegen nahe am OECD-Schnitt von 1,4 beziehungsweise 0,9 Prozent[11].

Dabei setzt sich das Gesamttableau ehe- und familienpolitischer Leistungen in Deutschland aus einer schier unüberschaubaren Fülle verschiedener Einzelmaßnahmen zusammen. So verzeichnet das Bundesministerium für Frauen, Senioren, Familie und Jugend (BMFSFJ) für das Jahr 2010 insgesamt 156 verschiedene Leistungen mit einem Gesamtvolumen von 200,3 Milliarden Euro (Abbildung 1). Hinzu kommen noch Maßnahmen wie etwa die Elternzeit, die sich nicht direkt auf die öffentlichen Haushalte auswirken und daher in dieser Aufstellung nicht miterfasst sind. Von den budgetwirksamen Leistungen entfallen 74,9 Milliarden Euro beziehungsweise acht Einzelleistungen auf den Bereich der ehebezogene Leistungen, die nicht an die Existenz von Kindern geknüpft sind, und 45,6 Milliarden Euro beziehungsweise 22 Einzelleistungen auf steuerliche Maßnahmen wie Kindergeld und Kinderfreibetrag. Mit großem Abstand folgen mit 27,4 Milliarden Euro 16 Einzelleistungen im Bereich der Realtransfers, worunter vor allem die Kinderbetreuungsinfrastruktur und die Jugendhilfe fallen. Beinahe genauso viel fließt mit 27,3 Milliarden Euro in 50 Einzelmaßnahmen im Bereich der Sozialversicherung, wie die kostenlose Mitversicherung der Kinder in der gesetzlichen Krankenversicherung. Für 60 direkte Geldleistungen, wie das Elterngeld und den Kinderzuschlag für Geringverdiener, werden 25,1 Milliarden ausgegeben[12].

---

11 Organisation für wirtschaftliche Zusammenarbeit und Entwicklung (OECD), 2012, OECD Family Database, Paris, URL: http://www.oecd.org/social/family/database [Abrufdatum: 01.07.2013].

12 BMFSFJ, 2013, Bestandsaufnahme der familienbezogenen Leistungen und Maßnahmen des Staates im Jahr 2010, Berlin.

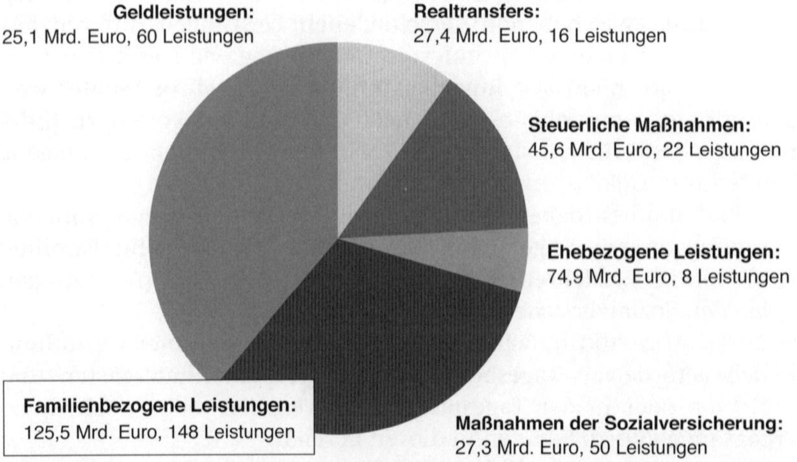

Abbildung 1: Familienpolitische Leistungen nach Ausgabearten in Euro, 2010
Quelle: BMFSFJ, 2013

Bisher folgen die ehe- und familienpolitischen Maßnahmen in Deutschland keinem einheitlichen Gesamtkonzept. Vielmehr wurden sie von verschiedenen politischen Akteuren zu unterschiedlichen Zeiten und mit unterschiedlichen Zielsetzungen eingeführt und seither keiner umfassenden Überprüfung mehr unterzogen. Mit der Gesamtevaluation der ehe- und familienpolitischen Leistungen durch die Bundesministerien für Familie, Senioren, Frauen und Jugend (BMFSFJ) und Finanzen (BMF) ist nun in den letzten Jahren eine systematische wissenschaftliche Überprüfung der Maßnahmen erfolgt. Diese hat ergeben, dass nicht nur einzelne Maßnahmen unerwünschte Nebeneffekte mit sich bringen. Auch an den Schnittstellen zwischen Sozial-, Steuer- und Unterhaltsrecht ergeben sich Reibungsverluste, da in den Gesetzen unterschiedliche Tatbestände als Voraussetzung für die Förderung von „Familien" gelten: Aufgreiftatbestände für die Förderung können etwa die Ehe, der gemeinsame Haushalt, die eheähnliche Gemeinschaft oder das Kindschaftsverhältnis sein[13]. Um einen Beitrag zu einem effektiveren und effizienteren Einsatz familienpolitischer Maßnahmen zu leisten, müssen die Ergebnisse der Gesamtevaluation allerdings auch politisch umgesetzt werden, was bisher noch nicht geschehen ist.

13 Ott, Norburga/Schürmann, Heinrich/Werding, Martin, 2012, Schnittstellen im Sozial-, Steuer- und Unterhaltsrecht, Nomos, Baden-Baden.

Was genau getan werden muss, lässt sich nicht pauschal sagen. Vielmehr muss zwischen den verschiedenen Leistungen differenziert werden. Da in einer komprimierten Darstellung wie dieser aufgrund ihrer Vielzahl nicht alle Einzelleistungen im Detail betrachtet werden können, empfiehlt es sich, nach Leistungskategorien zu differenzieren. Hierfür hat sich die im 7. Familienbericht vorgeschlagene Dreiteilung „Geld“, „Infrastruktur“ und „Zeit“ etabliert[14].

- „Geld“ umfasst dabei die zahlreichen familienbezogenen monetären Leistungen, angefangen von direkten Transfers für Familien bis hin zu Erleichterungen im Steuerrecht und Vergünstigungen bei den Sozialversicherungen.
- Zur „Infrastruktur“ zählen vor allem die Maßnahmen der öffentlich geförderten Tagesbetreuung in Krippen, Kindergärten und Horten oder in der Tagespflege. Im Weiteren fallen auch Ganztagsangebote an Schulen in diesen Bereich.
- „Zeit“ umfasst zeitpolitische Maßnahmen, wie Eltern- und Familienpflegezeit, die Familien helfen, besser über ihre gemeinsame Zeit verfügen zu können. Solche Maßnahmen haben große Bedeutung für Familien, spiegeln sich jedoch nicht in den Ausgabentableaus für familienbezogene Leistungen wider, da sie die öffentlichen Haushalte nicht belasten. Das heißt allerdings nicht, dass diese Maßnahmen vollständig kostenfrei sind. Vielmehr können Maßnahmen wie Eltern- und Familienpflegezeit mit substantiellen Mehraufwendungen für die Unternehmen verbunden sein, die die Familienangehörigen beschäftigen.

Zudem lässt sich die Effektivität politischer Maßnahmen nur beurteilen, wenn klar ist, welche Ziele überhaupt erreicht werden sollen. Solch eine Zieldefinition ist in einem Politikfeld wie der Familienpolitik, in dem Werte, Normen und Leitbilder eine herausragende Bedeutung besitzen, nicht trivial. Dies wurde nicht zuletzt auch in der intensiven gesellschaftspolitischen Kontroverse über das Betreuungsgeld deutlich. Im Rahmen der Gesamtevaluation familienpolitischer Leistungen wurde ein wichtiger Beitrag zur Systematisierung der Ziele von Familienpolitik geleistet und es wurden folgende vier Zielgrößen definiert:

- Vereinbarkeit von Familie und Beruf,
- wirtschaftliche Stabilität von Familien,
- Wohlergehen und gute Entwicklung von Kindern und
- Erfüllung von Kinderwünschen.

14 BMFSFJ, 2006, Siebter Familienbericht, Familie zwischen Flexibilität und Verlässlichkeit. Perspektiven für eine lebenslaufbezogene Familienpolitik. Deutscher Bundestag, 16. Wahlperiode, Drucksache 16/1360.

Nicht enthalten in diesem Zielviereck ist der Grundsatz der Wahlfreiheit, der seitens der Politik als eigenständiger fünfter Bereich gleichsam vor die Klammer gezogen wurde[15].

Auch wenn diese Ziele nicht in erster Linie ökonomisch motiviert sind, steht ihre Erreichung doch in engem Zusammenhang mit der wirtschaftlichen Entwicklung in Deutschland. Eine gute Vereinbarkeit von Familie und Beruf ermöglicht es Personen mit Familienverantwortung und insbesondere Müttern im von ihnen gewünschten Umfang erwerbstätig zu werden. Damit wird die Fachkräftebasis unmittelbar gestärkt. Indem sie familienbedingte Auszeiten reduziert, hat sie zudem noch einen zweiten positiven Effekt. Da längere Auszeiten die Produktivität von Arbeitnehmern senken können[16], stärkt eine gute Vereinbarkeit von Familie und Beruf auch die Produktivität und wirkt sich so positiv auf die gesamtwirtschaftliche Entwicklung aus.

Obwohl auf den ersten Blick nicht offensichtlich stehen auch das Wohlergehen und eine gute Entwicklung von Kindern in engem Zusammenhang zum gesamtwirtschaftlichen Ergebnis. So ist eine gute Entwicklung eine Grundvoraussetzung dafür, dass Kinder im Bildungssystem Erfolg haben. Damit ist sie letztlich entscheidend dafür, welches Qualifikationsniveau sie erreichen. Da die Qualifikationsstruktur der nachwachsenden Bevölkerung mittel- bis langfristig eine zentrale Determinante der verfügbaren Fachkräftebasis ist, hat sie so auch Einfluss auf die Produktions- und Wachstumspotenziale. Gleiches gilt auch für die Erfüllung von Kinderwünschen, die die Größe der Fachkräftebasis langfristig determiniert.

D. Betreuungsinfrastruktur: Entscheidend für die Fachkräftesicherung in Deutschland

In den letzten Jahren wurde die Betreuungsinfrastruktur in Deutschland stark ausgebaut. Besuchten noch im Jahr 2007 nur 15,5 Prozent der Kinder unter drei Jahren eine Tageseinrichtung oder waren in öffentlich geförderter Kindertagespflege untergebracht, so waren es im Jahr 2013 bereits 29,3 Prozent. Dieser Ausbau der Betreuungsinfrastruktur für unter Dreijährige im Vorfeld der Einführung des Rechtsanspruchs auf einen Betreuungsplatz ab dem 12. Lebensmonat

---

15 BMFSFJ, 2013, Politischer Bericht zur Gesamtevaluation der ehe- und familienbezogenen Leistungen, Berlin.

16 Anger, Christina/Schmidt, Jörg, 2008, Gender Wage Gap und Familienpolitik, in: IW-Trends 2/2008.

war allerdings nicht die einzige positive Entwicklung. So ist auch der Anteil der Kinder zwischen drei und sechs Jahren in Tageseinrichtungen, für die eine Ganztagsbetreuung, also ein Betreuungsumfang von über 7 Stunden am Tag vereinbart ist, von 27,2 Prozent im Jahr 2007 auf 41,5 Prozent im Jahr 2012 gestiegen[17]. Auch die Anzahl der Grundschulkinder, die eine Ganztagsschule oder einen Hort besuchen, hat in den letzten Jahren deutlich zugenommen[18]. Allerdings ist Deutschland von flächendeckenden Ganztagsbetreuungsangeboten für Schulkinder noch weit entfernt, zumal eine Ganztagsschule nur an mindestens drei Tagen in der Woche ein ganztägiges Angebot für die Schülerinnen und Schüler bereitstellen muss, das täglich mindestens sieben Zeitstunden umfasst[19]. Damit sind die Betreuungsbedarfe vollzeiterwerbstätiger Eltern bei Weitem nicht abgedeckt.

Die wissenschaftliche Forschung kann einen positiven Beitrag der öffentlichen und öffentlich geförderten Betreuungsinfrastruktur auf alle oben genannten familien- und demografiepolitischen Ziele belegen. So zeigen Rainer et al.[20], dass sich Betreuungsangebote für unter Dreijährige positiv auf die Vereinbarkeit von Familie und Beruf auswirken. Das stärkt auch die Wahlfreiheit der Eltern, da bisher viele Mütter (und zum Teil auch Väter) nicht die Option hatten, im von ihnen gewünschten Umfang erwerbstätig zu werden. Rainer et al. zufolge ist die Wahrscheinlichkeit, dass die Mütter erwerbstätig sind, um 35 Prozent höher, wenn ihre Kinder unter drei Jahren in einer Einrichtung betreut werden. Auch die durchschnittliche Arbeitszeit erwerbstätiger Mütter steigt mit dem Kitabesuch um 12,2 Stunden pro Woche. Damit verbessert sich zudem die wirtschaftliche Stabilität der Familien. So führt die Nutzung von Betreuungsangeboten für unter Dreijährige dazu, dass das Familieneinkommen um etwa 700 Euro brutto pro Monat steigt und die Wahrscheinlichkeit, Sozialgeld zu beziehen, um 7,7 Prozent sinkt.

---

17 Statistisches Bundesamt, 2013, Statistiken der Kinder- und Jugendhilfe – Kinder und tätige Personen in Tageseinrichtungen und in öffentlich geförderter Kindertagespflege am 01.03.2013, Wiesbaden.

18 Geis, Wido/Plünnecke, Axel, 2013, Fachkräftesicherung durch Familienpolitik, in: IW-Positionen Nr. 60, Köln.

19 Sekretariat der Ständigen Konferenz der Kultusminister der Länder (KMK) in der Bundesrepublik Deutschland, 2013, Allgemein bildende Schulen in Ganztagsform in den Ländern in der Bundesrepublik Deutschland, Statistik 2007 bis 2011, Berlin.

20 Rainer, Helmut/Bauernschuster, Stefan/Auer, Wolfgang/Danzer, Natalia/Hancioglu, Mine/Hartmann, Bastian/Hener, Timo/Holzner, Christian/Ott, Notburga/Reinkowski, Janina/Werding, Martin, 2011, Kinderbetreuung, in: ifo Forschungsbericht 59, München.

Indem durch die höhere Erwerbsbeteiligung von Müttern Fachkräfteengpässe vermieden werden, wirkt sich der zunehmende Ausbau der Betreuungsinfrastruktur zudem positiv auf die wirtschaftliche Entwicklung in Deutschland aus. Da mehr Wirtschaftswachstum mit höheren Steuereinnahmen und einer stabileren Finanzierung der Sozialversicherungen verbunden ist, werden so auch die öffentlichen Haushalte insgesamt entlastet. Berechnungen von Anger et al.[21] kommen zu dem Ergebnis, dass der gesamtfiskalische Effekt flächendeckender Ganztagsbetreuungsangebote für Alleinerziehende langfristig insgesamt positiv wäre, selbst wenn vollständig auf Elternbeiträge verzichtet würde.

Des Weiteren wirkt sich eine institutionelle Betreuung positiv auf die Entwicklung der Kinder aus. Während die Bedeutung des Kindergartenbesuchs für die spätere Entwicklung in vielen Untersuchungen belegt ist[22], wurde der Effekt frühkindlicher Betreuung lange Zeit kritisch gesehen. Allerdings haben Schölmerich et al.[23] gezeigt, dass die Inanspruchnahme öffentlicher oder öffentlich geförderter Betreuungsangebote das Wohlergehen von Kindern im Alter zwischen zwei und drei Jahren steigert. Auch wirkt sie bei Belastungen in der Familie, beispielsweise bei finanziellen Problemen, kompensatorisch. Zudem erleichtern Betreuungsangebote jungen Paaren die Entscheidung für Kinder. So können Rainer et al.[24] einen positiven Effekt des Angebots an Kinderbetreuungsplätzen auf die Fertilitätsrate feststellen. Auch Untersuchungen von Geis/Plünnecke[25] zeigen, dass der Besuch einer Kita für unter 3-jährige Kinder langfristig positive Effekte bewirkt.

Insgesamt lässt sich sagen, dass eine ausgebaute Betreuungsinfrastruktur die Anzahl der „Köpfe", die Arbeits- „Zeit" der Mütter und die „Produktivität" der nachfolgenden Generation erhöhen und somit über alle drei oben aufgezeigten Sicherungspfade einen Beitrag zur Demografievorsorge und Fachkräftesicherung leisten kann. Damit tragen Betreuungsangebote langfristig auch zur Nachhaltigkeit der

---

21 Anger, Christina/Fischer, Mira/Geis, Wido/Lotz, Sebastian/Schmidt, Jörg/Plünnecke, Axel, 2012, Ganztagsbetreuung von Kindern Alleinerziehender. Auswirkungen auf das Wohlergehen der Kinder, die ökonomische Lage der Familie und die Gesamtwirtschaft, in: IW-Analysen, Nr. 80, Köln.

22 Siehe Fn. 21.

23 Schölmerich, Axel/ Agache, Alexandru/Leyendecker, Birgit,/Ott, Notburga/Werding, Martin, 2013, Endbericht des Moduls Wohlergehen von Kindern, erstellt im Auftrag der Geschäftsstelle Gesamtevaluation der ehe- und familienbezogenen Leistungen in Deutschland, Bochum.

24 Siehe Fn. 20.

25 Geis, Wido/Plünnecke, Axel, 2013, Fachkräftesicherung durch Familienpolitik, in: IW-Positionen Nr. 60, Köln.

sozialen Sicherungssysteme bei, indem die Zahl der dem Arbeitsmarkt zur Verfügung stehenden Fachkräfte erhöht, zusätzliche Steuereinnahmen generiert und Sozialausgaben vermieden werden[26].

E. Monetäre Leistungen: nicht immer zielführend, dennoch wichtig für Familien

Monetäre Leistungen müssen deutlich kritischer gesehen werden als die Betreuungsinfrastruktur. So ist das Kindergeld etwa von zentraler Bedeutung für die wirtschaftliche Stabilität von Familien, stärkt jedoch nicht die Vereinbarkeit von Familie und Beruf. Rainer et al.[27] kommen im Rahmen der Gesamtevaluation ehe- und familienpolitischer Leistungen zu dem Ergebnis, dass die Kindergelderhöhung von 1996 sogar zu einem Rückgang der Beschäftigung von Müttern mit Partnern – vor allem in Haushalten mit niedrigem Einkommen – geführt hat. Damit hat sich auch die wirtschaftliche Situation der Familien trotz der höheren staatlichen Zuweisung insgesamt nicht signifikant verändert, da die Kindergelderhöhung durch das nun niedrigere Arbeitseinkommen der Mütter wieder aufgezehrt wurde. Auch mit Blick auf die Geburtenrate kommen Rainer et al. nicht zu einem eindeutig positiven Ergebnis.

Sofern es zu Fehlanreizen kommt, können sich monetäre und steuerliche Leistungen für Familien sogar negativ auf die Demografievorsorge auswirken. Diese Gefahr besteht auch bei Maßnahmen wie dem Ehegattensplitting und der beitragsfreien Mitversicherung, die die Anreize zu einer eigenen Erwerbstätigkeit von Zweitverdienern und Mitversicherten schwächen. Ist eine Erwerbstätigkeit auch noch mit zusätzlichen Ausgaben – zum Beispiel für die Kinderbetreuung – verbunden, kann sogar der gesamte Einkommenseffekt negativ sein. Ehegattensplitting und beitragsfreie Mitversicherung von Ehepartnern, die mit Volumina von 19,8 und 13,3 Milliarden Euro zu den großen ehe- und familienpolitischen Leistungen zählen[28], kommen vorwiegend Familien zugute, die für die Aufteilung der Erwerbsarbeit das Alleinverdienermodell bevorzugen. Dabei verringert eine einseitige Ausrichtung auf dieses Familienmodell nicht nur die Erwerbs-

26 Diekmann, Laura/Plünnecke, Axel/Seyda, Susanne, 2008, Sozialbilanz Familie. Eine ökonomische Analyse mit Schlussfolgerungen für die Familienpolitik, in: IW-Analysen Nr. 49, Köln.

27 Rainer, Helmut/Bauernschuster, Stefan/Danzer, Natalia/Hener, Timo/Holzner, Christian/Reinkowski, Janina, 2012, Kindergeld, in: ifo Forschungsbericht 60, München.

28 BMFSFJ, 2013, Bestandsaufnahme der familienbezogenen Leistungen und Maßnahmen des Staates im Jahr 2010, Berlin.

anreize für Mütter, sondern setzt auch negative Geburtenanreize für erwerbsorientierte Frauen[29].

Noch negativer wirkt sich das Betreuungsgeld aus. Zum einen macht es eine Erwerbstätigkeit für Mütter mit Kindern unter drei Jahren unattraktiver. Sofern die Unterbringung des Kindes in einer Betreuungseinrichtung Voraussetzung dafür ist, dass die Mütter erwerbstätig werden, müssen sie im Falle der Erwerbstätigkeit nicht nur die Elternbeiträge für die Einrichtung aufbringen, die in manchen Kommunen substanziell sind, sondern auch auf das Betreuungsgeld verzichten. Zum anderen wirkt sich das Betreuungsgeld auch negativ auf die Entwicklung der Kinder und die Chancengleichheit aus. Da frühkindliche Betreuung für die Entwicklung von Kindern aus schwierigen Familienverhältnissen, die häufig im Niedrigeinkommensbereich zu finden sind, besonders wichtig ist, sind die Elternbeiträge für Betreuungseinrichtungen in der Regel nach Einkommen gestuft. Dies ist beim Betreuungsgeld nicht der Fall, sodass es vor allem für Niedrigeinkommensbezieher einen starken Anreiz bildet, auf eine externe Betreuung zu verzichten, die für die Kinder starke kompensatorische Wirkung haben könnte.

Allerdings gibt es auch monetäre Leistungen, die eindeutig einen positiven Beitrag zur Demografievorsorge leisten. Hierzu zählt etwa das Elterngeld. Zwar hat sich mit seiner Einführung die Wahrscheinlichkeit einer Erwerbsunterbrechung von Müttern im ersten Jahr nach der Geburt deutlich erhöht. Die meisten vorher erwerbstätigen Frauen sind jedoch 18 Monate nach der Geburt wieder am Arbeitsmarkt aktiv. Die Wahrscheinlichkeit, dass vor der Geburt nicht erwerbstätige Mütter 18 Monate nach der Geburt erwerbstätig sind, ist gestiegen[30]. Es ist also davon auszugehen, dass die Einführung des Elterngelds zu kürzeren kindbedingten Erwerbsunterbrechungen geführt hat. Zudem haben die Vätermonate dazu beigetragen, dass sich Väter zunehmend stärker an der Erziehungsarbeit beteiligen.

Insgesamt lässt sich sagen, dass monetäre familienpolitische Leistungen für die wirtschaftliche Stabilität von Familien von großer Bedeutung sind. Daher sollte ihnen in einem familienpolitischen Gesamtkonzept auch eine zentrale Rolle zukommen. Allerdings können Geldleistungen und Erleichterungen bei Steuern und Sozialabgaben

---

29 Hülskamp, Nicola/Seyda, Susanne, 2004, Familienpolitik in der sozialen Marktwirtschaft. Ökonomische Analyse und Bewertung familienpolitischer Maßnahmen, in: IW-Positionen Nr. 11, Köln.

30 RWI – Rheinisch-Westfälisches Institut für Wirtschaftsforschung, 2008, Evaluation des Gesetzes zum Elterngeld und zur Elternzeit, Endbericht – August 2008, Essen.

zu unerwünschten Nebeneffekten, insbesondere einer geringeren Erwerbsneigung von Müttern, führen. Um dies zu vermeiden, sollten die Leistungen möglichst anreizneutral gestaltet und gut aufeinander abgestimmt werden. Die Gesamtevaluation familienpolitischer Leistungen hat wichtige Hinweise dafür geliefert, wie dies erreicht werden könnte. Allerdings steht die politische Umsetzung ihrer Ergebnisse bisher noch aus, und mit der Einführung des Betreuungsgelds wurde erst einmal ein Schritt in die falsche Richtung getan.

F. Zeitpolitische Maßnahmen: effektiv, aber belastend für Unternehmen

Zeitpolitik bildet neben Betreuungsinfrastruktur und monetären Leistungen die dritte Säule der Familienpolitik. Unter den Begriff Zeitpolitik fallen grundsätzlich alle Maßnahmen, die Familien bei der zeitlichen Gestaltung ihres Alltags unterstützen. Meist werden mit Zeitpolitik allerdings vor allem Maßnahmen im Bereich der Arbeitszeitgestaltung wie Elternzeit und flexible Arbeitszeiten bezeichnet.

Aus Umfragen ist bekannt, dass die meisten Mütter mit minderjährigen Kindern eine Teilzeitbeschäftigung bevorzugen. Die Wunscharbeitszeit teilzeitbeschäftigter Mütter liegt bei durchschnittlich 27 Stunden pro Woche[31]. Familien könnten also wahrscheinlich in ihrer Alltagsgestaltung entlastet werden, wenn sich diese Wünsche besser realisieren ließen. Allerdings erfüllen die meisten Unternehmen bereits heute Wünsche nach flexiblen Arbeitszeiten, soweit dem keine betrieblichen Notwendigkeiten entgegenstehen. So ist in 84 Prozent der Unternehmen Teilzeitarbeit möglich und in 73 Prozent der Unternehmen gibt es die Möglichkeit, die Arbeitszeit individuell auszugestalten[32]. Zudem darf nicht außer Acht gelassen werden, dass die Bedürfnisse von Müttern (und zum Teil auch Vätern) an die Arbeitszeitgestaltung in engem Zusammenhang mit der verfügbaren Betreuungsinfrastruktur stehen. So hat der angebotene Betreuungsumfang in vielen Fällen entscheidenden Einfluss darauf, in welchem Umfang sie erwerbstätig werden können und wollen. Im Hinblick auf die Vereinbarkeit von Familie und Beruf ist also eine Verbesserung der Betreuungsinfrastruktur in vielen Bereichen ein gutes Äquivalent zu arbeitszeitpolitischen Maßnahmen.

---

31 Wanger, Susanne, 2011, Ungenutzte Potenziale in der Teilzeit: Viele Frauen würden gerne länger arbeiten, in: IAB-Kurzbericht 9/2011, Nürnberg.

32 Stettes, Oliver, 2013, Auf dem Weg zu einer familienfreundlichen Arbeitswelt, Sonderauswertung des Unternehmensmonitors Familienfreundlichkeit 2013, Köln.

Allerdings sind zeitpolitische Maßnahmen für politische Entscheidungsträger auf den ersten Blick häufig sehr attraktiv, da sie anders als die Betreuungsinfrastruktur und monetäre Leistungen nicht mit Mehrausgaben für die öffentlichen Haushalte verbunden sind. Dies heißt aber nicht, dass sie keine Kosten verursachen. Greift der Gesetzgeber etwa in die Arbeitszeitgestaltung ein, kann das dazu führen, dass die Unternehmen entsprechend der betrieblichen Belange ihr Personal nicht mehr optimal einsetzen können und ihnen so höhere Produktionskosten entstehen. Im schlimmsten Fall kann dies die Wettbewerbsfähigkeit der Unternehmen und damit ihre Wachstumspotenziale schwächen.

Mit Blick auf die Sicherung der wirtschaftlichen Entwicklung vor dem Hintergrund des demografischen Wandels lässt sich festhalten, dass arbeitszeitpolitische Maßnahmen einen Beitrag zur Vereinbarkeit von Familie und Beruf leisten und so die Erwerbsbeteiligung von Müttern stärken können. Jedoch sind ihre Potenziale beschränkt, da ein Großteil der Unternehmen bereits familienfreundliche Arbeitszeiten ermöglicht und bei der Gestaltung von Arbeitszeiten und familienbedingten Erwerbsunterbrechungen die betrieblichen Notwendigkeiten des Arbeitgebers nicht außer Acht gelassen werden sollten. Ferner sind die Potenziale in den von Engpässen betroffenen technischen Qualifikationen vergleichsweise gering[33].

G. Fazit

Vor dem Hintergrund des demografischen Wandels kann Familienpolitik einen bedeutenden Beitrag zur wirtschaftlichen Entwicklung in Deutschland leisten. Eine wesentliche Voraussetzung hierfür ist, dass unerwünschte Nebeneffekte der Maßnahmen soweit möglich vermieden und die Einzelmaßnahmen gut aufeinander abgestimmt werden. Dabei sind Maßnahmen aus allen drei Säulen der Familienpolitik – Zeit, Geld und Infrastruktur – notwendig, um einen familienfreundlichen Rahmen zu schaffen, in dem die Familien gleichzeitig ihre Kinder- und Erwerbswünsche realisieren können. In der momentanen Lage ist die Bereitstellung einer flächendeckenden bedarfsgerechten Betreuungsinfrastruktur für Deutschland von zentraler Bedeutung. Während Deutschland bei den monetären Leistungen im internationalen Vergleich einen Spitzenplatz einnimmt,

33 Geis, Wido/Plünnecke, Axel, 2013, Fachkräftesicherung durch Familienpolitik, in: IW-Positionen Nr. 60, Köln.

besteht hier noch deutlicher Nachholbedarf, auch wenn sich die Betreuungssituation in den letzten Jahren stark verbessert hat.

Wie die Gesamtevaluation familienpolitischer Leistungen gezeigt hat, ist die Betreuungsinfrastruktur mit Blick auf alle familienpolitischen Ziele effektiv und führt nicht zu unerwünschten Nebeneffekten[34]. So fördert sie nicht nur die Erwerbsbeteiligung von Personen mit Familienverantwortung, sondern stärkt auch die Kompetenzentwicklung der Kinder und macht es für junge Paare leichter, sich für Kinder zu entscheiden. Monetäre und steuerliche Leistungen können hingegen auch mit Blick auf demografiepolitische Ziele ungünstige Wirkungen entfalten, insbesondere wenn sie sich sehr stark am Alleinverdienermodell orientieren. Daher sollte vor dem Hintergrund der Ergebnisse der Gesamtevaluation familienpolitischer Leistungen an dieser Stelle eine Überprüfung und Neujustierung durch die Politik erfolgen.

34 BMFSFJ, 2013, Politischer Bericht zur Gesamtevaluation der ehe- und familienbezogenen Leistungen, Berlin.

Hessen hat Familiensinn

Staatliche Maßnahmen zur besseren Vereinbarkeit von Familie, Beruf und Pflege

Stefan Grüttner

Seit einigen Jahren wird in Deutschland eine intensive Debatte über die Vereinbarkeit von Familie und Beruf geführt. In der Lebenswirklichkeit von heute wollen Frauen und Männer die Möglichkeit haben, mit ihrem Partner beziehungsweise ihrer Partnerin Beruf und Familie nach ihren eigenen Vorstellungen aufzuteilen. Ziel der Wirtschaft ist es, qualifiziertes Personal zu gewinnen und zu halten, denn die Kompetenz und das Engagement der Mitarbeiterinnen und Mitarbeiter sind die Basis für die Innovationskraft eines Unternehmens.

Der wirtschaftliche und gesellschaftliche Wandel, der Wandel von der Industrie- zur Dienstleistungs-, Informations- und Wissensgesellschaft und die demografische Entwicklung haben dazu geführt, dass Eltern bei der Erziehung ihrer Kinder und bei der Betreuung und Pflege der älteren Generation auch einer stärkeren und intensiveren Unterstützung durch die Gemeinschaft bedürfen.

Familienleben und Erwerbsarbeit sollten daher unter verschiedenen Gesichtspunkten besser vereinbar sein.

A. Aufgaben und Kompetenzen von Bund, Land und Kommunen

Um zu verstehen, welche Handlungsspielräume die verschiedenen Ebenen in der Gestaltung der Familienpolitik haben, lohnt ein Blick in die Gesetzesgrundlagen. Artikel 6 Absatz 1 des Grundgesetzes besagt:

„Ehe und Familie stehen unter dem besonderen Schutze der staatlichen Ordnung.“

Der Bund ist als Gesetzgeber für die Grundlagen der Familienpolitik zuständig, etwa im Familienrecht. Weitere Maßnahmen des Bundes sind zum Beispiel Kindergeld, Kinderfreibetrag, Elterngeld, Betreuungsgeld, Bafög, Mutterschutz sowie Ehegattensplitting. Das Grundgesetz verpflichtet aber auch die Länder und Kommunen dazu, die Familien zu schützen.

Familienpolitische Inhalte und Aufgaben der Bundesländer sind zum Beispiel der Ausbau der Kindertagesbetreuung und Tagespflege, die frühkindliche Förderung und Bildung, die Umsetzung des Elterngeldes und Betreuungsgeldes oder die Bundesinitiativen „Netzwerke Frühe Hilfen und Familienhebammen". Bundesländer haben die Möglichkeit, durch eigene Leistungen oder Ausführungsgesetze bundespolitische Vorgaben zu ergänzen.

In den Kommunen erfolgt die Konkretisierung, denn der Familienalltag findet in den Kommunen statt; hier muss die Vereinbarkeit von Familien- und Berufsleben mit guter Kinderbetreuung, Familienberatung, Bildungs-, Ausbildungs- und Berufsförderung sowie pflegeunterstützenden Maßnahmen ausreichend und qualitativ hochwertig möglich gemacht werden.

Wir finden in den Kommunen Regelung in eigener Verantwortung und auf Seiten des Bundes rechtliche Vorgaben und zweckgebundene Finanzströme. Dazwischen befinden sich die Länder, die durch Bildung, Förderung, Mitfinanzierung unter anderem der Kinderbetreuung und der Angebote für Senioren und durch die Unterstützung von modellhaften Vorhaben für Familien Akzente und Impulse setzen und ihren familienpolitischen Auftrag wahrnehmen.

B. Herausforderungen für Familien bei der Vereinbarkeit von Familie und Beruf

Die Vereinbarkeit von Beruf und Familie ist eine wichtige Zukunftsfrage. Wir haben zum einen ein großes Interesse daran, dass sich junge Menschen, die sich Kinder wünschen, auch tatsächlich für Kinder entscheiden und Eltern werden. Nur so kann unser Land die demografische Herausforderung meistern. Auf der anderen Seite steht eine geringere Zahl von Schulabgängern, die das Fachkräfteproblem verschärft. Wir stehen daher auch vor der Aufgabe, potentielle Arbeitskräfte für eine Erwerbstätigkeit zu gewinnen. Dies kann nur heißen, Familie und Arbeit zusammenzubringen. Die Vereinbarkeit von Familie und Beruf, von Familie und Pflege und qualifizierte Betreuung für Kinder sind also zentrale Themen der Familienpolitik, die Bund, Länder, Städte und Gemeinden gleichermaßen fordern.

C. Unterstützung für Familien von Anfang an

Junge Familien stehen nach der Geburt ihres ersten Kindes vor großen Herausforderungen. Denn sie wissen: Die ersten Jahre im Leben eines Menschen sind die entscheidenden. Eltern sollen und wollen auch ihren eigenen und den Bedürfnissen ihrer Kinder gerecht werden, ohne selbst dabei überlastet und überfordert zu werden. Die Mehrzahl der Eltern meistert diese Aufgabe. Für diejenigen, die Unterstützung benötigen, setzt die Hessische Landesregierung auf „Frühe Hilfen". Sie sind neben den Erziehungs-, Betreuungs- und Bildungsangeboten von hoher sozial- und gesellschaftspolitischer Relevanz. Ein ausreichendes und qualitativ hochwertiges Angebot ermöglicht Kindern von Beginn an bessere Startchancen und damit auch eine größere Chancengerechtigkeit. Deshalb unterstützen wir in Hessen Eltern frühzeitig.

Durch die Bundesinitiative Netzwerke „Frühe Hilfen und Familienhebammen" (BIFH) werden seit 01.07.2012 bundesweit Landkreise und Städte bei ihren Aktivitäten zur Etablierung verbindlicher Netzwerke im Bereich der Frühen Hilfen und zur Einbindung von Familienhebammen und vergleichbaren Berufsgruppen aus dem Gesundheitsbereich in diese Netzwerke unterstützt. Zudem ist der Aufbau ehrenamtlicher Strukturen ein wichtiger Bestandteil der Bundesinitiative. Familien zu unterstützen bei ihren ersten Fragen rund um die Geburt eines Kindes, ist unter anderem auch das Ziel des ergänzend zur BIFH entwickelten Landesprogrammes „Frühe Hilfen, Prävention und Kinderschutz". Über diese Landesförderung können Projekte freier und kommunaler Träger im Bereich Frühe Hilfen, Prävention und Kinderschutz gefördert werden. Dies sind unter anderem Projekte der Familienpatenschaften, angeleitete Eltern-Kind-Treffen und Elterncafés mit Sprechstunden von Familienhebammen.

Gerade in der neuen Lebensphase mit einem Neugeborenen kann es für Eltern eine wichtige Hilfe sein, Unterstützung und Beratung zu erhalten, denn oftmals fehlen Vorbilder in der Familie oder im Bekanntenkreis. Mit „Elterngutscheinen" unterstützt die Hessische Landesregierung in zwölf Städten und Landkreisen (Bad Nauheim, Baunatal, Frankfurt mit fünf Stadtteilen, Landkreis Fulda, Universitätsstadt und Landkreis Gießen, Hanau, Karben, Landkreis Limburg-Weilburg mit Bad Camberg als Standort, Marburg, Offenbach, Landkreis Offenbach und Rüsselsheim) Eltern von Neugeborenen mit einen Gutschein in Höhe von 80 Euro zur Teilnahme an einem anerkannten Elternkurs oder Elternbildungsangebot. Bisher konnten Eltern von Neugeborenen, die 2013 auf die Welt gekommen sind, bis zum ersten Geburtstag des Kindes den Elterngutschein einlösen. 2014 soll das Projekt, auch für Kinder, die 2014 geboren sind, weitergeführt werden. Jungen Familien leicht zugängliche und vor Ort angesiedelte Unterstützungsangebote zu ermöglichen, ist hier das Ziel der Landesförderung. Eine weitere Option, Beratung, Kontakte und Hilfe zu erhalten, können Familien durch die vom Land Hessen geförderte Etablierung von Familienzentren wahrnehmen.

Familienzentren haben sich in Hessen seit Beginn der Förderung im Jahr 2011 zu einem wichtigen Bestandteil familienunterstützender Angebote entwickelt. Im Jahr 2014 werden in Hessen aktuell 114 Familienzentren mit bis zu 12.000 Euro pro Einrichtung und Jahr gefördert.

Familienzentren bieten für alle Familien Unterstützung, Beratung, Hilfe und Bildung an. Hier werden Familien ganzheitlich in den Blick genommen und alle Menschen, ob Groß oder Klein, ob Jung oder Alt, finden Möglichkeiten zum Austausch und Kennenlernen. Die Einrichtungen bieten Kurse zur Stärkung der Erziehungskompetenz, Sprachförderung, Kinderbetreuung, Ferienangebote, Anregungen zur besseren Vereinbarkeit von Familie und Beruf und vieles mehr – je nach Region und Bedarf. Die hessischen Familienzentren nehmen die gesamte Familie von 0 bis 99 Jahren in den Blick und unterstützen wohnortnah und unkompliziert. Alle Familien sind willkommen, um die Angebote und Kontaktmöglichkeiten in einer zugewandten und vertrauensvollen Atmosphäre kennenzulernen. Familienzentren sind Knotenpunkte in einem Netzwerk von Information und Kooperation. Somit werden das kommunale Präventionsnetz und das soziale Unterstützungsnetz vor Ort wirkungsvoll gestaltet. Familienzentren verbinden ganzheitlich bildungspolitische, gesundheits- und gewaltpräventive Ansätze mit familienbezogenen Angeboten im Sozialraum. Bereits jetzt steht fest: Familienzentren sind durch ihren frühen Zugang zu Familien ein Mehrwert für die gesamte Gesellschaft.

Familien sollen in die Zukunft vertrauen können, das ist das erklärte Ziel unserer Familienpolitik. Dazu muss der Staat Voraussetzungen schaffen, um Familien die größtmögliche Wahlfreiheit und Entfaltung zu ermöglichen. Prämisse einer modernen Familienpolitik muss es sein, Konzepte zu entwickeln, die auch neuen Realitäten und Lebensentwürfen gerecht werden. Wir wissen, dass Eltern Zeit brauchen, um ihre Kinder ins Leben zu begleiten und sie brauchen Zeit, wenn Angehörige Unterstützung benötigen oder pflegebedürftig werden. Viele Menschen wollen aber auch gleichzeitig Verantwortung in ihrem Beruf übernehmen und dabei ihr Familienleben aktiv und verantwortungsvoll gestalten. Aufgrund der Tatsache, dass mittlerweile viele Väter Erziehungssaufgaben übernehmen, ist Bewegung in die Diskussion über Vereinbarkeit von Familie und Beruf gekommen. Dabei spielen beispielsweise familienfreundliche Arbeitszeiten und gute Kinderbetreuung eine wichtige Rolle. Denn Mütter und Väter streben nach Balance zwischen Beruf und Privatem und fordern damit auch ihre Arbeitgeber auf, sich mit dem gesellschaftlichen Wandel auseinanderzusetzen.

D. Bedarfsgerechte Kinderbetreuung

Der Erziehung, Bildung und Betreuung von Kindern in Tageseinrichtungen kommt hierbei eine große Bedeutung zu, gerade auch im Bereich der unter Dreijährigen. In Hessen hat die Landesregierung den Ausbau der U3-Versorgung gemeinsam mit den Kommunen und freien Trägern massiv vorangetrieben. Wir werden weiter investieren, um auch und gerade in den Ballungszentren die Situation in der Kinderbetreuung weiter zu verbessern. So liegt der Anteil der Kinder im Alter von 3 bis unter 6 Jahren in Kinderbetreuung in Hessen seit einigen Jahren konstant bei über 92 Prozent. Bei der Betreuung von Kindern unter drei Jahren zeigen die Bemühungen der Hessischen Landesregierung, ein bedarfsgerechtes Betreuungsangebot zu schaffen, positive Auswirkungen. So ist der Versorgungsgrad, der Anteil der für unter Dreijährige zur Verfügung stehenden Betreuungsplätze, von 7,4 Prozent 2005 kontinuierlich auf 38,4 Prozent Ende 2013 angestiegen.

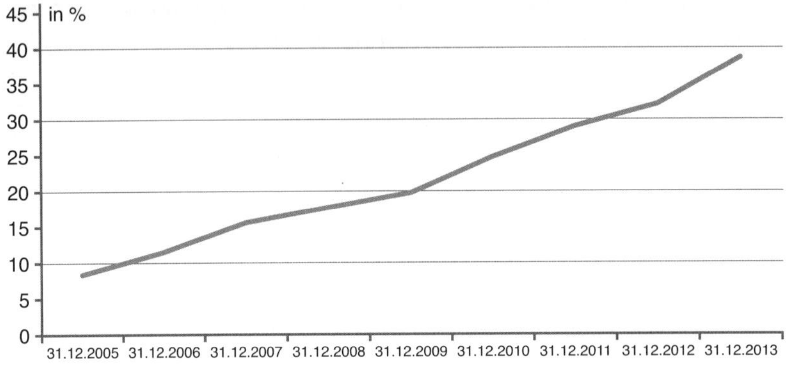

Abbildung 1: U3-Versorgungsgrad Hessen 2005–2013

I. Kindertagespflege

Auch der Kindertagespflege kommt bei der Frage der Vereinbarkeit von Familie und Beruf eine bedeutende Rolle zu. Ebenso wie die Kindertageseinrichtungen hat die Kindertagespflege einen eigenständigen Bildungs- und Erziehungsauftrag und ist insofern den Kindertageseinrichtungen gleichgestellt.

Immer mehr Eltern wissen die Vorzüge der Kindertagespflege zu schätzen – als familiennahes Betreuungsangebot, das flexibel auf die Wünsche der Eltern und ihren Bedarf, wie beispielsweise die Betreuung bereits ab dem frühen Morgen, reagieren kann. Die Kindertagespflege ist inzwischen in Hessen fest etabliert und aus der Kinderbetreuungslandschaft nicht mehr wegzudenken. In den vergangenen Jahren hat sie sich – auch bedingt durch rechtliche Änderungen auf Bundes- und Landesebene – von einem überwiegend privat organisierten Angebot zunehmend in ein öffentlich ausgestaltetes Betreuungsangebot für Kinder gewandelt. Tagesmütter und Tagesväter sind qualifiziert. Das gibt den Eltern die Sicherheit, dass sie ihr Kind in gute Hände geben.

II. Ferienbetreuungsangebote

Auch lange Ferienzeiten der Kinder sind mit den Urlaubsansprüchen der Eltern schwierig zu vereinbaren und stellen berufstätige Eltern regelmäßig vor organisatorische Herausforderungen. Deshalb bieten viele hessische Kommunen gemeinsam mit freien Trägern und ggf. Unternehmen Ferien- und Ferienbetreuungsangebote an. Aus dem großen Angebot können Eltern das passende Ferienprogramm für ihre Kinder in allen hessischen Schulferien buchen.

Freie Träger sorgen mit der Unterstützung des Landes dafür, dass Familien zu familienfreundlichen Preisen Ferien machen und miteinander erholsame Wochen erleben können. Die gemeinnützigen Familienferieneinrichtungen, vor allem Feriendörfer, bieten ein vielfältiges Freizeit- und Betreuungsprogramm für Familien.

E. Bewusstsein für Familien- und Kinderfreundlichkeit schaffen

Mit der familienpolitischen Offensive will das Land durch konkrete Handlungsvorschläge, Projekte, Maßnahmen und Initiativen Voraussetzungen für einen gesellschaftlichen Klimawechsel zu Gunsten von mehr Familien- und Kinderfreundlichkeit schaffen. Ziel ist es, die Vereinbarkeit von Familie und Beruf zu erleichtern und ein Bewusstsein für Familien und ihre Anliegen zu schaffen.

I. FamilienAtlas

Gerade bei jungen Familien gibt es ein hohes Bedürfnis nach zuverlässigen Informationen und Fakten, die jederzeit und von jedem Ort bequem online abgerufen werden können. Der FamilienAtlas[1] ist ein Online-Serviceangebot und Informationsportal für Familien in Hessen. Das moderne Nachschlagewerk ist seit 2001 online. Nutzer erfahren, welche Angebote es in Hessen für Familien gibt, womit sich die einzelnen Einrichtungen beschäftigen, wer Beratungsangebote vorhält. Über den Kooperationspartner *hessenstiftung – familie hat zukunft*, der auch Partner der Familienkarte Hessen ist, erscheint das „Thema des Monats" regelmäßig im Newsletter der Familienkarte und erreicht so alle Familienkartenbesitzer in Hessen.

II. Dialog Beruf und Familie in Hessen

Hessen als Land zu etablieren, in dem ein systematischer Diskurs zu familienpolitischen Themen stattfindet, ist Ziel der Kongressreihe „Dialog Beruf und Familie in Hessen". Es soll deutlich gemacht werden, dass Familienpolitik im Zusammenwirken aller gesellschaftlichen Ebenen entscheidend zum Standortvorteil einer Region beiträgt. Die Veranstaltungsreihe wird seit 2004 gemeinsam mit der *hessenstiftung – familie hat zukunft*, dem Hessischen Ministerium für Soziales und Integration und weiteren Kooperationspartnern konzipiert und durchgeführt. Bislang fanden acht Kongresse statt. Für Herbst 2014 wird zurzeit der 9. Kongress geplant (Arbeitstitel: „Wie vereinbaren Migrantenfamilien Kind und Beruf?").

Der Hessische Familientag[2] ist ein Paradebeispiel, wie erfolgreiche Familienpolitik in Hessen aussieht: lebendig, bunt, mit vielen Wahlmöglichkeiten, noch mehr Rat und Unterstützung aber vor allem: mit ganz viel Spaß und Freude. Der Hessische Familientag ist zu einer festen Einrichtung in Hessen geworden. Er findet in zweijährigem Rhythmus regelmäßig seit 2002 statt. Mit dem Familientag bieten

1 http://www.familienatlas.de.
2 http://www.hessischer-familientag.de.

die Veranstalter (das Hessische Ministerium für Soziales und Integration und die Karl Kübel Stiftung für Kind und Familie in Bensheim in Kooperation mit einer gastgebenden Stadt), allen Bürgerinnen und Bürgern die Möglichkeit, sich über das hessenweite Angebot für Familien und neue Wege in der Familienpolitik zu informieren. Der 8. Hessische Familientag findet im Jahr 2015 statt.

F. Fachkräfte sichern und gewinnen durch familienfreundliche Arbeitsbedingungen

Viele Unternehmen haben erkannt, dass sie von familienfreundlichen Maßnahmen profitieren und dass sie sich rechnen. Im Interesse der Kinder und Familien möchten wir eine Work-Life-Balance, die allen Bedürfnissen und Anforderungen gerecht wird, erreichen. Ziel ist es, wieder mehr Zeit und Raum für Kinder zu schaffen.

I. „Lokale Bündnisse" für Familien

In Hessen gibt es 67 Lokale Bündnissen für Familien. Gemeinsam engagieren sich freie Träger, Einrichtungen, Kirchen, Vereine, Verbände, Kommunen und Landkreise zusammen mit Unternehmen für mehr Familienfreundlichkeit vor Ort, denn das direkte Umfeld ist für die Lebensqualität von entscheidender Bedeutung. Das gilt insbesondere für Familien mit Kindern. Es ist Ziel der Hessischen Landesregierung und der Lokalen Bündnisse für Familien, die Beteiligung von Familien, Kindern und Jugendlichen an kommunalen Planungsprozessen zu erhöhen. Nur so kann ein familienfreundliches und kindgerechtes Umfeld im Nahbereich der häuslichen Wohnung von Familien gestaltet werden.

Damit neue Bündnisse und Partnerschaften für die Familien entstehen können, sind Strukturen notwendig, die den Dialog und die Zusammenarbeit aller Beteiligten fördern. Deshalb unterstützt das Land Hessen die Vernetzung der regionalen „Lokalen Bündnisse", organisierte in der Vergangenheit hessenweite Bündnistreffen und Spitzengespräche mit Vertretern aus Wirtschaft und Verbänden. Die Themen für Lokale Bündnisse für Familien sind vielfältig: Sie reichen von flexiblen Arbeitszeiten, betrieblicher Kinderbetreuung, familiengerechter Gestaltung von Wohnraum bis hin zu generationenübergreifenden Angeboten. Die regionalen Bündnisse bestimmen ihre Arbeitsschwerpunkte selbstständig auf Grundlage der regionalen Situation. Sie entwickeln praxisbezogene Lösungsansätze und setzen diese um. Die Stärke der „Lokalen Bündnisse“ liegt in ihrer Praxisorientierung.

II. „audit familiengerechte hochschule®“

Ein innovatives Projekt der Hessischen Landesregierung ist das audit familiengerechte hochschule®. Denn im Hochschulbereich zeigt sich die Notwendigkeit einer besseren Vereinbarkeit von Familie und Beruf in besonderer Weise. Ziel ist es, Leitbilder und konkrete Arbeitsstrukturen zu entwickeln und in das tägliche Leben der Hochschulen so zu implementieren, dass Studium, Lehre, Forschung, Dienstleistung und Verwaltung nach ihren jeweiligen Ansprüchen und Standards funktionieren und zugleich mit Familie und der Wahrnehmung elterlicher Aufgaben, vereinbar werden. Hier gilt es nicht nur, familiengerechte Arbeitsbedingungen für die Hochschulangestellten zu schaffen, sondern auch, die Studienbedingungen mit den familiären Bedürfnissen der Studentinnen und Studenten in Einklang zu bringen. Daher hat das Hessische Ministerium für Soziales und Integration in Absprache mit dem Hessischen Ministerium für Wissenschaft und Kunst im Sommer 2004 entschieden, die Auditierung von Hessischen Hochschulen im Rahmen der Familienpolitischen Offensive des Landes Hessen zu fördern und durchzuführen.

Auch als Arbeitgeber von über 130.000 Menschen ist das Land Hessen mit Fragen zur Familienfreundlichkeit konfrontiert und steht mit privaten und anderen öffentlichen Arbeitgebern in Konkurrenz, um qualifizierten und engagierten Nachwuchs zu gewinnen und zu halten. Daher beschäftigt sich die Hessische Landesregierung auch als Arbeitgeber bereits seit geraumer Zeit mit Fragen der Vereinbarkeit von Beruf und Familie und der Schaffung familienfreundlicher Arbeitsbedingungen. In der Landesverwaltung werden daher vielfältige Modelle zur Arbeitszeitflexibilisierung wie Teilzeit, flexible Wochen- und Tagesarbeitszeiten, Gleitzeitmodelle mit einer Mindestarbeitszeit sowie alternierende Telearbeit angeboten.

G. Finanzielle Hilfen

Familien brauchen finanzielle Sicherheit, gute Rahmenbedingungen und eine Infrastruktur, die zum Familienleben passt. Familien mit Kindern haben mehr Ausgaben. Eines besonderen Augenmerks bedarf die wirtschaftliche Situation Alleinerziehender. Offizielle Statistiken haben in Kindern bereits das „Armutsrisiko Nummer eins“

ausgemacht. Damit das nicht so bleibt, leisten das Land Hessen, der Bund und die Kommunen zahlreiche Hilfen, um junge Familien finanziell zu unterstützen.

Unterstützung für Familien mit alleinerziehenden Müttern oder Vätern bietet das Unterhaltsvorschussgesetz, das von den Ländern als eigene Angelegenheit ausgeführt wird. Ziel des Unterhaltsvorschussgesetzes ist es, die Situation von alleinerziehenden Müttern oder Vätern zu erleichtern, die ihr Kind meist unter erschwerten Bedingungen erziehen und betreuen und die von dem anderen Elternteil nicht wenigstens den üblichen Regelunterhalt erhalten beziehungsweise nicht rechtzeitig oder regelmäßig erhalten.

Das Elterngeld wird von den Ländern im Auftrag des Bundes ausgeführt. Es führt neben der Verbesserung der finanziellen Situation von Familien nach der Geburt eines Kindes und dem schnelleren beruflichen Wiedereinstieg der Mütter auch zur Stärkung der Väterbeteiligung an der Kinderbetreuung.[3] In Hessen steigt die Zahl der Väter kontinuierlich, die sich nach der Geburt ihres Kindes eine berufliche Auszeit für ihre Familie nehmen. Mittlerweile nimmt fast ein Viertel der Väter in Hessen Elterngeld in Anspruch.

Jahr	Elterngeldanträge Hessen	Väteranteil in Prozent
2007	50.769	15,00
2008	62.412	16,68
2009	62.192	19,03
2010	63.631	20,11
2011	64.295	21,38
2012	63.578	22,82
2013	68.276	23,66

Tabelle 1: Statistische Erhebung zum Elterngeldvollzug in Hessen

Auch das Betreuungsgeld wird in Hessen gut angenommen. Seit der Einführung zum 01.08.2013 sind bis zum 31.12.2013 in Hessen 10.156

3 Studie Elterngeld-Monitor, Bundesministerium für Familien, Senioren, Frauen und Jugend, Februar 2012.

Anträge auf Betreuungsgeld eingegangen. Mit dem Betreuungsgeld werden Eltern von Kleinkindern, die ihre vielfältigen Betreuungs- und Erziehungsaufgaben im privaten Umfeld erfüllen, finanziell unterstützt.

Die Hessische Landesregierung hat die Familienkarte Hessen[4] im September 2010 eingeführt, um ein Zeichen für mehr Familienfreundlichkeit zu setzen. Seither nutzen schon über 142.000 Familien die kostenlose und einkommensunabhängige Familienkarte Hessen. Somit profitieren bereits über eine halbe Millionen Menschen von den zahlreichen Vorteilen der Karte. Sie wird auf Antrag an alle hessischen Familien mit mindestens einem Kind unter 18 Jahren herausgegeben, die ihren Hauptwohnsitz in Hessen haben. Die Familienkarte Hessen umfasst einen Basis-Unfallversicherungsschutz, Serviceleistungen für Familien, einen Elternratgeber, zahlreiche und vielfältige Vergünstigungen bei den Partnern sowie Tipps und Hilfestellungen rund um das Thema „Vorsorge treffen“. Damit werden Familien dort erreicht, wo sie tatsächlich Unterstützung brauchen, nämlich bei der Bewältigung des Alltags.

H. Entlastung für pflegende Angehörige

Zu vielen Familien gehören neben Kindern auch unterstützungsbedürftige ältere Angehörige, Mütter, Väter und Schwiegereltern. Mit der Zahl älterer und hochbetagter Menschen wird auch die Zahl der Pflegebedürftigen und der demenzkranken Menschen steigen. Die Hessische Landesregierung packt seit langem die Herausforderung des demografischen Wandels an.

Bereits 2012 hat die Landesregierung die „Seniorenpolitische Initiative“ gestartet, um angesichts des demografischen Wandels die Belange und Bedürfnisse älterer Menschen verstärkt in den Blick zu nehmen, Arbeitsschwerpunkte zu benennen und Impulse für neue Handlungskonzepte zu geben. Ältere Menschen sollen ihr Leben auch im Falle der Hilfs- und Pflegebedürftigkeit so weit und so lange wie möglich eigenverantwortlich und selbstbestimmt führen können. Auch auf die Vereinbarkeit von Familie, Beruf und Pflege ist die hessische Seniorenpolitik ausgerichtet.

Im Rahmen der seniorenpolitischen Initiative hat die Hessische Landesregierung auch diejenigen im Blick, die die pflegebedürftigen Men-

4 http://www.familienkarte.hessen.de.

schen versorgen. Sie müssen in besonderer Weise unterstützt werden, sei es durch den Ausbau ambulanter Dienste oder durch gezielte Angebote zur Vereinbarkeit von Beruf und Pflege. Deshalb hat das Hessische Ministerium für Soziales und Integration zusammen mit Partnern „Beruf und Pflege vereinbaren – die hessische Initiative" ins Leben gerufen. Die Initiative unterstützt insbesondere kleine und mittlere Unternehmen, Beruf und Pflege für ihre Beschäftigten besser vereinbar zu gestalten.

Zentrales Element ist die Charta zur Vereinbarkeit von Beruf und Pflege, die unter dem Dach der Initiative entwickelt wurde und die am 18.11.2013 von 13 hessischen Unternehmen und Organisationen erstmals unterzeichnet wurde. Weitere Unterzeichnungstermine mit weiteren Interessierten folgen und auch eine Ausweitung der Initiative über die Grenzen Hessens hinweg ist anvisiert. Die Charta zielt darauf ab, Unternehmen und Organisationen für das Thema der Vereinbarkeit von Beruf und Pflege zu sensibilisieren und zu öffnen. Mit der Unterzeichnung der Charta verpflichten sie sich, eine pflegesensible Organisations- und Unternehmenskultur zu entwickeln und Angebote für Mitarbeiterinnen und Mitarbeiter vorzuhalten, die die Vereinbarkeit von Beruf und Pflege unterstützen. Neben konkreten Angeboten, wie beispielsweise flexible Arbeitszeiten oder Telearbeit, gehört dazu auch die Schaffung eines Arbeitsumfeldes, in dem die Pflege von Angehörigen kein Tabu mehr ist.

Im Rahmen der Initiative werden hessenweit Informationsveranstaltungen für Unternehmen und Organisationen, Kompetenztrainings für Mitarbeiter und Qualifizierungen für Pflegelotsen durchgeführt. Begleitet werden diese Maßnahmen durch die Internetseite www.berufundpflege.hessen.de, die alles Wissenswerte zum Thema zusammenfasst.

Weiterhin hat das Hessische Ministerium für Soziales und Integration gemeinsam mit der berufundfamilie gGmbH die Broschüre „Beruf und Pflege vereinbaren – Lösungsansätze und Praxisbeispiele aus Hessen" herausgegeben. Die Broschüre zeigt anhand von konkreten Lösungen und Beispielen aus hessischen Unternehmen auf, mit welchen Maßnahmen Arbeitgeber die Vereinbarkeit von Beruf und Pflege unterstützen können. Zudem informiert sie über gesetzliche Rahmenbedingungen und nennt weiterführende Adressen und Links.

Generationenhilfen, Seniorengenossenschaften und Nachbarschaftsvereine ergänzen mit ihren vielfältigen und konkreten Hilfen bestehende Angebote und professionelle Dienste und ermöglichen es älteren Menschen, möglichst lange in ihrem gewohnten Umfeld leben zu können. Sie leisten einen wichtigen Beitrag dazu, den Herausforderungen unserer älter werdenden Gesellschaft zu begegnen und fördern gleichzeitig den ländlichen Raum. Deshalb baut die Hessische Landesregierung Senioren- und Generationenhilfen in Hessen gezielt aus.

I. Ausblick

Wir leben heute in einer hoch technisierten Dienstleistungsgesellschaft, die den Beschäftigten ein Höchstmaß an Mobilität und Flexibilität abverlangt. Gleichzeitig fordern aber auch immer mehr Beschäftigte diese Flexibilität ein. Die Phase des Erwerbslebens ist nicht mehr durchgängig, sondern mit Brüchen versehen – teils gewollt, teils unfreiwillig. Phasen der Kinderbetreuung, der Pflege von Angehörigen, aber auch Sabbaticals zeichnen immer mehr Erwerbsbiografien aus. Die Politik muss diesem Umstand Rechnung tragen und sich anpassen. Sie muss Maßnahmen ergreifen und Rahmenbedingungen bereitstellen, um dieser Diversität zu entsprechen.

Ohne Zweifel, Familien und insbesondere Kinder sind die Grundpfeiler für den Fortbestand unseres Gesellschaftsmodells. Die Generationen-Nachfolge bestimmt die Zahl der Erwerbstätigen und damit die Wirtschaftskraft eines Landes, die Leistungsfähigkeit seiner sozialen Sicherungssysteme sowie seinen Wohlstand. Daher ist es folgerichtig, wenn die Politik Menschen in ihrem Wunsch nach Kindern unterstützt und die geeigneten Rahmenbedingungen zur Erfüllung dieses Wunsches zur Verfügung stellt. Wer sich für Kinder entscheidet, soll wissen, dass das Kind in einer Gesellschaft aufwächst, in der es sich bestmöglich entwickeln kann.

Ebenso wichtig ist aber auch, die gesellschaftliche Bedeutung der Familie hervorzuheben. Sie ist die wichtigste Instanz der Sozialisation: Sie vermittelt Sozialkompetenz sowie gesellschaftliche Normen und Werte. Bei dieser Sozialisationsfunktion muss der Staat assistierend zur Seite stehen. Diese Unterstützung reicht weit über den Ausgleich der finanziellen Belastungen hinaus und endet auch nicht mit der Bereitstellung öffentlicher Betreuungseinrichtungen. Als Gesellschaft müssen wir anerkennen, dass Eltern ihre Kinder und Kinder ihre Eltern zu Hause großziehen oder pflegen möchten. Daher gilt es, ein Bewusstsein für diese Herausforderungen zu schaffen und Wahlmöglichkeiten zu eröffnen, damit jede und jeder individuell das für sie beziehungsweise ihn beste Modell nutzen kann.

Die Hessische Landesregierung ist bestrebt, ihre Familienpolitik konsequent an diesen Erfordernissen auszurichten und dabei den Wünschen und Vorstellungen der Betroffenen Rechnung zu tragen. Dabei wird sie die Familienpolitik in all ihrer Vielfalt und Breite weiterhin modern gestalten. Der Schutz und die Unterstützung der Familie stellen eine gesamtgesellschaftliche Aufgabe dar, die schon im Grundgesetz verankert ist. Deshalb wird die Hessische Landesregierung auch künftig und im Dialog mit allen gesellschaftlichen Akteuren gemeinsam daran arbeiten, Familien die bestmöglichen Rahmenbedingungen bereitstellen zu können.

Aktuell hat die Bundesregierung den Entwurf für das „Elterngeld Plus" vorgelegt, das die Teilzeitarbeit auch für Väter interessanter macht und den Wiedereinstieg in die Arbeitswelt erleichtern wird. Es gibt neue Überlegungen zur befristeten Teilzeitarbeit und auch zur Teilzeitausbildung. Auch die Bewertung der Menge an Einzelleistungen, die sich auf Familien auswirken, wird uns beschäftigen.

In Hessen werden wir, neben der Unterstützung der lokalen Familienpolitik, zum Beispiel durch den weiteren Auf- und Ausbau der Familienzentren, gemeinsam mit den Spitzenverbänden der hessischen Wirtschaft die Entwicklung familienfreundlicher Arbeitszeitmodelle weiter vorantreiben, damit Fachkräfte erhalten und an die Betriebe gebunden werden und hessischen Familien das Leben leichter gemacht wird.

Wir werden – wie im Koalitionsvertrag vereinbart – eine Kommission „Hessen hat Familiensinn" einberufen. In diesem Gremium werden neben Vertretern aus Regierung und Parlament, aus Wirtschaft und Verwaltung auch Vertreter aus unterschiedlichen zivilgesellschaftlichen Gruppen über den Weg zu mehr Kinder- und Familienfreundlichkeit debattieren. Familienpolitik kann schließlich nur gelingen, wenn Bund, Länder, Kommunen, Verbände, Initiativen, Wirtschaft und Gesellschaft gemeinsam an einem Strang ziehen.

Familienpolitik in der Kommune

Eine Herausforderung für alle

Karl-Christian Schelzke

In vielen Städten und Gemeinden werden in Zukunft weniger Menschen leben als bisher, in Hessen sind bis zum Jahr 2020 insgesamt etwa 61.000 Einwohner weniger als heute prognostiziert. Gleichzeitig wird sich die Alterszusammensetzung der Bevölkerung ändern: Der Anteil der älteren Menschen und der Bürger[1] mit Migrationshintergrund nimmt zu.

Die Bevölkerungsentwicklung verläuft in den hessischen Regionen jedoch sehr unterschiedlich: Im Süden des Landes sinkt die Einwohnerzahl nur wenig, Kommunen im Ballungsraum werden weiter wachsen. Für Nordhessen werden dagegen erhebliche Einwohnerverluste vorausberechnet.[2]

Während „attraktive" Städte und Gemeinden Wanderungsgewinne realisieren, weisen die „strukturschwächeren" Städte meist starke Abwanderungen, vor allem Fernwanderungen auf.

Die Folgen dieses teilweise dramatischen demografischen Wandels betreffen die unterschiedlichsten Themen der Politik wie Raum- und Regionalentwicklung, Wirtschaft, Infrastruktur, Arbeitsmarkt, Bildung oder Familienpolitik. Vor allem aber betreffen sie die Gemeinden, denn vor Ort werden die Folgen hautnah spürbar: Die Ausdünnung einzelner Regionen, Leerstände und ungenutzte Flächen, Schulen ohne Kinder und Jugendliche werden von den Verlierern der Bevölkerungsentwicklung schon jetzt schmerzhaft wahrgenommen.

Die demografische Entwicklung der Städte und Gemeinden gestaltet sich in starker Abhängigkeit von ihrer wirtschaftlichen Situation. Kommunen mit einer positiven Beschäftigungsentwicklung und/oder einem relativ niedrigen Niveau der Arbeitslosigkeit weisen eine günstige Bevölkerungsstruktur und -entwicklung auf. Dass heißt, die Verlierer in dieser Entwicklung werden weitere Verluste in der Wohnbevölkerung hinnehmen müssen.

---

1 Aus Gründen der vereinfachten Lesbarkeit wird im Folgenden lediglich die männliche Form bestimmter Begrifflichkeiten verwendet. Angesprochen sind jedoch stets beide Geschlechter.

2 3. Demografie-Bericht der Hessischen Landesregierung, 16.12.2013.

Auch wenn der demografische Wandel sich differenziert in unseren Regionen auswirkt, so bleibt doch der landesweite Trend: Alle sind vom demografischen Wandel betroffen, vor Ort werden die Veränderungen und ihre Auswirkungen spürbar sein: Alterung, Schrumpfung, Migration.

A. Wenig Handlungsspielraum

Um dieser Entwicklung entgegen zu steuern, haben die Kommunen nur einen relativ kleinen Handlungsspielraum. Die finanzielle Ausstattung der Gemeinden erlaubt hier keine großen Sprünge. Zudem wirken sich Initiativen, den Bevölkerungsstand zu halten, in der kommunalen Arbeitsmarkt-, Wirtschafts- und Sozialpolitik allenfalls mittel- und langfristig aus. In dieser Situation sind Ideen für eine gute Entwicklung der Kommunen gefragt.

B. Chancen

Neben Strategien für die Gewinnung von Neubürgern und der Ansiedlung von Unternehmen ist es ein Ansatz, die Menschen bei der Sicherung der Daseinsvorsorge vor Ort „mitzunehmen". Die veränderten Anforderungen und demografischen Rahmenbedingungen bieten hier auch Chancen für die Entwicklung neuer Formen der Sicherung der öffentlichen und privaten Infrastruktur.

Dazu zählt beispielsweise der Aufbau flexibler und mobiler Angebote nach dem Prinzip: das Angebot kommt zur Nachfrage. Einkaufsbusse, Fahrdienste, vereinsorganisierte Dorfläden, öffentliche medizinische Sprechstunden vor Ort im Quartier – entsprechende Angebote sind in vielen Regionen im Aufbau oder schon realisiert. Der Bankschalter im Rathaus, das Café im Dorfladen, die Postagentur im Einzelhandelsgeschäft – zahlreiche erfolgreiche Beispiele zeigen, dass Dienstleistungen vor Ort gebündelt und Synergieeffekte in der Nahversorgung der Menschen erzielt werden können.

C. Identifikation mit dem Wohnort

Einen wichtigen Aspekt bei der Mobilisierung und Nutzung dieser Dienstleistungspotenziale stellen dabei die Einwohner selbst dar. Diese müssen bereit sein, unter bestimmten Bedingungen, einen Beitrag zur demografischen Sicherung der eigenen Gemeinde zu leisten.

In zahlreichen Gemeinden ist der bewusste Gang zum gewerblichen Anbieter vor Ort auch ein Bekenntnis zum Standort. Der Verzicht auf den Besuch des entfernten Discounters ist der Preis für den Erhalt der eigenen gemeindlichen Infrastruktur und ein Ausdruck der Identifikation mit dem eigenen Wohnumfeld.

Aber auch die Rückbesinnung auf regionale Ressourcen und die Bewahrung der regionalen Identität sind starke Motive dafür, dass sich eine Gemeinde im demografischen Kontext auf eigene Stärken besinnt.[3]

Es gibt dabei für die Zukunftsfrage unserer Kommunen keine Generallösung. Im Mittelpunkt müssen die Menschen jeder einzelnen Kommune mit ihren Bedürfnissen und Interessen stehen.

D. Familienfreundlichkeit als Querschnittsaufgabe

Die Kommune steht neben der Standortsicherung vor der Herausforderung, positive Tendenzen wie die Familienfreundlichkeit und die gesellschaftliche Integration zu fördern und damit im Wettbewerb um die Ansiedlung von Familien zu bestehen. Es genügt heute nicht mehr, günstiges Bauland zur Verfügung zu stellen. Der Gesamtrahmen für ein vitales Gemeinwesen muss stimmen.

Die gesellschaftliche Integration von Zugezogenen oder die Familienpolitik sind indes als eigenes kommunales Fachgebiet in Kommunen nicht vorgesehen. Stattdessen werden beispielsweise Familien entlang verschiedener Zuständigkeiten innerhalb der Verwaltung mitgedacht – und damit oft stark aus der jeweiligen Ressortperspektive gelenkt. Eine von allen getragene und gelebte Willkommenskultur tut not.

Vor dem Hintergrund des demografischen Wandels ist es darum unabdingbar, den Verbleib oder gar den Zuzug von Familien als kommunale Querschnittsaufgabe zu unterstützen und zu fördern. Den Familien müssen Rahmenbedingungen zur Verfügung gestellt werden, die es ihnen erleichtern, Berufs- und Privatleben in Einklang zu bringen. Familien brauchen materielle Sicherheit und verlässliche Rahmenbedingungen im Hinblick auf die Vereinbarkeit von Familie und Beruf. Und sie suchen nach Kommunen, wo das gesellschaftliche Umfeld ihren Bedürfnissen entspricht.

3 „Warum muss sich eine Kommune im ländlichen Raum mit Existenzgründungs- und Erhaltungsprozessen auseinandersetzen?“ Aufsatz von Karl-Christian Schelzke in: Regionales Zukunftsmanagement. Band 7: Existenzgründung im ländlichen Raum; Wolfgang George, Herausgeber; PABST SCIENCE PUBLISHERS. Lengerich 2013.

E. Kinder und Senioren im Blick

Für die Gestaltung einer kommunalen „Willkommenskultur" werden vor allem die Potenziale des bürgerschaftlichen Engagements dringend benötigt. So haben sich schon viele Gemeinden auf den Weg gemacht, in dem sie neben den kommunalen und konfessionellen Einrichtungen auch private und zivilgesellschaftliche Initiativen, Projekte und Einrichtungen unterstützen.

Die Organisation der Kinderbetreuung zählt heutzutage zu den wichtigsten Standortfaktoren für eine Gemeinde. Die öffentliche Hand kann in diesem Bereich nicht alles leisten, um bedarfsgerechte Angebote zu organisieren. Zumal der gesetzliche Anspruch sprichwörtlich die Städte und Gemeinden überfordert. So haben in Kommunen bereits Elterninitiativen Betreuungsangebote in Eigenregie übernommen. Elternvereine organisieren Krabbelgruppen und Ganztagesangebote, sie betreiben Nachhilfe, Kinderkrippen und manchmal sogar ganze Schulen, wie das Beispiel einer Genossenschaftsschule in Wetzlar zeigt.

Ähnliche Anstrengungen werden für die dritte Lebensphase benötigt. Ältere Menschen müssen unterstützt werden, die eigene Wohnung frühzeitig altersgerecht zu gestalten, so dass sie auch als Seniorinnen und Senioren in der vertrauten Umgebung alt werden können. Untersuchungen haben gezeigt, dass 90 Prozent der Menschen in ihren eigenen vier Wänden alt werden wollen.

Auch neue gemeinsame Wohnformen für Alt und Jung, flexible Verkehrsverbindungen, gute Einkaufsmöglichkeiten, eine gesicherte medizinische Versorgung oder neue Nutzungen für leerstehende Gebäude sind Themen, mit denen sich schon jetzt Gemeinden nicht nur theoretisch, sondern auch praktisch mit Modellvorhaben beschäftigen.

In vielen dieser hessischen Projekte engagieren sich Bürger gemeinsam mit Verwaltungen, Vereinen, Kirchen, Schulen, Unternehmen unter anderem für eine nachhaltige Entwicklung ihrer Gemeinde, also dafür, dass ihr Ort für die kommenden Generationen lebenswert bleibt.

F. Bündnisse für Familien

Familienfreundlichkeit als Bürgerprojekt? Gefragt sind Netzwerke von Akteuren aus Wirtschaft, Politik und Zivilgesellschaft. Die verschiedenen Partner können vor Ort auf freiwilliger Basis zusammenarbeiten, um die Lebens- und Arbeitsbedingungen für Familien durch bedarfsorientierte Projekte in ihrer Gemeinde zu verbessern. Dabei engagieren sich die Projektpartner nach ihren eigenen Möglichkeiten und bringen ihr spezifisches Know-how ein.

Ein konkretes Beispiel für diesen Ansatz sind die zahlreichen „Lokale Bündnisse für Familien". Ihre Kernthemen sind Vereinbarkeit von Familie und Beruf, verlässliche Kinderbetreuung und unterstützende familienfreundliche Infrastruktur sowie zunehmend auch die Vereinbarkeit von Erwerbstätigkeit und Pflege. Unter den Akteuren finden sich Vertreter von Kommunen, Unternehmen, Kammern und Gewerkschaften, von Arbeitsagenturen, Verbänden, Stiftungen, Kirchen, von freien Trägern der Kinder- und Jugendhilfe und vielen weiteren Organisationen.

Bundesweit gibt es mittlerweile mehr als 670 Standorte der Lokalen Bündnisse für Familie. 67 Bündnisse gibt es hessenweit (Stand 03/2014). Der Erfolg dieser seit 2004 vom Bundesministerium für Familien, Senioren, Frauen und Jugend getragenen und aus Mitteln des Europäischen Sozialfonds kofinanzierten Initiative ist ein Indiz dafür, dass Familienfreundlichkeit als gesamtgesellschaftliche Herausforderung in unseren Städten und Gemeinden bereits verstanden wird.

G. Ressource Bürgerengagement

Familienfreundlichkeit lässt sich weder verordnen noch programmatisch einfordern. In den Kommunen kann vielmehr ein familienfreundliches Klima geschaffen werden, wenn die Bürger zu Protagonisten der Familienpolitik gemacht werden. Formale Abstimmungs- und Beteiligungsmöglichkeiten geben aus unserer Erfahrung heraus weder Anreize noch Anstöße für ein Engagement der Menschen. Bürger wollen direkt und persönlich angesprochen und zur Mitwirkung eingeladen werden. Die Praxis zeigt, dass vor allem in kleineren Kommunen die Bürgermeisterin beziehungsweise der Bürgermeister eine solche Werbungsfunktion sehr erfolgreich übernehmen können.

Ein Informationsangebot zum Thema Pflege, Mehrgenerationenhäuser, Pädagogische Tage oder einen Runden Tisch mit Wirtschaft, Familien und Schulen – Familienfreundlichkeit benötigt Ideen, die auch gewohnte Gleise in den Kommunen verlassen. Darum sollten die für die örtliche Kommunalpolitik Verantwortlichen über alle Parteigrenzen hinweg den Willen erkennen lassen, dass es ihnen um die Unterstützung und Einbindung von Bürgern sowie um die Stärkung sozialer Netze geht.

H. Alt hilft Jung

Bei der Ressource Bürgerengagement kommt der Gruppe der Senioren nicht nur durch den demografischen Wandel eine herausgehobene Stellung zu. Mit einem zunehmenden Durchschnittsalter und gleichzeitig längerer Lebenserwartung steigt die Zahl derjenigen, die nach dem Ausscheiden aus dem Berufsleben ein Bedürfnis nach der Übernahme ehrenamtlicher Aufgaben verspüren. Diese jungen Alten wollen oft durchaus zur Gestaltung der Gesellschaft beitragen und stellen ein wachsendes Potenzial für die Aufgaben dar, die vor allem sozial orientiert und wirtschaftlich „unrentabel“ sind.

Eine Möglichkeit des langfristigen, vertrauensbasierten und dadurch besonders nachhaltigen Engagements der älteren Generation für Familien sind Patenschaften. Hier können durch die enge Bindung von Personen und Zuständigkeiten eine besondere Verantwortungsbasis hergestellt und neue Verbindungen im sozialen Netz geknüpft werden: Lesepaten, Leih-Omas und -Opas, Begleitung bei Ausbildung und Berufssuche – die Möglichkeiten sind mannigfaltig, in denen sich die dritte Generation in diesem Sinne für Familien einsetzen kann.

Aber allein mit Bürgerengagement werden die Herausforderungen nicht zu meistern sein. Trotz aller Finanzprobleme müssen Bund und Länder den Kommunen die Gelder zur Verfügung stellen, die sie für eine ausreichende Integrations- und Bildungsarbeit benötigen. Ansonsten laufen sie und damit unser gesamtes staatliches Gemeinwesen Gefahr, die demokratische Legitimation zu verlieren und damit politischem Extremismus Tür und Tor zu öffnen. Die lokale Demokratie ist die Basis unseres demokratischen Staates. Das heißt letztlich, wir brauchen Bürgerengagement, um den Herausforderungen der Zukunft begegnen zu können, die Kommunen brauchen aber auch die finanziellen Mittel, um dies zu ermöglichen.

I. Lokale Partnerschaft

Auf der Suche nach neuen Geldquellen stoßen die Kommunen auf die örtliche Wirtschaft. Als Sponsoren und Spendengeber sind lokale Betriebe gerne gesehen. Doch dass Unternehmen durchaus in der Lage sind, eine eigenständige Rolle als lokale Partner innerhalb der Kommune einzunehmen, um mit ihren zur Verfügung stehenden Mitteln den demografischen Wandel abzufedern, wird auf kommunaler Seite zuweilen außer Acht gelassen.

Familienfreundliche Rahmenbedingungen vor Ort können sich als positiver Standortfaktor in der Konkurrenz um Ansiedlung von Gewerbe und der Gewinnung wohnortnaher Arbeitsplätze rechnen. Die lokale Wirtschaft profitiert zweifellos von einem aktiven Gemeinwesen. Familienfreundlichkeit in der Kommune, ein aktives Vereinsleben, ein reichhaltiges kulturelles Angebot sind sogenannte weiche Standortfaktoren, die für die Wirtschaft einen wichtigen Stellenwert haben.

Unternehmen und Betriebe können erfolgreich für ganz unterschiedliche Formen des bürgerschaftlichen Engagements in ihrer Kommune gewonnen werden. Das Spektrum reicht von Geld- und Sachspenden über konkrete Beratungsleistungen oder vielfältige logistische Unterstützung bis zum sogenannten „Volunteering“, dem persönlichen Einsatz von Beschäftigten.

Sei es, dass die Geschäftsleitung Mitarbeiter für bürgerschaftliches Engagement bei gemeinnützigen Trägern freistellt oder sich ein Großteil der Belegschaft bei einem Freiwilligentag engagiert. Motivierte, mit hohen sozialen Kompetenzen ausgestattete Mitarbeiter sind zudem überzeugende Argumente für den Einstieg von Unternehmen in die Förderung bürgerschaftlichen Engagements. Wenn der ehrenamtliche Einsatz von Beschäftigten als Personalentwicklungsmaßnahme begriffen und entsprechend vorbereitet wird, werden Unternehmen davon profitieren.

Im Prozess der Sensibilisierung und Gewinnung der örtlichen Wirtschaft für gesellschaftliche, kulturelle oder soziale Belange spielt die kommunale Verwaltungsspitze eine wichtige Rolle. Sie kann Potenziale von Unternehmen erkennen, unternehmerische Ressourcen aktivieren und gewinnen. Andererseits kann sie auch vermittelnd tätig werden, indem sie beispielsweise hilft, den Bedarf an nichtmonetärem Unternehmensengagement in ihrer Kommune zu klären.

J. Gemeinsamer Bildungsauftrag

Ein wichtiges Handlungsfeld für das gemeinsame Engagement ist die Bildung. Einrichtungen wie Kindertagesstätten, Schulen sowie Volkshochschulen und Einrichtungen der Weiterbildung, aber auch andere Angebote der Kinder- und Jugendhilfe, sind wichtige Partner für die Förderung der familienfreundlichen Kommune, da sie Menschen in allen Lebensphasen und Lebenslagen begleiten. Sie können bei der Erfüllung ihres Auftrags durch die Stadt oder Gemeinde mit ihren aktiven Bürgern wirksam unterstützt werden.

Die Vorstellung von Bildung als Angelegenheit einer Lehr- und Lernanstalt ist längst überholt. Schulgemeinschaften stehen heute in einer lebendigen Wechselbeziehung zu ihrer gesellschaftlichen Umwelt. Einerseits engagieren sich Bildungseinrichtungen für das soziale und kulturelle Leben ihrer Kommune, ihres Quartiers. Andererseits sind sie darauf angewiesen, dass engagierte Bürger sich mit ihrer Zeit, ihren Ideen und ihren Erfahrungen in die Gestaltung des schulischen Lebens einbringen. Gerade in Zeiten knapper Kassen wird der gemeinsame Bildungsauftrag als gesamtgesellschaftliches Anliegen immer wichtiger. Kommunen, Staat, Wirtschaft und vor allem die Bürger – nur gemeinsam, sind wir in der Lage Familien mit ihren Kindern und Jugendlichen zu unterstützen und damit auch den Städten und Gemeinden eine Perspektive für die Zukunft zu geben.

Familienpolitik in den Unternehmen

„Was machen Unternehmen schon in der Familienpolitik?“

Jutta Rump und Silke Eilers

A. Stellenwert von Familienbewusstsein in Unternehmen

Für Arbeitgeber steht per se der wirtschaftliche Erfolg des Unternehmens im Fokus, das heißt alle Maßnahmen, die von betrieblicher Seite zur Verbesserung der Vereinbarkeit des Berufes mit der aktiven Familienphase angeboten werden, müssen im Einklang mit den Gegebenheiten, Zielen und auch gewissen externen Zwängen (zum Beispiel durch tarifvertragliche Regelungen) seitens des Betriebes stehen. Vor dem Hintergrund zentraler Trends wie der demografischen Entwicklung und dem zunehmenden Bedarf an Fachkräften infolge technisch-ökonomischer Entwicklungen ist allerdings hervorzuheben, dass Arbeitgeber in zunehmendem Maße realisieren, dass ihre Wettbewerbsfähigkeit heute und in Zukunft davon abhängt, für potenzielle und bereits beschäftigte Mitarbeiter[1] attraktiv zu sein beziehungsweise zu bleiben. Diese Attraktivität wiederum manifestiert sich immer stärker in einer gelungenen Vereinbarkeit beruflicher und privater Belange. Die Personalmarketingstudie 2012 zeigt auf, dass insbesondere 26- bis 39-jährige Beschäftigte, aber auch Arbeitnehmer in der Altersgruppe von 40 bis 49 Jahren in hohem Maße bereit sind, den Arbeitgeber zu wechseln, wenn dieser nicht familienfreundlich ist und ihre Arbeitgeberwahl auch stark nach diesem Gesichtspunkt ausrichten.[2]

Aufgrund dieses Zusammenhangs erhöht sich der Handlungsdruck in Bezug auf Maßnahmen zur Unterstützung der aktiven Familienphase bereits seit einigen Jahren.[3] So geben immerhin 80,7 Prozent der Befragten im Unternehmensmonitor Familienfreundlichkeit 2013 an, eben diese Familienfreundlichkeit sei für das eigene Unter-

1 Aus Gründen der vereinfachten Lesbarkeit wird im Folgenden lediglich die männliche Form bestimmter Begrifflichkeiten verwendet. Angesprochen sind jedoch stets beide Geschlechter.

2 Vgl. BMFSFJ, Personalmarketingstudie 2012, Berlin 2012, S. 1; BMFSFJ, Familienfreundlichkeit – Erfolgsfaktor für Arbeitgeberattraktivität. Kurzfassung der Personalmarketingstudie 2010, Berlin 2010, S. 3; 7.

3 Vgl. Sachverständigenkommission zum Achten Familienbericht, Zeit für Familie. Familienzeitpolitik als Chance einer nachhaltigen Familienpolitik, Berlin 2012, S. 72.

nehmen wichtig oder eher wichtig (im Vergleich zu 46,5 Prozent im Jahr 2003 und 79,8 Prozent im Jahr 2010).[4]

B. Status Quo zum konkreten Handeln

I. Grundsätzliches

Der Zeitvergleich zeigt, dass familienbewusste Angebote in Unternehmen in den vergangenen zehn Jahren deutlich zugenommen haben, darunter besonders Maßnahmen zur Arbeitszeitflexibilisierung sowie zum Umgang mit Elternzeit und Wiedereinstieg, aber auch Unterstützung in Fragen der Kinderbetreuung oder der Pflege.[5] Im europäischen Vergleich rangiert Deutschland im Europäischen Unternehmensmonitor Familienfreundlichkeit sowohl was das Angebot an familienorientierten Maßnahmen anbelangt als auch im Hinblick auf die familienfreundliche Einstellung im Mittelfeld. Auf der Top-Position im Hinblick auf beide Aspekte, das heißt Anzahl der Maßnahmen sowie Einstellung, findet sich Schweden.[6]

II. Charakteristika des Unternehmensengagements

Aus mehreren Studien lässt sich erkennen, wie das Engagement deutscher Unternehmen in Bezug auf die Familienfreundlichkeit charakterisiert ist:[7]

- Mit der **Größe des Unternehmens** steigt die Zahl der institutionalisierten Maßnahmen an. Als Hintergrund lässt sich vermuten, dass sich bestimmte Modelle erst ab einer gewissen Zahl von Mitarbeitern effizient einsetzen lassen. Zudem sind mit steigender Unternehmensgröße auch mehr Mitarbeiter „betroffen".

---

4 Vgl. BMFSFJ, Unternehmensmonitor Familienfreundlichkeit, Berlin 2013, S. 8.

5 Vgl. BMFSFJ, Ergebnisse der Evaluation des FSJ und FÖJ. Abschlussbericht des Instituts für Sozialforschung und Gesellschaftspolitik e.V., Köln 2010, S. 111–114; BMFSFJ, Unternehmensmonitor Familienfreundlichkeit, Berlin 2013, S. 8–9.

6 Vgl. Seyda/Stettes, Europäischer Unternehmensmonitor Familienfreundlichkeit – Wie familienfreundlich sind Unternehmen in Europa?, Forschungsbericht aus dem Institut der deutschen Wirtschaft, Köln 2011, S. 86.

7 Vgl. BMFSFJ, Unternehmensmonitor Familienfreundlichkeit, Berlin 2013, S. 27–28; BMFSFJ/BPM, Einstellungen von Personalverantwortlichen zu familienbewussten Arbeitszeiten, Berlin 2012, S. 2; Sachverständigenkommission zum Achten Familienbericht, Zeit für Familie. Familienzeitpolitik als Chance einer nachhaltigen Familienpolitik, Berlin 2012, S. 89–90; Hans-Böckler Stiftung, Familienfreundlicher mit Betriebsrat, Böckler Impuls, 9/2010, S. 1–2.

- **Kleine und mittelständische Unternehmen** holen auf. Sie setzen insbesondere auf einzelfallbezogene und kleinteilige Lösungen.
- Betriebe, in denen die Belegschaft ein vergleichsweise **geringes Durchschnittsalter** aufweist, zeigen ein stärkeres Engagement. Auch hier spielt der Aspekt der „Fallzahlen" eine entscheidende Rolle.
- Weniger ausgeprägt ist der Zusammenhang zum **Frauenanteil** in der Belegschaft. Dieser fällt nur bei bestimmten Maßnahmen wie den Möglichkeiten für Teilzeitarbeit sowie bei der Unterstützung bei der Betreuung ins Gewicht.
- Einfluss nimmt auch die **Qualifikationsstruktur der Belegschaft**. Danach engagieren sich Unternehmen mit einem relativ hohen Anteil von Hochqualifizierten deutlich stärker – insbesondere in Bezug auf flexible Arbeitszeitmodelle und Maßnahmen mit Bezug zur Elternzeit – als Betriebe, die viele An- und Ungelernte beschäftigen.
- **Westdeutsche Unternehmen** weisen insgesamt mehr familienfreundliche Maßnahmen auf als Betriebe in Ostdeutschland. Dies steht nicht zuletzt im Zusammenhang mit der in den neuen Bundesländern besser ausgebauten Betreuungsinfrastruktur auch schon für Kleinkinder.
- Das Vorhandensein eines **Betriebsrates** erhöht die Wahrscheinlichkeit für Familienfreundlichkeit. Zu diesem Schluss kommt eine Untersuchung auf Basis der Daten des Instituts für Arbeitsmarkt- und Berufsforschung (IAB) und begründet den Zusammenhang damit, dass Arbeitnehmervertretungen einen vertrauensvolleren Umgang und Interessensausgleich zwischen Arbeitgeber und Arbeitnehmern fördern können.

III. Blick auf zentrale Handlungsfelder

Im Folgenden soll der Fokus auf den Status Quo in fünf Kernbereichen gerichtet werden, die die Vereinbarkeit von Beruf und Familie erleichtern können. Hier sind zunächst die Arbeitsorganisation sowie die Führungs- und Unternehmenskultur zu nennen. Entscheidenden Einfluss nehmen auch Maßnahmen zum Umgang mit der Elternzeit, Services für die Familie sowie die Förderung beruflicher Werdegänge von Eltern.

1. Arbeitsorganisation

Arbeitszeitwünsche und -realität von Eltern klaffen nicht selten weit auseinander. Dies liegt zum einen an betrieblichen Erfordernissen,

Abläufen und zum Teil auch gewachsenen Traditionen. Zum anderen lässt das vorhandene Betreuungsangebot die Flexibilität, die sich die meisten Eltern wünschen, nicht uneingeschränkt zu. Die Wünsche bezüglich der Arbeitszeiten differieren zwischen Müttern und Vätern, aber auch bei Menschen in unterschiedlichen Lebenssituationen, Lebenslagen und Lebensformen. So wünschen sich vor allem vollzeitarbeitende Väter eine Reduzierung ihrer Wochenarbeitszeit, während teilzeitarbeitende Mütter vielfach ihr Arbeitsvolumen aufstocken möchten. Insgesamt bewegen sich die Arbeitszeitwünsche aufeinander zu und pendeln sich beim Modell einer „vollzeitnahen Teilzeit" beziehungsweise „kurzen Vollzeitarbeit" ein, das heißt etwa zwischen 25 und 35 Stunden, um Fürsorge und Erwerbsarbeit gleichermaßen gerecht werden zu können.[8] Nebenbei bemerkt attestiert die Kommission „Zukunft der Arbeitswelt" der Robert Bosch Stiftung einer Erhöhung der Arbeitszeit von Teilzeitbeschäftigten um 50 Prozent sowie der Senkung der Teilzeitbeschäftigungsquote um ein Drittel ein immenses Beschäftigungspotenzial.[9] Hemmend wirkt sich in diesem Zusammenhang aus, dass in vielen Unternehmen zwar die Reduzierung der Arbeitszeit vergleichsweise einfach umsetzbar scheint, eine spätere Aufstockung allerdings eher weniger, wenngleich im Unternehmensmonitor Familienfreundlichkeit 2013 die befragten Unternehmen sich grundsätzlich offen gegenüber einer Veränderung der Länge der Arbeitszeit zeigen und mehrheitlich angeben, sowohl nach oben als auch nach unten könne innerhalb eines kurzen Zeitraums eine Anpassung erfolgen.[10]

Unternehmen beobachten in den vergangenen fünf Jahren eine steigende Erwartungshaltung von Eltern in Bezug auf ihre Arbeitszeitwünsche.[11] Der Unternehmensmonitor Familienfreundlichkeit 2013 gibt Arbeitszeitflexibilisierung und flexible Formen der Arbeitsorganisation denn auch als die am häufigsten praktizierten Maßnahmen zur Förderung der Vereinbarkeit von Beruf und Familie an. 84,1 Prozent der Unternehmen bieten danach Tätigkeiten in Teilzeit an,

8 Vgl. Institut für Demoskopie Allensbach, Monitor Familienleben 2010, Allensbach 2010, S.45–51; Eichhorst/Marx/Tobsch, Familienfreundliche flexible Arbeitszeiten – ein Baustein zur Bewältigung des Fachkräftemangels, in: IZA Research Report No. 33, 2011, S.3; BMFSFJ, Familienreport 2012, Berlin 2012, S.75–76; Sachverständigenkommission zum Achten Familienbericht, Zeit für Familie. Familienzeitpolitik als Chance einer nachhaltigen Familienpolitik, Berlin 2012, S.41–47.

9 Vgl. Robert Bosch Stiftung, Die Zukunft der Arbeitswelt, Auf dem Weg ins Jahr 2030, Stuttgart 2013, S.43. BMFSFJ, Unternehmensmonitor Familienfreundlichkeit, Berlin 2013, S.19.

10 Vgl. BMFSFJ, Unternehmensmonitor Familienfreundlichkeit, Berlin 2013, S.20.

11 Vgl. BMFSFJ/BPM, Einstellungen von Personalverantwortlichen zu familienbewussten Arbeitszeiten, Berlin 2012.

73,3 Prozent lassen individuelle Arbeitszeiten zu, 51,2 Prozent führen keinerlei Arbeitszeitkontrolle durch. In 63,5 Prozent der befragten Unternehmen gibt es flexible Tages- oder Wochenarbeitszeiten, in 20,4 Prozent flexible Jahres- oder Lebensarbeitszeiten, 9,7 Prozent bieten Sabbaticals an. Telearbeit wird in 21,1 Prozent der Unternehmen praktiziert und 11,1 Prozent der Betriebe lassen Job Sharing zu.[12]

Allerdings ist zu konstatieren, dass flexible Arbeitsmodelle nicht per se familienorientiert sind, sondern insbesondere dann, wenn sie sich überwiegend nach den zeitlichen und räumlichen Präferenzen beziehungsweise der individuellen, im Lebensverlauf veränderlichen Situation der Beschäftigten richten. Ebenfalls zu berücksichtigen ist bei der Gestaltung flexibler Arbeitszeitmodelle, dass nicht selten eine „Verfügbarkeitskultur“ durch Medien wie Smartphone, Tablet PC etc. zwar zeitliche und auch räumliche Flexibilität ermöglicht, jedoch die Grenzen zwischen beruflicher und privater Sphäre immer stärker verschwimmen und Überlastungssituationen drohen, wenn nicht entsprechend gegengelenkt wird.[13]

2. Unternehmens- und Führungskultur

Trotz aller Bemühungen und Fortschritte in den vergangenen Jahren hält sich in vielen Unternehmen, aber auch in der Gesellschaft hartnäckig das Muster von Müttern in geringer Teilzeitbeschäftigung, die aufgrund familiärer Verpflichtungen nur eingeschränkt belastbar beziehungsweise einsetzbar scheinen, sowie von Vätern in verantwortungsvollen Positionen mit hoher zeitlicher Verfügbarkeit. Auch wenn diese Form der Arbeitsteilung von jüngeren Menschen kaum noch priorisiert wird, findet sich nicht selten nach der Geburt eines Kindes die Rückkehr zum traditionellen Rollenbild beziehungsweise zum Zuverdienermodell (insbesondere in den alten Bundesländern).[14]

---

12 Vgl. BMFSFJ, Unternehmensmonitor Familienfreundlichkeit, Berlin 2013, S. 15.

13 Vgl. Bellmann/Ellguth/Gerner, Betriebliche Arbeitszeiten – Auswertungen des IAB-Betriebspanels, Nürnberg 2011, S. 10; BMFSFJ, Familienbewusste Arbeitszeiten. Leitfaden für die praktische Umsetzung von flexiblen, familienfreundlichen Arbeitszeitmodellen, Berlin 2011, S. 10; Eichhorst/Thode, Vereinbarkeit von Familie und Beruf 2010 Benchmarking Deutschland: Steigende Erwerbsbeteiligung, aber schwierige Übergänge, in: IZA Research Report No. 30, 2010, S. 25; Sachverständigenkommission zum Achten Familienbericht, Zeit für Familie. Familienzeitpolitik als Chance einer nachhaltigen Familienpolitik, Berlin 2012, S. 123; Sachverständigenkommission zur Erstellung des Ersten Gleichstellungsberichtes der Bundesregierung/Fraunhofer-Gesellschaft zur Förderung der angewandten Forschung e.V., Neue Wege – Gleiche Chancen. Gleichstellung von Frauen und Männern im Lebensverlauf, Berlin 2011, S. 130.

14 Vgl. BMFSFJ, Familienreport 2012, Berlin 2012, S. 71–72; 77–78.

Vor diesem Hintergrund ist es unerlässlich, dass familienbewusste Maßnahmen von einer entsprechenden Unternehmens- und Führungskultur begleitet werden, die derartige Rollenstereotype aufbricht und für einen neuen Umgang mit Lebens- und Arbeitszeit sensibilisiert. Andernfalls besteht die Gefahr, dass gut gemeinte Ansätze an Widerständen von Kollegen und/oder Führungskräften scheitern beziehungsweise diejenigen, die sie in Anspruch nehmen, eine Verringerung ihrer beruflichen Perspektiven in Kauf nehmen müssen. Denn noch immer ist eine umfangreiche zeitliche Verfügbarkeit sowie Präsenzkultur in zahlreichen Unternehmen verbreitet.

Sehr bedeutsam ist in diesem Zusammenhang auch eine beständige Kommunikation des Familienbewusstseins nach innen und außen. Denn nicht selten nehmen Beschäftigte bestehende Angebote zur Vereinbarkeit von Beruf und Familie nicht wahr, weil diese im Unternehmen unzureichend kommuniziert oder ihnen von ihren Vorgesetzten nicht angeboten werden. Dies gilt insbesondere für Mütter in Führungspositionen, aber auch für Männer, die sich vielfach mit Unverständnis konfrontiert sehen, wenn sie sich nach vereinbarkeitsförderlichen Maßnahmen erkundigen.[15]

3. *Umgang mit der Elternzeit*

Wie lange Mitarbeiter nach der Geburt eines Kindes in Elternzeit verbleiben und in welchem Umfang sie ihre Tätigkeit wieder aufnehmen, hängt von mehreren Faktoren ab. Neben dem Betreuungsangebot und dem Alter des Kindes sind auch bestimmte gesellschaftliche Rollenmuster zu berücksichtigen. Eine entscheidende Rolle spielen allerdings auch die Signale und konkreten Angebote, die vom Arbeitgeber ausgehen.

Im Unternehmensmonitor Familienfreundlichkeit 2013 geben 78 Prozent der Befragten an, besondere Rücksicht auf Eltern zu nehmen. 63,3 Prozent bieten Teilzeittätigkeiten oder phasenweise Beschäftigung, 13,1 Prozent Weiterbildung während der Elternzeit an. In 15,4 Prozent der Betriebe werden Patenprogramme praktiziert, bei 29,4 Prozent gibt es spezielle Einarbeitungsprogramme nach der Rückkehr aus der Elternzeit. Finanzielle Leistungen stellen 7,2 Prozent

15 Vgl. Sachverständigenkommission zur Erstellung des Ersten Gleichstellungsberichtes der Bundesregierung/Fraunhofer-Gesellschaft zur Förderung der angewandten Forschung e.V., Neue Wege – Gleiche Chancen. Gleichstellung von Frauen und Männern im Lebensverlauf, Berlin 2011, S. 129–130; Sachverständigenkommission zum Achten Familienbericht, Zeit für Familie. Familienzeitpolitik als Chance einer nachhaltigen Familienpolitik, Berlin 2012, S. 122–124.

der Befragten zur Verfügung, 18,1 Prozent ermutigen Väter gezielt zu Elternzeit und/oder Teilzeit. Unterstützung bei der Kinderbetreuung – in Form von Informationen, Organisation und Finanzierung oder aber im Rahmen einer betrieblichen Kinderbetreuung – bieten insgesamt 20,6 Prozent der Unternehmen an. Sechs von zehn Betrieben ermöglichen es der Mehrzahl ihrer Mitarbeiter, nach der Elternzeit wieder auf den angestammten Arbeitsplatz zurückzukehren.[16]

Generell ist festzustellen: Je früher ein Mitarbeiter wieder in den Beruf zurückkehrt, desto leichter fällt ihm, aber auch dem Arbeitgeber, die Reintegration und umso geringer sind die Auswirkungen auf die Qualifikation, die beruflichen Perspektiven sowie auf das Einkommen.[17] Zu einer frühen Rückkehr gehört aber auch, dass die Rückkehrer ihre Zeitpräferenzen umsetzen und eine Synchronisation ihrer beruflichen und privaten Zeitbedarfe mit einer gewissen Souveränität – abgestimmt mit den betrieblichen Belangen – herbeiführen können.[18] Derzeit kehren in etwa einem Drittel der Unternehmen Mitarbeiter in der Regel in Vollzeit aus der Elternzeit zurück, in sechs von zehn Unternehmen in Teilzeit. Darunter finden sich sowohl vollzeitnahe Regelungen als auch Arbeitszeiten von maximal 50 Prozent des vorherigen Umfangs.[19]

4. *Services für die Familie*

Bei Services für die Familie stehen nicht nur Jüngere mit Kindern im Blickpunkt, sondern Angebote für alle Familienformen. Aufgrund der demografischen Entwicklung gewinnt mehr und mehr neben der Betreuung von Kindern die Pflege von kranken beziehungsweise älteren Angehörigen an Bedeutung. Neben diesen klassischen Betreuungsaufgaben umfassen Services für die Familie auch weitere unterstützende Maßnahmen, wie beispielsweise Informationsmaterial über erste Schritte nach Eintreten eines Pflegefalls, Rechtsberatung oder die Vermittlung beziehungsweise das Angebot haushaltsnaher Dienstleistungen. Solche Services müssen nicht kostenintensiv sein und sind nicht unweigerlich mit unkalkulierbaren finanziellen Risiken verbunden. So muss zum Beispiel die Kinderbetreuung nicht mit dem Bau einer betriebseigenen Kindertagesstätte einhergehen. Vielmehr sind Modelle denkbar, in denen sich das Unternehmen auf

---

16 Vgl. BMFSFJ, Unternehmensmonitor Familienfreundlichkeit, Berlin 2013, S. 10; 23.
17 Vgl. BMFSFJ, Familienreport 2010, Berlin 2010, S. 111–114.
18 Vgl. Sachverständigenkommission zum Achten Familienbericht, Zeit für Familie. Familienzeitpolitik als Chance einer nachhaltigen Familienpolitik, Berlin 2012, S. 125–126.
19 Vgl. BMFSFJ, Unternehmensmonitor Familienfreundlichkeit, Berlin 2013, S. 23.

überbetrieblicher Ebene am Unterhalt einer Tagesstätte beteiligt, die ihre Öffnungszeiten auf die Bedürfnisse der Arbeitnehmer abstimmt. Oder Unternehmen kaufen Kontingente an Kinder- oder Pflege-Betreuungsplätzen. Ebenso können sich Arbeitgeber für die Vermittlung von Tagespflege oder Initiativen einsetzen.[20]

Der Unternehmensmonitor Familienfreundlichkeit 2013 zeigt ein hohes Engagement von Unternehmen in Fragen der Kinder-/Angehörigenbetreuung. So bieten 44,7 Prozent der Unternehmen eine Arbeitsfreistellung wegen Krankheit der Kinder über die gesetzliche Regelung hinaus an. 26,8 Prozent beziehungsweise 26,6 Prozent der Unternehmen gewähren eine temporäre Arbeitszeitreduzierung im Rahmen einer Familienpflegezeit beziehungsweise eine pflegebedingte Arbeitsfreistellung an. Immerhin 17,2 Prozent der Arbeitgeber unterstützen ihre Mitarbeiter bei der Kinderbetreuung – sei es finanziell oder durch die Vermittlung von Betreuung. In 3,4 Prozent der Unternehmen, darunter erwartungsgemäß überwiegend Betriebe mit 250 und mehr Beschäftigten, findet eine betriebliche Kinderbetreuung statt oder werden Belegplätze in externen Einrichtungen reserviert, 3,1 Prozent verfügen über einen Pflegedienst oder eine Kurzzeitpflege. Deutlich geringer als in Betreuungsfragen engagieren sich die Unternehmen in Bezug auf familienorientierte Dienstleistungen. 9,6 Prozent der Betriebe gewähren eine Rechtsberatung, in 5,3 Prozent können Mitarbeiterkinder in der Kantine mitessen beziehungsweise kann Essen mitgenommen werden. 3,1 Prozent der Arbeitgeber bieten Freizeitangebote für Beschäftigte und deren Familien an, 1,9 Prozent haushaltsnahe Dienstleistungen beziehungsweise deren Vermittlung. Insgesamt ist ein rückläufiger Trend bei diesen Unterstützungsformen zu beobachten, wenn man den Zeitvergleich der Jahre 2003 bis 2012 heranzieht.[21]

5. Berufliche Werdegänge

In der überwiegenden Zahl der Betriebe, aber auch in den Köpfen vieler Beschäftigter, wird Karriere noch primär über Führungsverantwortung definiert. Ein solcher klassischer Karrierepfad, der von der Gruppenleitung über die Abteilungsverantwortung schließlich zur Bereichsleitung führt, toleriert nahezu keine Unterbrechungen in der Erwerbstätigkeit oder eine Reduzierung des Tätigkeitsumfangs. Untersuchungen zeigen sehr deutlich, dass Teilzeitbeschäftigte nicht

20 Vgl. Rump/Eilers/Wilms, Strategie für die Zukunft – Lebensphasenorientierte Personalpolitik 2.0, Mainz 2011, S. 50.

21 Vgl. BMFSFJ, Unternehmensmonitor Familienfreundlichkeit, Berlin 2013, S. 24–25.

selten mit Nachteilen in Bezug auf Weiterbildungsmöglichkeiten, Entgelterhöhungen und Aufstiegschancen konfrontiert werden. Gerade bei Frauen findet in aller Regel ein „Bruch“ im Karriereverlauf mit Eintritt der Mutterschaft und der dadurch bedingten Verhaltensänderung statt. Denn noch immer sind sie es, die zu einem deutlich höheren Anteil und für einen deutlich längeren Zeitraum als Väter Elternzeit beanspruchen und ihre Arbeitszeit zugunsten der Familie reduzieren.[22]

Vollzeitnahe Teilzeitmodelle und flexible Arbeitszeiten, idealerweise in Verbindung mit flexiblen Arbeitsorten können zu einer stärkeren Verbreitung der Integration von Karriere und aktiver Familienphase beitragen. Denn sie ermöglichen die Anwesenheit im Unternehmen in ausreichendem Maße, um Abstimmungen mit Kollegen, Vorgesetzten und Mitarbeitern herbeizuführen, Aufgaben zu delegieren und bei Problemen ansprechbar zu sein. Gleichzeitig eröffnen sie dem Einzelnen die gewünschte Zeitsouveränität und die Möglichkeit, seinen Verpflichtungen im privaten Bereich in angemessenem Maße nachzukommen. An positiven Beispielen mangelt es – auch in Deutschland – nicht, doch kann bei weitem nicht von einer nennenswerten Verbreitung vollzeitnaher und flexibler Arbeitszeitmodelle in Führungspositionen gesprochen werden.[23] Vielfach ist davon auszugehen, dass nicht „objektiv gegebene, sondern subjektiv konstruierte Barrieren“[24] eine weitere Verbreitung behindern, denn nicht selten sind auch Vollzeitführungskräfte faktisch für ihre Mitarbeiter aufgrund häufiger Meetings und/oder Geschäftsreisen zeitlich beziehungsweise räumlich nur stark eingeschränkt verfügbar. Modellprojekte ebenso wie Befragungen von Führungskräften und Personalverantwortlichen weisen übereinstimmend auf die Bedeutung einer Ergebnis- anstelle einer Anwesenheitsorientierung für Führungspositionen hin, um

---

22 Vgl. Sachverständigenkommission zur Erstellung des Ersten Gleichstellungsberichtes der Bundesregierung/Fraunhofer-Gesellschaft zur Förderung der angewandten Forschung e.V., Neue Wege – Gleiche Chancen. Gleichstellung von Frauen und Männern im Lebensverlauf, Berlin 2011, S. 8; 16; 107; BMFSFJ, Familienreport 2010, Berlin 2010, S. 105; 114–118; Koch, Teilzeitregelungen in Führungspositionen für Beschäftigte mit Kindern, in: Aus Politik und Zeitgeschichte, Ausgabe 7, S. 3–8; Kleinert/Kohaut/Brader/Lewerenz, Frauen an der Spitze. Arbeitsbedingungen und Lebenslagen weiblicher Führungskräfte, IAB-Bibliothek Band 2, Frankfurt/New York 2007, S. 100.

23 Vgl. Sachverständigenkommission zur Erstellung des Ersten Gleichstellungsberichtes der Bundesregierung/Fraunhofer-Gesellschaft zur Förderung der angewandten Forschung e.V., Neue Wege – Gleiche Chancen. Gleichstellung von Frauen und Männern im Lebensverlauf, Berlin 2011, S. 107.

24 Krell, Geschlechterungleichheiten in Führungspositionen, in: Krell/Ortlieb/Sieben (Hrsg.): Chancengleichheit durch Personalpolitik. Gleichstellung von Frauen und Männern in Unternehmen und Verwaltungen, 6. Auflage, Wiesbaden 2011, S. 416.

Führungspositionen in vollzeitnaher Teilzeit, mit flexibler Arbeitszeitgestaltung und unter Vermeidung von Überstunden und Mehrarbeit zu ermöglichen. So lässt sich auch in der aktiven Familienphase der betriebliche Status aufrechterhalten. Ein Zusammenhang, der wiederum gerade für teilzeitbeschäftigte Führungskräfte gilt, die vielfach regelmäßig Überstunden leisten beziehungsweise deren Arbeitspensum sich nicht analog zur Arbeitszeitreduzierung verringert.[25]

In der Konsequenz verwundert es nicht, dass 40 Prozent der befragten Unternehmensverantwortlichen in einer Studie des BMFSFJ und des Bundesverbandes der Personalmanager (BPM) den größten Handlungsbedarf in Bezug auf Familienfreundlichkeit bei flexiblen Arbeits(zeit)modellen für Führungskräfte sehen und immerhin 31 Prozent für eine Entwicklung weg von der Präsenz- hin zur Ergebniskultur plädieren.[26]

Verstärkt wird die Problematik beruflicher Werdegänge in der aktiven Familienphase dadurch, dass Karriere in einem vergleichsweise engen Zeitfenster stattfindet, das in der Regel zwischen dem 30. und 40. Lebensjahr angesiedelt ist. Nicht selten werden Nachwuchsförderprogramme oder definierte Entwicklungsstufen nur Beschäftigten unter 40 Jahren angeboten. Wer bis zu diesem Zeitpunkt nicht bereits die entscheidenden Weichen für sein berufliches Fortkommen gestellt hat, hat das Nachsehen. Dieser Zusammenhang stellt sich für Männer wie Frauen problematisch dar. Denn ebenfalls zwischen dem 30. und 40. Lebensjahr findet bei vielen Menschen die Familiengründung und aktive Familienphase statt. Es kommt zu einer „Rush Hour“[27] des

---

25 Vgl. Krell, Geschlechterungleichheiten in Führungspositionen, in: Krell/Ortlieb/Sieben (Hrsg.): Chancengleichheit durch Personalpolitik. Gleichstellung von Frauen und Männern in Unternehmen und Verwaltungen, 6. Auflage, Wiesbaden 2011, S. 415–416; Morgenstern/Habermann, Praxisbeispiel Rheinland-Pfalz: Das Modellprojekt „Führen in Teilzeit“, in: Krell/Ortlieb/Sieben (Hrsg.): Chancengleichheit durch Personalpolitik. Gleichstellung von Frauen und Männern in Unternehmen und Verwaltungen, 6. Auflage, Wiesbaden 2011, S. 442–443; Sattelberger, Praxisbeispiel Telekom: Die Frauenquote – Qual der Entscheidung und der schwierige Weg vor uns, in: Krell/Ortlieb/Sieben (Hrsg.): Chancengleichheit durch Personalpolitik. Gleichstellung von Frauen und Männern in Unternehmen und Verwaltungen, 6. Auflage, Wiesbaden 2011, S. 434; Ladwig/Domsch, Zuwachs an weiblicher Positionsmacht durch Qualitäts- und Prozessmanagement, in: Fröse/Szebel-Habig (Hrsg.): Mixed Leadership: Mit Frauen in die Führung!, Bern 2009, S. 89–90; Sachverständigenkommission zum Achten Familienbericht, Zeit für Familie. Familienzeitpolitik als Chance einer nachhaltigen Familienpolitik, Berlin 2012, S. 127–129.

26 Vgl. BMFSFJ/BPM, Einstellungen von Personalverantwortlichen zu familienbewussten Arbeitszeiten, Berlin 2012, S. 2; 15.

27 Vgl. Bittman/Rice, The rush hour: the character of leisure time and gender equity, in: Social Forces 79(1), S. 165–189.

Lebens bei dem Versuch, gleichzeitig den Ansprüchen im beruflichen und privaten Bereich gerecht zu werden. Lehnt ein Mitarbeiter in einer solchen Situation aus privaten Gründen die angebotenen beruflichen Entwicklungsschritte ab, bedeutet dies nicht selten das Ende der Laufbahn.[28]

IV. „Talking-Action-Gap“

Gerade der Zeitvergleich der Auswertungen des Unternehmensmonitors Familienfreundlichkeit lässt keinen Zweifel daran, dass sich in deutschen Unternehmen in den vergangenen Jahren die Bemühungen um eine bessere Vereinbarkeit von Beruf und Familie noch einmal deutlich verstärkt haben. Allerdings zeigt sich bei genauerer Betrachtung und Heranziehen von Studien, die mit Arbeitnehmerbefragungen arbeiten, eine nicht unerhebliche Divergenz in den Aussagen. Es entsteht ein „Talking-Action-Gap“, das heißt eine Abweichung zwischen dem artikulierten Bewusstsein und dem faktischen Handeln. Zu diesem Ergebnis kommen unter anderem das Unternehmensbarometer Fachkräftesicherung 2013 und die bereits angesprochene Studie des BMFSFJ und des BPM aus dem Jahr 2012.[29] Hinzu kommt der Umstand, dass bisweilen betriebliche Aktivitäten zwar dem Ziel der Familienfreundlichkeit zugeschrieben werden, diese aber nicht in der gewünschten Weise unterstützen beziehungsweise bei den Beschäftigten als solche nicht wahrgenommen werden.[30] So empfinden nur 38 Prozent der Befragten in einer Studie von A.T. Kearney in Zusammenarbeit mit dem Wissenschaftszentrum Berlin für Sozialforschung (WZB) und dem Institut für angewandte Sozialwissenschaft (infas) die Vereinbarkeit von Beruf und Familie in ihrem Unternehmen als Selbstverständlichkeit.[31] Trotz des vermeintlich umfangreichen Angebotes an Maßnahmen zur Flexibilisierung der Arbeitszeit konstatieren laut Familienreport 2012 immerhin 56 Prozent der Eltern, ihr Betrieb nehme zu wenig Rücksicht auf ihre

---

28 Vgl. Sachverständigenkommission zum Achten Familienbericht, Zeit für Familie. Familienzeitpolitik als Chance einer nachhaltigen Familienpolitik, Berlin 2012, S. 127–129.

29 Vgl. BMAS, Unternehmensbarometer Fachkräftesicherung 2013. Eine repräsentative Befragung von Unternehmensleitungen und Betriebsräten, Berlin 2013, S. 58; BMFSFJ/BPM, Einstellungen von Personalverantwortlichen zu familienbewussten Arbeitszeiten, Berlin 2012, S. 14.

30 Vgl. Sachverständigenkommission zum Achten Familienbericht, Zeit für Familie. Familienzeitpolitik als Chance einer nachhaltigen Familienpolitik, Berlin 2012, S. 89.

31 A.T. Kearney, Nur Mut! Wie familienfreundliche Unternehmen zur Vereinbarkeit von Beruf und Familie beitragen, Düsseldorf 2014, S. 5.

zeitlichen Bedürfnisse, unter den vollzeitarbeitenden Müttern sind es sogar zwei Drittel.[32] Was die Unternehmens- und Führungskultur anbelangt, so geben zwar 49 Prozent der Arbeitgeber im Rahmen der Personalmarketingstudie 2010 an, ihre familienbewussten Angebote aktiv nach außen zu kommunizieren – unter den Beschäftigten teilen diese Ansicht allerdings nur 37 Prozent.[33] Lediglich 14 Prozent der Befragten in der Studie von A.T. Kearney fühlen sich insgesamt gut über das Leistungsangebot und die Möglichkeiten der Inanspruchnahme familienbewusster Leistungen im eigenen Unternehmen informiert.[34] Auch die Aussagen von Müttern im Rahmen des Evaluationsberichtes zum Bundeselterngeld- und Elternzeitgesetz 2009 zum Umgang mit der Elternzeit weichen deutlich von denen der Arbeitgeber in anderen Befragungen ab. Danach bestand nur zu 30 Prozent der Frauen Kontakt während der Elternzeit, und gar nur jede achte weiß um Seminar- und Weiterbildungsangebote für Wiedereinsteiger.[35] Stattdessen berichten in einer weiteren Umfrage des Instituts für Demoskopie Allensbach 68 Prozent der befragten Mütter von schwerwiegenden Problemen bei ihrer Rückkehr in den Beruf, beispielsweise durch unflexible Arbeitszeiten, Probleme mit der Kinderbetreuung oder bei der Suche nach einer neuen Stelle. Insbesondere Rückkehrerinnen im städtischen und großstädtischen Umfeld fiel es schwer, sich an die Doppelbelastung durch Familie und Beruf zu gewöhnen – hier besteht ein Zusammenhang zu flexiblen Arbeitszeiten, die eher unternehmens- als mitarbeiterorientiert sind, und zur Betreuungssituation sowie auch zu allgemeinen organisatorischen Problemstellungen.[36]

Die Divergenz in den Aussagen kann einerseits von einer mangelnden Transparenz der Maßnahmen beziehungsweise einer wenig förderlichen Unternehmens- und Führungskultur zeugen. Andererseits kann sie auch ein Indikator für eine subtile Ungleichbehandlung unterschiedlicher Mitarbeitergruppen sein. Unternehmen versprechen sich von einer familienbewussten Personalpolitik insbesondere Vorteile in Bezug auf die Gewinnung und Bindung qualifizierter Fachkräfte. Und tatsächlich wird die Vereinbarkeitssituation von Beschäftigten umso

32 Vgl. BMFSFJ, Familienreport 2012, Berlin 2012, S. 81.

33 Vgl. BMFSFJ, Familienfreundlichkeit – Erfolgsfaktor für Arbeitgeberattraktivität. Kurzfassung der Personalmarketingstudie 2010, Berlin 2010, S. 11.

34 A.T. Kearney, Nur Mut! Wie familienfreundliche Unternehmen zur Vereinbarkeit von Beruf und Familie beitragen, Düsseldorf 2014, S. 6.

35 Vgl. BMFSFJ, Evaluationsbericht Bundeselterngeld- und Elternzeitgesetz 2009, Berlin 2009, S. 14–15.

36 Vgl. Institut für Demoskopie Allensbach, Monitor Familienleben 2010, Allensbach 2010, S. 19–26.

positiver bewertet, je höher deren Qualifikationsstand ist. Die größten Schwierigkeiten zeigen sich bei gewerblichen Arbeitnehmern.[37] Auch in einem IZA-Report aus dem Jahr 2011 berichten vorzugsweise Akademikerinnen häufiger davon, dass sie von der Souveränität in Form von Gleitzeit und Handlungsspielräumen in Bezug auf die Festlegung der Arbeitszeiten profitieren, ein Drittel nutzt fallweise die Möglichkeit der Telearbeit.[38] Ebenso zeigt sich, dass insbesondere solche Arbeitgeber, die vor allem für ihre höher qualifizierten Beschäftigten attraktiv sein beziehungsweise bleiben möchten, überdurchschnittlich häufig familienbewusste Maßnahmen aufweisen.[39]

Noch als unzureichend verbreitet sehen die Befragten in der Studie von A.T. Kearney insbesondere die Notfallbetreuungen für Kinder, die Kinderferienbetreuung, Langzeitkonten, Auszeit- und Sonderurlaubsregelungen sowie Weiterbildungsprogramme für Mitarbeiter in Elternzeit, Spezialangebote für Väter und flexible Tages- und Wochenarbeitszeiten. Die letzten beiden Wünsche äußern insbesondere männliche Befragte.[40]

C. Schlussbetrachtung

Es bleibt festzuhalten, dass trotz umfangreicher Bemühungen auf Unternehmensseite für zahlreiche Arbeitnehmer und insbesondere Mütter nicht selten noch immer ein Zielkonflikt zwischen Zeit für Verantwortung in der Familie und der beruflichen Tätigkeit beziehungsweise dem beruflichen Fortkommen besteht. Eine verbesserte Transparenz und beständige Kommunikation scheint erforderlich, um angebotene Maßnahmen tatsächlich bedarfsgerecht zu gestalten und angemessen bekannt zu machen. Dabei kommt den Führungskräften eine entscheidende Rolle zu, die ihrer Vorbildfunktion auch in Bezug auf das Thema Vereinbarkeit gerecht werden und so Mitarbeiter zur Inanspruchnahme entsprechender Angebote ermutigen

---

37 Vgl. BMFSFJ, Familienreport 2010, Berlin 2010, S. 111–114; Sachverständigenkommission zur Erstellung des Ersten Gleichstellungsberichtes der Bundesregierung/Fraunhofer-Gesellschaft zur Förderung der angewandten Forschung e.V., Neue Wege – Gleiche Chancen. Gleichstellung von Frauen und Männern im Lebensverlauf, Berlin 2011, S. 130.

38 Vgl. Eichhorst/Marx/Tobsch, Familienfreundliche flexible Arbeitszeiten – ein Baustein zur Bewältigung des Fachkräftemangels, in: IZA Research Report No. 33, 2011, S. 19.

39 Vgl. BMFSFJ, Familienreport 2010, Berlin 2010, S. 111–114.

40 A.T. Kearney, Nur Mut! Wie familienfreundliche Unternehmen zur Vereinbarkeit von Beruf und Familie beitragen, Düsseldorf 2014, S. 5.

sollten.[41] Dies bedingt allerdings auch, dass man Führungskräfte ausdrücklich dazu ermutigt und ihnen Wege aufzeigt, offen zu ihren familiären Verpflichtungen zu stehen und ihre eigene Vereinbarkeit proaktiv voranzutreiben.

Die jüngste Kosten-Nutzen-Betrachtung zu betrieblichem Familienbewusstsein des Forschungszentrums „Familienbewusste Personalpolitik" spricht eine deutliche Sprache: Danach sinkt die Fehlzeitenquote um 12 Prozent, die Krankheitsquote um 22 Prozent, die Eigenkündigungsrate um 13 Prozent und die Stellennachbesetzungsdauer um immerhin 9 Prozent. Im Gegenzug steigt die Mitarbeitermotivation um 14 Prozent, die Qualität der Bewerber um 12 Prozent und die Mitarbeiterproduktivität um 13 Prozent.[42] Angesichts dieser Zahlen stellt sich weniger die Frage, ob sich ein noch stärkeres und zielgerichteteres familienpolitisches Engagement für das eigene Unternehmen lohnt, sondern vielmehr „Können wir uns leisten, es nicht zu tun?"

41 A.T. Kearney, Nur Mut! Wie familienfreundliche Unternehmen zur Vereinbarkeit von Beruf und Familie beitragen, Düsseldorf 2014, S. 12–13.

42 Vgl. Ahrens/Schneider, „Ich bin dann mal weg" – warum sich eine familienbewusste Personalpolitik lohnt, in: Personal im Fokus 5/2013, S. 44.

Vereinbarkeit von Familie und Beruf als Handlungsfeld der Chemie-Sozialpartner

Margret Suckale

A. Familienbewusste Personalpolitik als Antwort auf den demografischen Wandel

Vom Mauerblümchen zum Top-Thema – die Familienpolitik hat in den vergangenen Jahren zunehmend an Bedeutung gewonnen. Der Grund: Der demografische Wandel und die daraus resultierenden Herausforderungen für unsere Gesellschaft. Die Situation der Familien und die Vereinbarkeit von Privat- und Berufsleben rücken immer mehr in den Mittelpunkt der Diskussion. Schon früh haben die Chemie-Sozialpartner die Bedeutung einer familienbewussten Personalpolitik erkannt und hier wichtige Akzente gesetzt.

Wie groß der Handlungsbedarf bei diesem Thema ist, verdeutlicht ein Blick auf die Zahlen: Im Jahr 2012 wurden in Deutschland rund 673.500 Kinder geboren, nur noch halb so viele wie 1964. Die Geburtenrate ist von 2,4 Kindern im Jahre 1965 auf 1,38 (2012) gefallen. Sie ist eine der niedrigsten Raten in der Europäischen Union.[1]

Die Gründe für den Rückgang der Geburtenraten sind unterschiedlich. Eine Rolle spielen gesellschaftliche Veränderungen wie die zunehmende Tendenz zu Singlehaushalten. Auch lange Ausbildungszeiten und der damit verbundene späte Berufseinstieg erschweren die Familienplanung oder schieben sie auf.

Ebenso entscheidende Faktoren sind das Angebot von Kinderbetreuungseinrichtungen, die wirtschaftlichen Verhältnisse von Familien sowie verlässliche berufliche Perspektiven. Positiv wirkt sich aus, wenn junge Eltern weniger Zukunftsängste haben und nicht befürchten müssen, nach der Elternpause Schwierigkeiten beim Wiedereinstieg in den Beruf zu haben.

---

1 Statistisches Bundesamt, Geburtentrends und Familiensituation in Deutschland, 2013.

B. Engagement der Chemie-Sozialpartner für Chancengleichheit und die Vereinbarkeit von Beruf und Familie

Auf gesellschaftliche Veränderungsprozesse können die Chemie-Sozialpartner nur bedingt Einfluss nehmen. Aber sie leisten einen großen Beitrag dazu, positive Rahmenbedingungen zu schaffen:

Die Sozialpartner der chemischen Industrie – BAVC und IG BCE – haben bereits 1989 in einer ersten Sozialpartner-Vereinbarung die Verwirklichung der Chancengleichheit mit dem Fokus Frauenförderung thematisiert. Bei den gemeinsamen Aktivitäten standen stets freiwillige Initiativen im Mittelpunkt. Die Branche übernahm eine Vorreiterrolle: Die Vereinbarung „Frauenförderung in der chemischen Industrie" zwischen IG BCE und BAVC war Ende der 80er Jahre eine der ersten Vereinbarungen zwischen Arbeitgebern und Gewerkschaft, die schon damals das Ziel verfolgte, mehr Frauen in Führungspositionen zu bringen.

Seitdem haben sich die gesellschaftlichen Rahmenbedingungen und die Schwerpunkte für eine zukunftsorientierte Frauen- und Familienpolitik weiter verändert. Daher haben die Sozialpartner BAVC und IG BCE im Mai 2006 mit der aktualisierten Vereinbarung „Für eine chancengleiche und familienbewusste Personalpolitik" neue Akzente gesetzt. Die Sozialpartner treiben den erforderlichen Prozess für eine Personalpolitik, die Frauen und Männern gleiche Chancen bei der Personalauswahl und -entwicklung einräumt, entschieden voran. Auch wenn eine Sozialpartner-Vereinbarung nicht den Charakter eines Tarifvertrages besitzt, erfüllt sie in jedem Fall eine Art „Türöffner-Funktion". Die Vereinbarung enthält den Auftrag an die Tarifpartner und ihre Mitglieder, Chancengleichheit von Frauen und Männern im Unternehmen zu verwirklichen und Rahmenbedingungen für eine bessere Vereinbarkeit von Beruf und Familie zu schaffen.

C. Chancengleichheit in der chemischen Industrie

Eine frauen- und familienbewusste Personalpolitik ist ein wichtiger Aspekt einer Kultur der Vielfalt und Einbeziehung im Unternehmen. Erst diese Kultur schafft die Atmosphäre und das Umfeld, in dem Chancengleichheit verwirklicht werden kann. Ziel ist es, jeden Einzelnen mit seinen einzigartigen Stärken wertzuschätzen und einzubeziehen. Daher sollten Vielfalt und Chancengleichheit in den Leitlinien und Führungsgrundsätzen der Unternehmen verankert sein. Frauen und Männer müssen bei der Personalauswahl und -entwicklung die gleichen Chancen erhalten, unabhängig vom Geschlecht und unabhängig davon, ob in Voll- oder Teilzeit gearbeitet wird.

Für die Unternehmen ist es angesichts des demografischen Wandels und eines zunehmenden Mangels an Fachkräften unerlässlich, noch mehr qualifizierte Frauen zu gewinnen, zu fördern und an sich zu binden. Mit besonderen Projekten und Maßnahmen richten sich bereits viele Unternehmen und Verbände gezielt an weibliche Bewerber, insbesondere in naturwissenschaftlich-technischen Berufen.

Der Anteil der Frauen an allen Beschäftigten in der chemischen Industrie beträgt derzeit über 29 Prozent, während der Anteil im verarbeitenden Gewerbe bei 25 Prozent liegt. Knapp ein Drittel aller Auszubildenden in der Chemie-Branche ist weiblich (32 Prozent). Allerdings gibt es je nach Ausbildungsberuf eine breite Streuung bei der Geschlechterverteilung. Während bei den Laborberufen und im kaufmännischen Bereich junge Frauen vielfach zahlenmäßig überwiegen, ist ihr Anteil in der Produktion und bei technischen Berufen geringer.

Bei den weiblichen Führungskräften ist eine positive Tendenz festzustellen. Der Anteil weiblicher Führungskräfte in der Chemie-Branche liegt aktuell bei 22,4 Prozent (Wert für 2012). Er hat sich damit seit 1988 in etwa verdreifacht. 2007 hatte der Anteil der Frauen an den AT-Angestellten ohne Leitungsaufgaben 20 Prozent betragen; seitdem ist dieser Anteil auf knapp 26 Prozent gestiegen. Bei den Leitenden Angestellten beträgt der Frauenanteil weiterhin 11 Prozent. Damit zeigen die Aktivitäten in der chemischen Industrie durchaus Erfolge.

Gesetzliche Quotenregelungen zur Erhöhung des Frauenanteils in Führungspositionen werden in den Unternehmen der Branche kritisch bewertet. Die Einführung einer Geschlechterquote für Aufsichtsräte, Vorstände und den oberen Managementbereich führt nach Einschätzung der Chemie-Arbeitgeber nicht zum gewünschten Erfolg. Eine Quote wird den unternehmerischen Realitäten nicht gerecht. Sie schadet nicht zuletzt der Akzeptanz von Frauen in Führungspositionen insgesamt. Sie stellt auch die positive Entwicklung der vergangenen Jahre in Frage. Erfolgreicher als jede starre Regelung des Gesetzgebers ist es, früh in der Karriere eine bessere Vereinbarkeit von Beruf und Familie zu ermöglichen.

Die Unternehmen versuchen auf unterschiedlichen Wegen, den Frauenanteil im Betrieb insgesamt sowie in Führungspositionen zu erhöhen. Vor allem im technischen Bereich sowie in Forschung und Entwicklung werden Frauen gesucht. Um Mädchen stärker für naturwissenschaftliche und technische Berufe zu interessieren, setzen die Aktivitäten bereits in Kindergärten und Schulen an. Bewährt haben sich Initiativen im MINT-Bereich (Mathematik, Informatik, Naturwissenschaften, Technik), Mentoring-Programme für Schülerinnen, Stipendien, Initiativen zur frühkindlichen Bildung oder auch der jährliche Girls' Day. So erhalten junge Frauen konkrete Einblicke in andere Berufswelten und neue Perspektiven für ihre berufliche Entwicklung.

In den Unternehmen existieren bereits vielfältige Programme, um weibliche Mitarbeiter zu unterstützen. Mentoring- und Patenschaftsprogramme helfen, Karriereziele zu definieren, Netzwerke zu knüpfen und somit die Entwicklung besser zu planen. Für berufstätige Paare gibt es in vielen Unternehmen „Dual Career Programme".

Auch die Sozialpartner IG BCE und BAVC unterstützen gezielt Maßnahmen der Frauenförderung in den Betrieben der Chemie-Branche. Das Projekt „FrauenMachtErfolg – Frauen auf dem Weg in Führung" trägt dazu bei. Es wird im Rahmen der Europäischen Sozialfond-Richtlinie „Zur Gleichstellung von Frauen in Unternehmen" gefördert. Das Projekt fand im Rahmen der Bundesinitiative „Gleichstellung von Frauen in der Wirtschaft/Frauen fördern – Chancengleichheit schaffen" statt – eine Initiative, die gemeinsam vom Deutschen Gewerkschaftsbund (DGB) und der Bundesvereinigung der Deutschen Arbeitgeberverbände (BDA) initiiert wurde. Das Projekt „FrauenMachtErfolg – Frauen auf dem Weg in Führung" zeigt Wege auf, wie Frauen verstärkt als Nachwuchskräfte für Führungspositionen gewonnen werden können.

Mit diesem Projekt haben die Sozialpartner ihr Augenmerk nicht allein auf die Gruppe der Vorstände und Aufsichtsräte gerichtet. Im Fokus standen dabei auch die nachfolgenden Führungsebenen. Die an dem Projekt beteiligten Unternehmen haben nach einer Bestandsaufnahme konkrete betriebsspezifische Maßnahmen eingeführt. Diese reichten von Mentoring-Programmen über Weiterbildungsinitiativen bis hin zu Workshops. Neben den Erkenntnissen für die an dem Projekt beteiligten Unternehmen geben die Ergebnisse aus dem Projekt zugleich wertvolle Impulse für die zukünftigen Aktivitäten der Sozialpartner.

Im Projekt wurde auch deutlich, dass die Verankerung von Chancengleichheit und Familienfreundlichkeit in der Unternehmensphilosophie ein wesentlicher Erfolgsfaktor ist. Ohne die aktive Unterstützung der Unternehmensleitung wird sich nichts verändern. Neue Maßstäbe werden nur umgesetzt, wenn Führungskräfte wie auch

Betriebsräte und Mitglieder der Sprecherausschüsse gemeinsam handeln. Chancengleichheit ist eine Führungsaufgabe, daher müssen gerade die Führungskräfte von der Bedeutung dieser Themen überzeugt sein und als Vorbilder auftreten.

Der Schlüssel zum Erfolg liegt also in einem grundlegenden Wertewandel im gesellschaftlichen Umfeld. Maßnahmen wie Mentoringprogramme, Frauennetzwerke oder Coaching helfen, sind aber kein Ersatz für den gesellschaftlichen Respekt für weibliche Karrieren. Eine bessere Kinderbetreuung oder Pflegezeiten für Angehörige sind ebenso notwendig. Ein Kulturwandel vollzieht sich jedoch nur, wenn Männer und Frauen die Angebote gleichermaßen nutzen. Auch wenn die Unternehmen durch eine neue Unternehmenskultur vieles bewegen können, darf nicht vergessen werden, dass das gesellschaftliche Umfeld nach wie vor noch von alten Rollenmustern geprägt ist. Ungleichheiten auf dem Arbeitsmarkt hängen eng mit gesellschaftlichen Vorurteilen und Stereotypen zusammen.

Auf diese notwendigen Veränderungen haben die Unternehmen nur begrenzten Einfluss. Frauen brauchen Führungskräfte als Rollenvorbilder dafür, wie sich Familienpausen und Karrieren miteinander verbinden lassen. Angebote zur Vereinbarkeit von Beruf und Familie führen nur dann zum Ziel, wenn sich in der Gesellschaft der dafür notwendige Wertewandel vollzieht.

D. Bausteine für eine familienbewusste Personalpolitik

Die Lebensrealität junger Familien hat sich verändert. Immer mehr Mütter mit kleinen Kindern gehen ihrem Beruf nach. Immer mehr Männer möchten sich stärker am Familienleben beteiligen. In vielen Familien sind Arbeits- und Familienzeiten ungleich auf Mann und Frau verteilt. Zeit ist heute, neben Geld und guten Bildungs- und Betreuungseinrichtungen, ein entscheidender Faktor für ein zufriedenes Familienleben.

60 Prozent aller Paare mit kleinen Kindern wünschen sich eine partnerschaftliche Arbeitsteilung, in der beide Partner die Chance haben, sowohl für die Familie da zu sein als auch im Beruf Aufstiegsmöglichkeiten zu haben. Doch nur 14 Prozent setzen dieses Modell auch im Alltag um.

Die Unternehmen können einen wichtigen Beitrag leisten, indem sie die Wünsche ihrer Beschäftigten stärker berücksichtigen und ihre Planungen darauf ausrichten. Umfassende Information und der Abbau von Tabus sind wichtige Bausteine dabei. Welche Maßnahmen konkret geeignet sind, hängt von den Möglichkeiten des Unternehmens und der jeweiligen Situation des einzelnen Mitarbeiters ab.

I. Unterstützung während der Elternzeit

Kündigt sich Nachwuchs in einer Familie an, stehen einschneidende Änderungen an. Es stellen sich viele Fragen, die zum einen zwischen den Partnern und zum anderen im Verhältnis zum Arbeitgeber geklärt werden müssen. Eine wirksame Unterstützung und Förderung der Eltern umfasst den Zeitraum vor der Geburt eines Kindes, die Elternzeit sowie den Wiedereinstieg in den Beruf. Dabei kommt es darauf an, gegenseitige Erwartungen und Wünsche im Hinblick auf die Elternzeit klar zu formulieren. Eine frühzeitige gemeinsame Planung von Arbeitgeber und Beschäftigten sowie die Nutzung der vielfältigen Gestaltungsmöglichkeiten der Elternzeit sind entscheidend für ein erfolgreiches Zusammenspiel zwischen Elternzeit, Berufstätigkeit und Kinderbetreuung. Elternschaft und Elternzeit sollten heute nicht mehr bedeuten, dass der Kontakt zwischen Arbeitgeber und Beschäftigten unterbrochen wird. Auch während der Elternzeit und des Elterngeldbezugs ist Erwerbstätigkeit möglich. Die Unternehmen sind darum bemüht, mit flexiblen Arbeitszeitmodellen den Wiedereinstieg zu erleichtern, den Kontakt zu Beschäftigten in Elternzeit zu halten, Weiterbildung anzubieten und die Einbindung ins Team fortbestehen zu lassen.

Je kürzer die Unterbrechung, desto leichter gelingt der Wiedereinstieg. Die Übernahme einer Urlaubsvertretung oder Teilzeitbeschäftigung während der Elternzeit hilft beim Erhalt der fachlichen Qualifikation. Gerade vor dem Hintergrund eines sich schnell verändernden betrieblichen Umfelds ist das hilfreich. Um die fachliche Qualifikation während einer familienbedingten Auszeit zu erhalten, müssen die Maßnahmen so gewählt werden, dass sie zu Beschäftigten und Betrieb passen. Daher ist es wichtig, dass sich Mütter und Väter rechtzeitig Klarheit über ihre Möglichkeiten und Wünsche verschaffen, um diese mit den betrieblichen Bedürfnissen in Einklang bringen.

Da die partnerschaftliche Verantwortung in der Familie immer mehr an Bedeutung gewinnt, ist das von der Bundesregierung angekündigte ElterngeldPlus, das Eltern stärker unterstützen soll, die beide in Teilzeit arbeiten, im Grundsatz eine sinnvolle Maßnahme.

II. Betrieblich unterstützte Kinderbetreuung

Viele gute Beispiele zeigen, wie positiv es sich auswirkt, wenn Betriebe sich in der Kinderbetreuung engagieren. Unternehmen, Beschäftigte und deren Familien profitieren gleichermaßen von einer betrieblich organisierten oder unterstützten Kinderbetreuung. Grundsätzlich ist die Sicherstellung einer guten und ausreichenden Betreuungsinfrastruktur für Kinder eine wichtige Aufgabe der öffentlichen Hand. Trotzdem sind es gerade Betreuungsfragen außerhalb der Regelöffnungszeiten von Krippen, Kindertagesstätten und Kindergärten, die zu Schwierigkeiten bei der Vereinbarkeit von Berufstätigkeit und Kinderbetreuung führen. Insbesondere hier gilt es, gemeinsam kreative Lösungen zu finden.

Bei kleineren und mittleren Unternehmen orientiert sich die Unterstützung in der Regel am Einzelfall. Bei größeren Unternehmen ist eine Bedarfsabfrage (zum Beispiel bei Betriebsversammlungen, per E-Mail oder Fragebogen) sinnvoll. Umfassende Bedarfsanalysen und Planungen sind für größere Investitionen wie zum Beispiel beim Aufbau einer betrieblichen Kinderbetreuungseinrichtung unerlässlich. Das bedeutet, dass auch die Belegschaftsstruktur Aufschluss über mögliche Modelle der Kinderbetreuung geben kann.

Immer mehr Unternehmen in Deutschland gründen eigene Kindertagesstätten und Kindergärten. So bietet beispielsweise die BASF SE in Ludwigshafen eine hervorragende betriebliche Kinderbetreuung: Im Jahr 2004 wurde mit der Planung und dem Betrieb einer Kinderkrippe begonnen. Im Januar 2007 kam eine zweite hinzu und seit Januar 2008 ergänzt eine so genannte Ad-hoc-Betreuung das Angebot. Dort können Eltern ihre Kinder unterbringen, wenn andere Betreuungsmöglichkeiten kurzfristig ausfallen. Im Herbst 2013 eröffnete die BASF SE „LuMit“, das Mitarbeiterzentrum für Work-Life-Management. Das bisherige Angebot wurde von 70 auf 250 Betreuungsplätze erweitert. Damit ist „LuKids“ die größte Betriebskinderkrippe Deutschlands.

Aber auch ohne eine eigene Betriebskita können sich Betriebe engagieren. Kostengünstigere Modelle wie beispielsweise der Erwerb von Belegplätzen oder Sponsoring von Tagespflegeplätzen sind bereits in der Praxis erprobt und bieten eine Alternative zum Betriebskindergarten. Bei diesem Modell schließen sich mehrere Unternehmen zusammen, um gemeinsam eine Kindertageseinrichtung zu errichten und zu führen. Jedes Unternehmen erhält ein an den betrieblichen Bedürfnissen orientiertes Belegungskontingent. Ein weiteres Modell ist die Kooperation mit der jeweiligen Kommune. Die Betriebe und die Kommune teilen sich die Finanzierung und Belegung der Plätze nach einem bestimmten Schlüssel.

Mit dem Förderprogramm „Betriebliche Kinderbetreuung“ hatte das Bundesfamilienministerium konkrete Anreize für Unternehmen gesetzt, sich für die Betreuung der Kinder ihrer Mitarbeiterinnen und Mitarbeiter zu engagieren. Das Programm ist auf eine so große Nachfrage gestoßen, dass die Fördermittel leider bereits ausgeschöpft sind.

Von einer Betriebskita profitieren alle – der Staat, die Unternehmen und die Mitarbeiter: Der Staat profitiert durch niedrigere Ausgaben beim Elterngeld und zusätzliche Steuern und Sozialabgaben, wenn Eltern früher an den Arbeitsplatz zurückkehren. Unternehmen profitieren von kürzeren Abwesenheiten und geringeren Wiedereingliederungskosten. Die Mitarbeiter haben deutliche finanzielle Vorteile durch den höheren Verdienst aufgrund der kurzen Unterbrechungszeiten.

Vielen Eltern ist bereits mit einem Vermittlungs- und/oder Beratungsangebot geholfen. Denkbar ist beispielsweise eine Tagesmutterbörse, ein Notfallbetreuungsdienst oder betriebliche Unterstützung finanzieller (zum Beispiel Zuschuss zur Kinderbetreuung) oder personeller Art (zum Beispiel Organisation einer Tagesmutterbörse).

Ferienzeiten in Schulen und Kindergärten können in der Regel nicht komplett über den Urlaub der Beschäftigten abgedeckt werden. Unternehmen können die Mitarbeiterinnen und Mitarbeiter beim Thema Ferienbetreuung unterstützen. Die Organisation von Ferienbetreuungsangeboten durch das Unternehmen erfordert allerdings eine größere Anzahl von teilnehmenden Kindern. Wer diese kritische Menge nicht im Unternehmen hat, kann Ferienprogramme externer Anbieter nutzen. Hier besteht die Möglichkeit, dass Unternehmen Plätze zum Beispiel von Jugendämtern, Kirchen oder Wohlfahrtsverbänden etc. buchen und so eine Ferienbetreuung sicherstellen.

III. Familienbewusste Arbeitszeiten

Flexiblere Arbeitszeiten zählen für Eltern zu den wichtigsten Angeboten, um die Lebensqualität von Familien zu verbessern. 71 Prozent der Mütter und Väter von Kindern unter 18 Jahren halten diese flexiblen Arbeitszeitmodelle für besonders wichtig: Dies hat der „Monitor Familienleben 2013", eine Befragung des Bundesfamilienministeriums, im September 2013 ergeben.

Schon jetzt gibt es viele Unternehmen, die flexible Arbeitszeiten anbieten, und viele Beschäftigte profitieren bereits davon. Flexible Arbeitszeiten können die Produktivität sogar erhöhen; auf jeden Fall steigt die Attraktivität des Arbeitgebers.

In Zukunft werden flexible Arbeitszeitmodelle als innovatives personalpolitisches Instrument immer wichtiger, um im Wettbewerb um qualifizierte Fachkräfte bestehen zu können. Unternehmen können flexible Arbeitszeiten nutzen, um die Motivation ihrer Mitarbeiter zu steigern, Fehlzeiten zu reduzieren und die Arbeitseffizienz zu erhöhen. Beschäftigte mit einer verkürzten Tages- oder Wochenarbeitszeit arbeiten häufig strukturiert und effizient, um ihre Aufgaben in der begrenzt zur Verfügung stehenden Zeit zu erledigen. Darüber hinaus können durch flexible Arbeitszeiten auch Schwankungen der Produktion oder des Auftragsvolumens abgefangen werden.

Flexible und familienbewusste Arbeitszeiten können sehr unterschiedliche Formen annehmen – je nach Größe eines Unternehmens, seiner Beschäftigtenstruktur und jeweiligen Branche. Hinzu kommt, dass kleine Betriebe oft keine Personalabteilung haben, die systematische Arbeitszeitmodelle entwickelt. Dafür können sie oft spontaner reagieren als Großbetriebe und mit ihren Beschäftigten auf kurzem Weg individuelle Arbeitszeitlösungen vereinbaren.

Patentrezepte für Arbeitszeitmodelle gibt es nicht, aber viele Möglichkeiten für familienfreundliche Lösungen, die praktikabel sind und auch im Interesse des Unternehmens funktionieren. Einige Beispiele:
- Bei Betriebsabläufen Familienzeiten berücksichtigen, zum Beispiel bei der Urlaubsplanung oder bei der Organisation von Besprechungen.
- Gleitzeit nimmt bei Beschäftigten mit Familienpflichten den Zeitdruck, der vor allem oft dann entsteht, wenn Kinder gebracht oder abgeholt werden müssen.
- Klassische Teilzeit als „normale" Teilzeit, in der die Arbeitszeit meist starr auf 50 Prozent reduziert wird, ist eine häufig genutzte Variante. Sie ist in vielen Fällen hilfreich, führt jedoch oft zu unflexiblen Standardlösungen.
- Vollzeitnahe Teilzeit-Modelle, die 70 bis 80 Prozent der Vollzeitarbeit umfassen, kommen den Wünschen von Beschäftigten mit Kindern und pflegebedürftigen Angehörigen oft mehr entgegen als die klassische Teilzeit.

- Langzeitkonten eignen sich in Betrieben, in denen längerfristige Planungen möglich sind und die auf eine Struktur von Arbeitszeitkonten zurückgreifen können oder diese einführen möchten.
- Angebot von flexiblen Arbeits(zeit)modellen auch für Führungskräfte, da Führungspositionen nicht immer eine Präsenz vor Ort erfordern.

IV. Familienbewusste Führung

In den Unternehmen ist in den vergangenen Jahren das Bewusstsein für eine familienorientierte Personalpolitik gewachsen. Dennoch ist das Thema kein Selbstläufer. Grundvoraussetzung für eine erfolgreiche Vereinbarkeit von Beruf und Familie ist die Unterstützung durch die Führungskräfte. Es genügt nicht, Maßnahmen und Möglichkeiten zu entwickeln und anzubieten. Eine wirksame familienfreundliche Personalpolitik braucht Menschen, die diese glaubhaft verkörpern und jeden Tag mit Leben füllen. Hier nehmen Führungskräfte eine Schlüsselrolle ein: Sie prägen, in welchem Maß Familienfreundlichkeit Teil der Unternehmenskultur ist. Die Vereinbarkeit von Beruf und Familie funktioniert nur, wenn sie Chefsache ist. Zugleich muss sich Führung an den Lebensphasen der Mitarbeiter orientieren.

Zunehmend befürworten und unterstützen Führungskräfte die Vereinbarkeit von Beruf und Familie im Unternehmen. Dies zeigt sich darin, dass sie diesen Themen Zeit und Priorität einräumen. Sie sind sich bewusst, dass familienbewusste Führung zu den Merkmalen guter Führung gehört und auch von den Mitarbeitern so gesehen wird. Dazu gehört auch der Aufbau eines Vertrauensverhältnisses zu den Mitarbeitern. Die Führungskräfte sind bereit, sich selbst, ihre Einstellung und ihr Verhalten stärker zu hinterfragen. Auch die eigene Work-Life-Balance wird eher thematisiert. Solange die Arbeitsplanung verlässlich ist, können die Führungskräfte mit einer Flexibilisierung gut leben. Viele bemühen sich ehrlich und intensiv um Lösungen für den Einzelfall, zum Beispiel nehmen sie bei der Planung von Arbeitsbesprechungen Rücksicht auf Mitarbeiter in Teilzeit. Eine familienbewusste Führung wird eher erreicht, wenn das Unternehmen schon bei der Auswahl der Führungskräfte auf eine positive Einstellung zu diesem Thema achtet.

Hilfreich ist eine nicht nachlassende offene Kommunikation. Obere Führungskräfte sprechen das Thema immer häufiger in öffentlichen Auftritten, Vorträgen oder Interviews an und bringen auch persönliche Erfahrungen ein. So wird Vereinbarkeit von einem Randgruppenthema zu einem zentralen Unternehmensanliegen.

Das Ergebnis einer familienbewussten Führung ist es, dass die Vereinbarkeit eine Selbstverständlichkeit im Unternehmen wird. Die Mitarbeiter empfinden sowohl eine äußere als auch eine innere „Erlaubnis", Familienbedürfnisse mit Unternehmensinteressen zu vereinbaren.

V. Männer im Spannungsfeld von Beruf und Familie

Die Vereinbarkeit von Beruf und Familie ist längst nicht mehr nur ein Frauenthema. Väter und Mütter wünschen sich oft eine gleichmäßige Aufteilung von Erwerbs- und Familienarbeit. Immer mehr Männer streben eine aktivere Rolle in der Familie an, ob in der Kindererziehung oder der Pflege von Angehörigen. Work-Life-Balance hat auch für Männer eine wachsende Bedeutung. Frauen wollen zunehmend früher wieder an ihren Arbeitsplatz zurückkehren, Männer sind dagegen nicht mehr in jedem Fall die traditionellen „Ernährer" der Familie. Hierin liegt gerade für Männer ein großes Konfliktpotenzial, weil sie sich nicht mehr im Einklang mit tradierten Rollenvorstellungen der Gesellschaft fühlen. Zudem hat sich die wirtschaftliche Situation vieler Familien inzwischen verändert, sodass die Erwerbstätigkeit beider Partner unverzichtbar ist.

Männer arbeiten nach wie vor zumeist Vollzeit. Und die meisten wollen das auch so, wie gerade erst eine Forsa-Studie im Auftrag der Zeitschrift „Eltern" zeigte. Zugleich wünschen sich viele aber auch mehr Zeit für ihre Familien. Die in sich widersprüchlichen Aussagen zeigen das Dilemma, in dem viele heutige Väter stecken. Das alte Leitbild vom „Ernährer" der Familie gilt in Deutschland nach wie vor. Es wurde durch die Vorstellung vom Vater als Betreuer nicht abgelöst, sondern nur um diesen Anspruch erweitert. Die meisten Väter reagieren sehr sensibel auf die von ihren Frauen, ihrem Arbeitgeber oder der weiteren Umgebung an sie herangetragenen Erwartungen. Auch sie selber haben eine andere Vorstellung von ihrem Leben als ihre eigene Vätergeneration, wollen „mehr" sein als Ernährer und sich bei der Betreuung ihrer Kinder engagieren. Die Veränderungen passieren im Moment vor allem im Kleinen und gehen oft auf Kosten der Väter. Moderne Väter haben es schwer, den unterschiedlichen Ansprüchen gerecht zu werden. Erst Arbeit, dann Hausaufgabenbetreuung, Lesen mit den Kindern und Elternabende.

Der überwiegende Teil der Väter arbeitet nach wie vor am liebsten zwischen 35 und 40 Stunden. Der Grund hierfür liegt in der oft noch fehlenden Anerkennung und Wertschätzung für eine Teilzeitstelle. Neben der fehlenden Ermutigung der Väter brauchen sie auf sie zugeschnittene gesetzliche Rahmenbedingungen. Das zeigt sich ganz deutlich beim Elterngeld. Immer mehr Väter nehmen Elternzeit, doch fast alle nur die sogenannten „Vätermonate". Also jene zwei Monate, die Väter nehmen müssen, damit die Familie 14 und nicht nur 12 Monate Elterngeld bekommt. Wenn man eine stärkere Beteiligung der Männer an der Kleinkinderbetreuung für wünschenswert erachtet, sind daher passende Regelungen, die eine partnerschaftliche Aufteilung der Familienarbeit unterstützen, erforderlich. Für eine partnerschaftliche Aufteilung der Familienaufgaben fehlt es aber vor allem auch an einer verlässlichen und widerspruchsfreien Politik. Von der Gesellschaft wird gefordert, dass Eltern ihre Erwerbs- und Familienarbeit aufteilen. In der Realität wird aber gerade das Gegenteil gefördert, beispielsweise durch das Ehegattensplitting, das Alleinverdiener-Ehen bevorteilt. Die angekündigte Initiative „ElterngeldPlus", die auch einen Partnerschaftsbonus vorsieht, wenn beide Partner in Teilzeit arbeiten, zeigt richtige Ansatzpunkte.

Die Unternehmen können einen wichtigen Beitrag leisten, indem sie auch die Belange ihrer männlichen Beschäftigten bei der Vereinbarkeit von Beruf und Familie berücksichtigen. Welche Maßnahmen geeignet sind, hängt von den betrieblichen Möglichkeiten und der Situation des Mitarbeiters ab. Familienbewusste Maßnahmen müssen für Männer und Frauen gleichermaßen geeignet sein, damit sie von beiden in Anspruch genommen werden.

VI. Pflege von Angehörigen

Die Diskussion um die Auswirkungen des demografischen Wandels hat das Problembewusstsein für das Thema „Pflege von Angehörigen" in der Gesellschaft und in den Betrieben geschärft. Auch wenn oftmals die Pflegebedürftigkeit älterer Menschen hier im Mittelpunkt steht, können ebenso jüngere Menschen durch unvorhergesehene Ereignisse wie Unfälle oder Krankheiten pflegebedürftig werden.

Dem wachsenden Anteil pflegebedürftiger Personen steht ein schwindendes Potenzial an Pflegenden gegenüber. Neben den geringen Geburtenraten der letzten Jahrzehnte haben unter anderem das gewandelte Rollenverständnis und die veränderten Familienstrukturen (mehr Single-Haushalte, Ein-Eltern-Familien, hohe Scheidungs- und Wiederverheiratungsraten) maßgeblich dazu beigetragen. Zugleich leben viele Mitarbeiter nicht mehr in der Nähe ihrer Eltern, sodass sie im Fall von Pflegebedürftigkeit nicht oder nur begrenzt Pflegeaufgaben übernehmen können.

Die Pflege von Angehörigen ist inzwischen für viele Männer ebenfalls ein wichtiges Thema. Die Einschnitte im sozialen Sicherungssystem fordern darüber hinaus mehr Eigenverantwortung vom Einzelnen. Die Fürsorge für pflegebedürftige Angehörige könnte schon bald mehr Arbeitnehmer beschäftigen als die Betreuung des Nachwuchses. Schließlich hat jeder Mensch Eltern, aber längst nicht mehr jeder Erwachsene Kinder. Die Pflege von Angehörigen ist in vielerlei Hinsicht nicht vergleichbar mit den Anforderungen bei der Kinderbetreuung: Sie ist nicht planbar, weder in ihrer Gesamtdauer noch in ihrem konkreten Verlauf. Darauf werden auch die Unternehmen reagieren müssen. Die Belastungen aus der Pflegesituation sorgen häufig für Personalausfall und Fluktuation und damit für steigende Personalkosten. Familienpolitisches Engagement der Arbeitgeber auch bei der Vereinbarkeit von Beruf und Pflege rechnet sich damit auch finanziell, zum Beispiel durch geringere Fehlzeiten und Unterbrechungszeiten. Aber das Engagement zahlt sich auch durch ein besseres Betriebsklima und eine höhere Loyalität der Mitarbeiter aus.

Um das Engagement der Unternehmen für eine bessere Vereinbarkeit von Beruf und Pflege auf eine breite Basis zu stellen, sind viele Maßnahmen denkbar und notwendig. Grundsätzlich besteht der Bedarf, mehr über das Thema zu informieren, denn Pflege ist häufig noch ein Tabuthema. Beschäftigte geben sich oftmals nicht als pflegende Angehörige zu erkennen. Denn oftmals befürchten sie Nachteile, weil sie sich nicht mehr als „vollwertige" Arbeitskräfte fühlen. Erst wenn die Situation dann nicht mehr tragbar ist und er oder sie selbst erkrankt, erkennt der Vorgesetzte das wahre Ausmaß der zusätzlichen Belastung. Nur wenn Führungskräfte sich mit diesem Thema auseinandersetzen und bereit sind, auch über eigene Erfahrungen zu sprechen, trägt dies maßgeblich zur Sensibilisierung und Offenheit bei.

Mögliche Unterstützungsleistungen sind:

- Arbeitszeit (zum Beispiel flexible Arbeitszeiten, Gleitzeit, Teilzeit, Arbeitszeit- und Langzeitkonten, kurz- und längerfristige Freistellungen, Rücksichtnahme bei der Urlaubsplanung)
  Flexible Arbeitszeiten ermöglichen den Pflegenden eine berechenbarere Organisation des Pflegealltags, indem die Einteilung der Arbeitszeit in die Eigenverantwortung der Beschäftigten gestellt wird.

- Arbeitsorganisation (zum Beispiel Teamarbeit, Jobsharing)
  Durch eine selbstverantwortliche Planung, Festlegung und Kontrolle der Arbeitsaufgaben innerhalb des Teams kann den Mitarbeiterinnen und Mitarbeitern eine selbständige Arbeits- und Zeitplanung ermöglicht werden, die die erforderliche Flexibilität für die Einzelnen ohne Einbuße der Arbeitsqualität bedeutet.

- Arbeitsort (alternierende Telearbeit)
  Die Erledigung der Arbeit von zu Hause kann sich insbesondere bei leichteren Pflegefällen eignen.

- Beratung und Information für Pflegende
  Interne Ansprechpartner, professionelle Beratungs- und Vermittlungsagenturen oder Infos über Beratungsstellen, Dienste und Einrichtungen der Seniorenhilfe, Pflegekurse, Angehörigen-Gesprächskreise, psychosoziale Beratung, Beratung über Leistungen der Pflegeversicherung, Beratungsstellen für Wohnraumanpassung, Vermittlung von Leistungen.

- Sensibilisierung der Belegschaft
  Der Erfolg der Maßnahmen setzt eine Unternehmenskultur voraus, die Rücksicht auf die Belange der Beschäftigten nimmt. Nur mit einer offenen Unternehmenskultur werden pflegende Angehörige bereit sein, auf ihre persönliche Situation aufmerksam zu machen.

E. Ausblick: Weiterer Handlungsbedarf für eine familienbewusste betriebliche Personalpolitik

In der Familienpolitik ist mit dem Dreiklang aus Elterngeld, Elternzeit und Infrastruktur bereits Entscheidendes auf den Weg gebracht worden. Familien müssen aktiv unterstützt werden, damit Frauen und Männer die gleichen Chancen haben. Wir brauchen daher ein positives Klima für eine gleichberechtigte, partnerschaftliche Verteilung der Erwerbs- und Sorgearbeit. Falsch wäre jedoch, vom ElterngeldPlus erhebliche Änderungen bei der Erwerbstätigkeit von Müttern zu erwarten, solange die eigentlichen Hemmnisse bestehen bleiben. Deshalb sind weitere Anstrengungen beim Ausbau von Ganztagskitas und Ganztagsschulen, bei familienunterstützenden Dienstleistungen und bei der Beseitigung von Fehlanreizen im Steuer- und Sozialsystem notwendig. Hierbei eignen sich Dienstleistungen und Betreuungsangebote für Familien besser als finanzielle Zuwendungen. Familien brauchen bedarfsgerechte und unbürokratische Angebote, um sich Unterstützung bei der Hausarbeit oder der Betreuung von Kindern und pflegebedürftigen Angehörigen leisten zu können.

Eine wirksame Familienpolitik braucht effektive familienbezogene Angebote, die den gesellschaftlichen Erfordernissen Rechnung tragen. Die Sozialpartner BAVC und IG BCE haben sich in der Vergangenheit wiederholt dafür eingesetzt, dass die Arbeit des vom Bundesfamilienministerium eingesetzten „Kompetenzzentrums für nachhaltige Familienpolitik" fortgesetzt wird. Das Institut hat es sich zum Ziel gesetzt, familienpolitische Themen kontinuierlich zu begleiten und auch ein Impulsgeber für die Weiterentwicklung familienpolitischer Leistungen zu sein.

Beim Thema Frauenförderung hat sich bereits einiges getan – auch ohne eine Geschlechterquote für Aufsichtsräte und Vorstände. Wichtig ist ein grundlegendes gesellschaftliches Umdenken. Quoten und verpflichtende Vorgaben sind hierfür nicht hilfreich. Junge Frauen brauchen gesellschaftliche Toleranz und Vorbilder, die ihnen helfen, ihren eigenen Weg zu gehen.

Wir brauchen die Akzeptanz, dass viele Wege zum Ziel führen können. Der „Normallebenslauf" gehört dabei der Vergangenheit an. Vielfalt ist hier das Stichwort. Denn die Erwerbsbiografien der Menschen verändern sich: Während in der Vergangenheit Unterbrechungen oder Umwege im Lebenslauf eher hinderlich waren, können die in diesen Lebensphasen erworbenen Kompetenzen und gewonnenen Erfahrungen heute von Vorteil sein.

Erfolgreiche Unternehmen nutzen die Vielfalt ihrer Mitarbeiter. Vielfalt ist viel mehr als Männer und Frauen, Jüngere und Ältere oder Deutsche und Nichtdeutsche. Vielfalt heißt heute auch, unterschiedliche Ausbildungen, Werte, Erfahrungen, Sozialisierung und Kompetenzen. Es gilt in Zukunft, diese Vielfalt noch besser zu nutzen. Die Chemie-Sozialpartner haben hier bereits innovative Wege beschritten und erkannt, dass die Vereinbarkeit von Familie und Beruf eines der zentralen Handlungsfelder im Spannungsfeld zwischen Politik und Wirtschaft ist.

Wie sehen die Ansprüche der Belegschaft beziehungsweise der Familien aus?

Edeltraud Glänzer

Familienpolitik und familienbewusste Aktivitäten in den Unternehmen sind seit vielen Jahren ein Dauerbrenner in der politischen Diskussion. Trotz verschiedenster Maßnahmen und unterschiedlicher Schwerpunktsetzungen sind die Rahmenbedingungen für mehr und eine bessere Vereinbarkeit von Beruf und Familie nach wie vor ein großes Thema. Eine partnerschaftliche Aufteilung von Beruf und Familie halten immer mehr junge Frauen und Männer für wünschenswert. Aber nur wenigen gelingt es, dieses Modell auch wirklich zu leben. Beide wollen ihre Erwerbsarbeit mit Familienaufgaben besser vereinbaren können, und zwar ohne berufliche Nachteile befürchten zu müssen. Zeit für Kinder haben und selbstverständlich berufstätig bleiben soll gleichermaßen funktionieren. Beschäftigte, die Angehörige pflegen, wollen dafür ihren Arbeitsplatz nicht aufgeben und brauchen deshalb Unterstützung.

Diese Anforderungen müssen zusätzlich im Kontext des demografischen Wandels betrachtet werden, dessen Auswirkungen zunehmend mehr Unternehmen erreichen. Hier sind alle gefordert: Politik, Sozialpartner und Unternehmen müssen gemeinsam aktiv werden und zwar im Sinne der Beschäftigen und damit auch zum Wohl des Unternehmens. Nur wenn die Arbeitswelt insgesamt familienbewusster wird, werden Betriebe qualifiziertes Personal mittel- und langfristig an sich binden können. Dazu sind weitere Verbesserungen der Rahmenbedingungen erforderlich: auf allen Ebenen.

Wir, die Industriegewerkschaft Bergbau, Chemie, Energie, sind hier Trendsetter, engagieren uns auf der politischen Ebene und leisten mit unseren vielfältigen Initiativen wichtige Beiträge, um diesen veränderten Anforderungen gerecht zu werden und passgenaue betriebliche Lösungen zu erarbeiten. Ein wichtiger Baustein ist beispielsweise unsere Sozialpartnervereinbarung „Für eine chancengleiche und familienbewusste Personalpolitik“. Wir fordern die Betriebsparteien zum Handeln auf und unterstützen sie bei der Umsetzung.

A. Menschen brauchen Zeit füreinander

Werden Beschäftigte nach ihren Wünschen in Bezug auf mehr Vereinbarkeit von Beruf und Familie befragt, lautet die häufigste Antwort: Wir brauchen mehr Zeit. Und das, obwohl es in den meisten Unternehmen inzwischen eine ungeheure Fülle an verschiedenen Arbeitszeitmodellen und Teilzeitregelungen gibt. Dieser nicht nur scheinbare Widerspruch lässt sich bei genauerer Betrachtung mit

- zu starren und unflexiblen Regelungen,
- der Berücksichtigung von betrieblichen Prozessen (und eben nicht mit Öffnungszeiten von Betreuungseinrichtungen) und
- einer ausgeprägten Präsenzkultur erklären.

Beschäftigte – übrigens nicht nur mit Familienaufgaben – wünschen sich eine deutlich andere Arbeitszeitkultur in den Unternehmen, die individuelle Wünsche berücksichtigt und damit nicht zuletzt die Kreativität und das Engagement fördert. Dazu braucht es auch bessere gesetzliche Rahmenbedingungen.

Die Bundesfamilienministerin ist mit der Diskussion über die Familienarbeitszeit einen richtigen und wichtigen ersten Schritt gegangen. Hier geht es darum, dass *beide* Elternteile ihre Arbeitszeit auf 80 Prozent – also 30 bis 32 Stunden pro Woche – anpassen können. Dieses Modell kommt aus unserer Sicht nicht nur den Wünschen der Beschäftigten nach, es trägt auch dazu bei, mehr Partnerschaftlichkeit zu leben und führt weiter zu einer gleichberechtigten Teilhabe von Müttern und Vätern am Erwerbs- und Familienleben. Gleichzeitig belebt dieser Vorschlag die gesamte Diskussion um eine moderne lebenslauforientierte Zeitpolitik, die wir auch an verschiedenen anderen Stellen (wie zum Beispiel bei flexiblen Übergängen in die Rente) dringend brauchen. Mit unseren Tarifverträgen zur Lebensarbeitszeit und Demografie sind wir erste beispielgebende Schritte in diese Richtung gegangen. Die Themen Zeitpolitik und flexible Arbeitszeiten werden weiterhin auf unserer Agenda stehen.

Ebenfalls hilfreich ist die Absicht, die Elternzeit flexibler zu gestalten. Wenn Eltern zukünftig 24 statt 12 Monate zwischen dem 3. bis 8. Lebensjahr des Kindes in Anspruch nehmen können, steigen Sicherheit und Perspektiven, die Eltern brauchen. Mit dieser Regelung können zum Beispiel Übergänge (vom Kindergarten in die Schule) besser gestaltet werden. Darüber hinaus wird durch diese Sicherheit unter Umständen die Entscheidung für Kinder positiv begleitet.

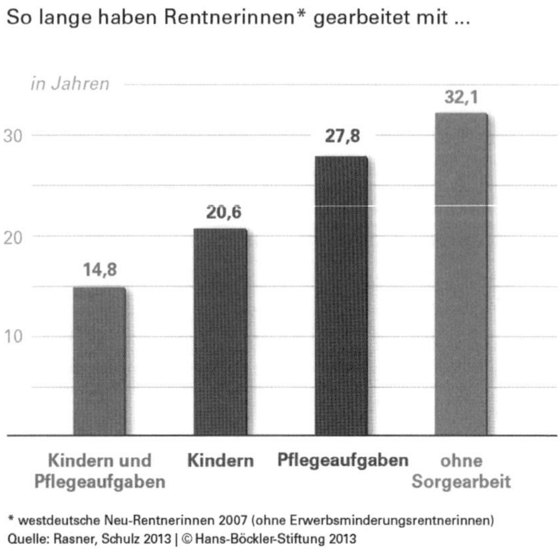

Abbildung 1: Mit Kindern viel kürzer im Beruf

Wir brauchen zudem eine Weiterentwicklung des Teilzeit- und Befristungsgesetzes, insbesondere durch einen Rechtsanspruch auf Verringerung der Arbeitszeit mit einem Rückkehrrecht auf den gleichen, zumindest gleichwertigen Arbeitsplatz, und zwar unabhängig von der Zahl der Beschäftigten. Das sichert die Chance nach einer Familienphase (unabhängig davon, ob Kinder betreut oder Angehörige gepflegt wurden), wieder voll in den Beruf einsteigen zu können, statt in einem nicht mehr gewünschten Teilzeitmodell verbleiben zu müssen, das häufig genug auch als „Karrierebremse" wirkt. Und das verschafft außerdem eine bessere finanzielle Absicherung im Alter. Diese Regelung macht die Teilzeit darüber hinaus auch für Männer interessanter und kann somit zu einem Wandel in der Unternehmenskultur beitragen.

Arbeitnehmer[1] wollen über ihre Arbeitszeit und ihr Beschäftigungsende mitbestimmen können. Neue Arbeitszeitsysteme schaffen den Beschäftigten diese individuellen Gestaltungsmöglichkeiten. Teilzeitbeschäftigte und Geringverdiener können kaum auf Teile ihres Einkommens verzichten, um Kinder oder Pflegebedürftige zu betreuen. Auch in diesem Kontext können unsere innovativen Demografie-Tarifverträge helfen.

1 Aus Gründen der vereinfachten Lesbarkeit wird im Folgenden lediglich die männliche Form bestimmter Begrifflichkeiten verwendet. Angesprochen sind jedoch stets beide Geschlechter.

B. Gute Vereinbarkeit ist mehr als Kinderbetreuung

Es reicht inzwischen bei weitem nicht mehr aus, Arbeitszeiten nur im Hinblick auf die Vereinbarkeit von Kinderbetreuung und Erwerbstätigkeit zu regeln. Zunehmende Bedeutung hat die Pflege von Angehörigen mit den dabei entstehenden Fragestellungen. Es müssen praktisch „von jetzt auf gleich" wichtige Entscheidungen getroffen werden. Auch sind weder die Pflegedauer noch die Entwicklung von Pflegebedürftigen vorhersehbar. Außerdem fordert und belastet die Pflege von Angehörigen die Betroffenen auch psychisch enorm.

Die Bedarfe der Beschäftigten sind enorm gestiegen, gute Regelungen hierzu gibt es erst vereinzelt. Diese werden wir noch stärker verbreiten und zur Nachahmung empfehlen. Das Familienpflegezeitgesetz ist ein erster wichtiger Schritt, der nun verstärkt betrieblich ausgestaltet werden muss. Wir brauchen mehr Betriebsvereinbarungen, in denen Leitlinien und konkrete Vorgehensweisen vereinbart werden. Und wir müssen das Thema auch auf der Sozialpartnerebene breiter diskutieren und gemeinsam nach Lösungen suchen, um diese schwierigen Herausforderungen zu bewältigen.

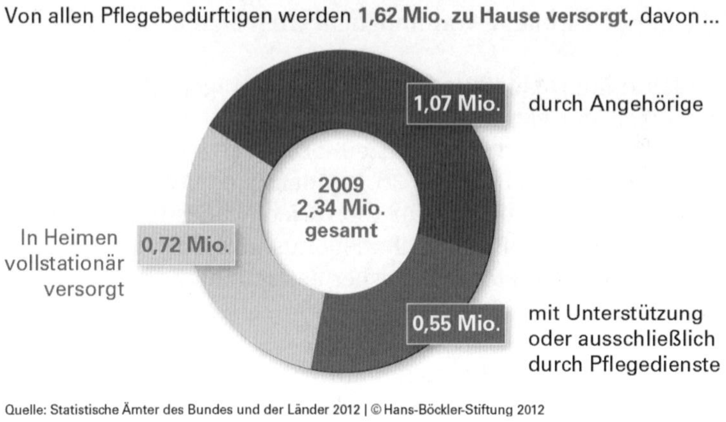

Abbildung 2: Die Mehrzahl pflegt Angehörige zu Hause

In diesem Zusammenhang fordern wir eine Finanzierung dieser Pflegearbeit durch die Gesellschaft wie bei der Elternzeit und treten für eine zehntägige, kurzzeitige und kurzfristige Pflegeauszeit, analog zum Kinderkrankengeld, ein. Darüber hinaus kann ein Rechtsanspruch auf Arbeitszeitreduzierung für die gesamte Dauer der Pflege den Betroffenen helfen, Zeit für ihre pflegebedürftigen Angehörigen zu bekommen. Es geht aber auch um die verstärkte Anerkennung und Wertschätzung dieser wichtigen gesellschaftlichen Arbeit.

Daneben braucht es weiterhin kontinuierliche Anstrengungen beim Ausbau der notwendigen Infrastruktur mit einem Aufbau von weit verzweigten Pflegenetzwerken.

C. Familien benötigen finanzielle Absicherung

Die Entscheidung, wer in der Partnerschaft Familienaufgaben übernimmt, wird ganz maßgeblich mit der Frage nach finanzieller Absicherung der Familie verknüpft. Genau aus diesem Anlass entscheiden sich derzeit nur 7 Prozent der Väter dafür, neun Monate und mehr Elternzeit zu nehmen, während 71 Prozent „nur" ein bis zwei Monate bei ihren Kindern bleiben[2]. Diese Zahlen stehen ganz häufig im Gegensatz zu den Wünschen junger Väter, deutlich mehr Zeit mit ihrem Nachwuchs zu verbringen. Hier siegt allerdings das häufig höhere Einkommen der Männer über den Wunsch. Dieses Argument ist auch der Grund, warum derzeit überwiegend Frauen die Fürsorgeaufgaben übernehmen und ihre eigene Erwerbstätigkeit reduzieren oder unterbrechen. Wir brauchen dringend Rahmenbedingungen, die Eltern wirkliche Wahlmöglichkeiten bieten.

Das geplante ElterngeldPlus kann hierzu beitragen, denn es berücksichtigt die Pläne von Eltern, die schnell, also noch während des Elterngeldbezugs, wieder in Teilzeit arbeiten wollen. Wenn beide sich entscheiden, jeweils 25 bis 30 Stunden in der Woche zu arbeiten und sich damit auch die Zeit für ihren Nachwuchs teilen, dann gibt es einen zusätzlichen Partnerschaftsbonus in Form von vier zusätzlichen ElterngeldPlus-Monaten. Bisher bekommen Eltern maximal 14 Monate Elterngeld.

Das Betreuungsgeld bleibt nach wie vor in der Kritik, denn es zielt in die falsche Richtung und ist weder unter volkswirtschaftlichen noch unter gleichstellungspolitischen Gesichtspunkten sinnvoll. Es ist außerdem integrations- und sozialpolitisch völlig verfehlt. Diese Einschätzungen werden nicht nur von verschiedenen wissenschaftlichen Studien nachdrücklich untermauert, es gibt darüber hinaus ein breites Bündnis von Parteien, Institutionen, Gewerkschaften und Arbeitgeberverbänden, das sich deutlich gegen das Betreuungsgeld positioniert hat. Gerade einkommensschwächere Familien werden

2 Statistisches Bundesamt, Mikrozensus 2012.

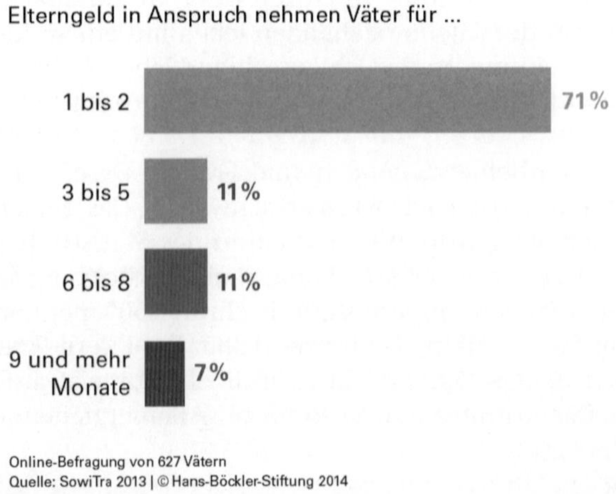

Abbildung 3: Väter in Elternzeit

motiviert, ihr Kind zu Hause zu betreuen. Das ist zudem mit Blick auf den demografischen Wandel nahezu fatal.

Auch die steuerlichen Regelungen müssen überprüft werden. Wir brauchen eine Modernisierung des Ehegattensplittings. Je höher die ungleiche Einkommensverteilung zwischen den Partnern ist, desto höher ist der Steuervorteil. Das wirkt sich oft negativ auf die Einkommenssituation von Frauen aus. Sie tragen das Risiko der fehlenden sozialen Absicherung, des mangelhaften Rentenanspruchs und der drohenden Armut im Fall einer Trennung.

Hinzu kommt, dass Paare mit Kindern, aber ohne Trauschein, Alleinerziehende und gleichgeschlechtliche Paare derzeit nicht von dem Steuervorteil profitieren können. Das Ehegattensplitting fördert in der bisherigen Form nicht Familien, sondern Ehepaare mit ungleich verteiltem Einkommen und nimmt auf alternative Lebensentwürfe keine Rücksicht.

D. Besondere Situation von Alleinerziehenden beachten

Wir brauchen außerdem besondere Regelungen für Alleinerziehende. 8,2 Millionen Familien mit minderjährigen Kindern leben in Deutschland. Der Anteil der Ein-Eltern-Familien beträgt dabei 22 Prozent. Das bedeutet, es gibt derzeit ca. 2,6 Millionen Alleinerziehende, davon 1,6 Millionen mit Kindern unter 18 Jahren. Die Tendenz steigt. Mehr als 2 Millionen Kinder unter 18 Jahren leben in Ein-Eltern-Familien. Etwa 68 Prozent der Alleinerziehenden leben mit einem Kind und 25 Prozent mit zwei Kindern. In Ostdeutschland leben 27 Prozent alleinerziehend und in Westdeutschland sind es 17 Prozent[3].

90 Prozent der Alleinerziehenden sind Frauen. Deren Situation auf dem Arbeitsmarkt ist nach wie vor schwierig. Das zeigen aktuelle Daten der Bundesagentur für Arbeit und des Statistischen Bundesamts. Zwar verzeichnet der Arbeitsmarkt einen Rückgang der Arbeitslosigkeit um 3 Prozent im Jahresdurchschnitt 2009, dennoch bezieht nach wie vor fast die Hälfte (41 Prozent) aller Ein-Eltern-Familien Leistungen nach dem Sozialgesetzbuch (SGB) II, zumeist aufstockende Leistungen. Das Armutsrisiko ist somit für Alleinerziehende und Kinder besonders groß.

Dass 19 Prozent unserer Kinder und Jugendlichen von Armut betroffen beziehungsweise bedroht sind, ist absolut untragbar und muss dringend abgestellt werden[4]. Diese erschreckende Zahl macht deutlich, wie dringend wir sichere und sozialversicherungspflichtige Beschäftigungsverhältnisse für Eltern und mehr Investitionen in hochwertige Betreuungs- und Bildungsangebote sowie in die bessere Vereinbarkeit von Beruf und Familie brauchen.

Mit dieser Perspektive sind auch sämtliche familienpolitische Leistungen endlich in den Fokus zu stellen. 150 verschiedene Maßnahmen mit rund 200 Milliarden Euro führen derzeit nicht dazu, dass unsere Kinder vor Armut geschützt werden. Das legt die Vermutung nahe, dass es nicht am Geld, sondern an einer ungerechten Verteilung liegt, dass 2,8 Millionen Kinder in Deutschland nicht ausreichend „versorgt" werden und kaum Zugangsmöglichkeiten zu sozialen Aktivitäten haben.

Wenn wir hier nicht vorankommen, wird nicht nur die Armut in diesen Familien dauerhaft zementiert, sondern die Talente der Kinder und Jugendlichen verschwendet und sie damit ihrer Entwicklungschancen beraubt. Es sind somit nicht nur die alleinerziehenden Frauen, die dem Arbeitsmarkt dauerhaft nicht zur Verfügung stehen, sondern auch die Perspektiven der Kinder, die wir leichtfertig aufs Spiel setzen.

---

3 Monitor Familienforschung, Ausgabe 28, Alleinerziehende in Deutschland.

4 Böckler Impuls 01/2014.

E. Gute Betreuung – ein Ziel, viele Möglichkeiten

Eine aktuelle Studie zu den Lebensentwürfen junger Frauen und Männer, die im Auftrag des Bundesfamilienministeriums durchgeführt wurde, zeigt, dass eine dauerhafte Erwerbstätigkeit beider Elternteile als Selbstverständlichkeit wahrgenommen wird. Beide streben nach guten Verdienstmöglichkeiten und finanzieller Unabhängigkeit und erwarten gleiches auch von ihren Partnern. Auch hier klaffen Wunsch/Anspruch und Realität deutlich auseinander[5].

Aktuell planen 55 Prozent der jungen, gut qualifizierten Frauen eine Elternzeit von etwa einem Jahr. Häufig scheitert eine frühere Rückkehr an mangelnden Betreuungsmöglichkeiten. Von Müttern, die länger als sechs Monate ausgestiegen sind, wären zwei Drittel gern früher oder in einem größeren Zeitumfang wieder in den Beruf zurückgekehrt. Doch jeder fünften Mutter fehlte hierfür die passende Kinderbetreuung[6].

Wer eine moderne Familienpolitik und Wahlfreiheit für Eltern will, braucht also einen schnellen und qualitätsorientierten Ausbau der öffentlichen Betreuung. Deren Einrichtungen müssen bedarfsgerechter geöffnet sein und Fragen der Personalausstattung, der Qualifikation und Weiterbildung der Erzieher stärker als bisher berücksichtigen.

Wichtig ist es darüber hinaus, die Unternehmen noch aktiver beim Ausbau betrieblicher Kinderbetreuungsangebote zu unterstützen und hier weiterhin gezielt Anreize zu setzen. Dabei muss es nicht immer die betriebseigene Kita sein. Auch Kooperationen, Belegplätze und Ferienbetreuung schaffen Eltern enorme Erleichterung. Starre Öffnungszeiten, die fernab betrieblicher Arbeitszeitgestaltung sind, häufige Unterbrechungen der Betreuungssituation (zum Beispiel in Ferienzeiten) und fehlende Notfallbetreuung unterstützen Eltern nicht; wohnortnahe und/oder betriebsnahe Standorte und Betreuungsmöglichkeiten für alle Altersgruppen dagegen sehr.

Die lokalen Bündnisse können bei der Entwicklung von passgenauen Betreuungsangeboten sehr hilfreich sein und bieten auch Klein- und Mittelbetrieben die Chance, gezielte Maßnahmen zu entwickeln. In großen Unternehmen gibt es darüber hinaus gute Erfahrungen mit

5 Wissenschaftszentrum für Sozialforschung: Lebensentwürfe heute: Wie junge Frauen und Männer in Deutschland leben wollen, 2013.

6 Wissenschaftszentrum für Sozialforschung: Lebensentwürfe heute: Wie junge Frauen und Männer in Deutschland leben wollen, 2013.

der Einrichtung von betrieblichen Servicebüros, die Eltern beraten und gemeinsam an Lösungen arbeiten.

F. Umdenken – Kultur verändern

Väter wollen zunehmend mehr an der Erziehung und Entwicklung ihrer Kinder teilhaben und Verantwortung aktiv wahrnehmen. Männer wollen die Pflege ihrer Angehörigen (Eltern, Partnerinnen etc.) organisieren und für sie da sein. Allerdings stoßen sie immer noch auf wenig Verständnis und Akzeptanz, wenn sie das Familienleben nicht den vermeintlichen beruflichen Anforderungen unterordnen können.

Die Zeit ist reif für ein modernes Familienbild und Wahlfreiheit. Unterstützende Konzepte in Betrieb und Gesellschaft können diesen notwendigen Bewusstseinswandel begleiten und zu einem Kulturwandel beitragen. Männer müssen sich von den familienbewussten Maßnahmen im Unternehmen gleichermaßen angesprochen fühlen und ohne Scheu oder Zurückhaltung nach diesen Angeboten fragen können. Dafür muss mehr Akzeptanz geschaffen werden. Väter-Netzwerke im Unternehmen oder auch betriebsübergreifend können hierbei hilfreich sein. Positive Beispiele und Vorbilder (Männer in Teilzeit) sind gefragt und werden viele Nachahmer finden. Dazu ist es allerdings erforderlich, in den Unternehmen zu verdeutlichen, dass die vorübergehende Übernahme von Fürsorgeaufgaben kein „Karrierekiller“ ist – weder für Frauen noch für Männer.

Die Erfahrungen zeigen, dass die Mehrheit der Kollegen das Familien-Engagement „super“ findet und viele insgeheim den Wunsch haben, gleiches zu tun. Dafür brauchen wir insgesamt mehr Aktivitäten, die
- den Rollenzuweisungen und falschen Annahmen entgegenwirken,
- einseitige Anschauungen auflösen und
- einen gesellschaftlichen Bewusstseins- und Kulturwandel vorantreiben.

Ohne ein verändertes Rollenverständnis werden wir Themen wie die Vereinbarkeit von Beruf und Familie für Frauen *und* Männer nur schwer bewegen können.

So lange sich Frauen selbst als „Dazuverdienerinnen“ definieren, ist es schwer, Aufstiegsperspektiven und Entgeltfragen zu thematisieren. So lange Männer sich als nicht zuständig für Familienaufgaben fühlen, wird sich in der Arbeitsverteilung zwischen den Geschlechtern wenig ändern. Es gibt keine „Vätermonate" – diese Sprache ist verräterisch.

Wir brauchen Vorbilder: Frauen und Männer, die andere Rollen, andere Modelle leben. Dies muss in den Unternehmen – auf allen Ebenen – gefördert und gelebt werden.

Da denken wir unter anderem an Kampagnen, die diese Thematik aufgreifen und transparent machen, sowie an eine konsequente Unterstützung mit einer entsprechenden Politik, mit strukturellen Rahmenbedingungen in allen Bereichen. Wir unterstützen die Familienpolitik dabei sehr und sind nicht nur Initiatoren, sondern auch Multiplikatoren in den Unternehmen unseres Verantwortungsbereichs.

Im Kontext traditioneller Rollenzuweisungen ist ein Pilotprojekt der Antidiskriminierungsstelle des Bundes von Bedeutung. In fünf Unternehmen und bei drei öffentlichen Arbeitgebern sind über einen Zeitraum von einem Jahr alle eingehenden Bewerbungen anonymisiert und standardisiert beurteilt worden. Erst im Vorstellungsgespräch wurde der persönliche Hintergrund der Bewerber öffentlich.

Die Studie bestätigt eindrucksvoll, was wir schon immer vermutet haben. Nicht die Qualifikation der Bewerber gibt den Ausschlag, sondern Kriterien wie Geschlecht, Alter und Nationalität. Arbeitgeber schauen immer noch mehr darauf, ob eine Frau schwangerschaftsbedingt ausfallen könnte, als auf ihre gute Ausbildung. Hier liegt eine echte Chance nicht nur für (jüngere) Frauen, Migranten und Ältere, sondern auch für Unternehmen bei dem Wettbewerb um die „besten Köpfe". Wir werden uns für eine Verbreiterung dieses Instruments einsetzen und mit unseren Betriebsräten über die Umsetzung diskutieren.

G. Top-down-Prinzip erforderlich

Maßnahmen in den Betrieben sind dann schnell und nachhaltig umsetzbar, wenn der Prozess von Personalverantwortlichen und Unternehmensleitung unterstützt und Erfahrungen vorangetrieben werden. Familienorientierung muss Bestandteil der Unternehmensphilosophie sein und auch „vorgelebt" werden. Das gilt sowohl für Großunternehmen als auch für klein- und mittelständische Betrieben.

Die Rolle der Führungskräfte ist von zentraler Bedeutung für die Umsetzung familienbewusster Maßnahmen und einer gelingenden Vereinbarkeit. Wo Führungskräfte aufgeschlossen sind, wo die Vorstände wissen, dass auch Unternehmen von einer familienbewussten Personalpolitik profitieren, da lässt sich vieles zum Besseren regeln. Führungskräfte müssen nicht nur Umsetzen, sondern auch Vorbilder sein. Hierfür brauchen sie entsprechende Spielräume.

Abbildung 4: Management: Für die meisten ein Vollzeitjob

Familienbewusste Personalpolitik ist betriebswirtschaftlich sinnvoll. Das haben mittlerweile verschiedene Studien[7] ausdrücklich belegt. Darüber hinaus trägt sie erheblich zum positiven Imagegewinn für Unternehmen bei, was angesichts des steigenden Fachkräftebedarfs immer bedeutender wird. Die Berufstätigkeit von Eltern und Pflegenden wird gefördert und das Erwerbskräftepotenzial qualifizierter (weiblicher) Fachkräfte besser genutzt. Mit Blick auf die demografischen Herausforderungen werden hier Unternehmen einen Vorteil haben, die sich frühzeitig und intensiv engagiert haben.

7 Statistisches Bundesamt 2009, Forschungszentrum familienbewusste Personalpolitik der Universität Münster 2011.

H. Was Frauen voranbringt, bringt Unternehmen voran

Familienbewusste Personalpolitik ist dann erfolgreich, wenn Maßnahmen für mehr Chancengleichheit von Frauen und Männern mitgedacht werden. Wir haben viele Projekte zur betrieblichen Geschlechtergerechtigkeit durchgeführt; es bleibt aber weiterhin viel zu tun. Wir brauchen tatsächliche Chancengleichheit mit gleichen Berufsperspektiven und Aufstiegschancen für Frauen *und* Männer.

Mehr Frauen in Führungspositionen zu haben, geht einher mit einer veränderten Akzentsetzung bei der Gestaltung von Arbeitsbedingungen und Berufsperspektiven. Unter anderem deshalb, hat die IG BCE zwei Projekte zum Thema „Frauen in Führung" durchgeführt. Hier wurden verschiedene Instrumente zur Personalentwicklung gezielt für Frauen untersucht und eingesetzt, um ihren Anteil an Führungspositionen deutlich zu erhöhen.

Gut – in der Regel sogar besser – ausgebildete junge Frauen betrieblich nicht zu fördern und ihre Kompetenz nicht ausreichend zu berücksichtigen, ist eine Verschwendung von Humankapital und -potenzial, die unbedingt vermieden werden muss.

I. Fazit

Es gibt viele gute und kreative Ideen für eine bessere Vereinbarkeit von Beruf und Familie. Unsere Spielräume dabei sind bisher noch nicht ausreichend ausgeschöpft. Wir werden deshalb mit unseren Forderungen auf der politischen Ebene aktiv bleiben, in enger Abstimmung mit unserem Sozialpartner an weiteren Maßnahmen arbeiten und gemeinsam mit unseren Betriebsräten ganz konkrete Lösungen vor Ort erarbeiten – im Sinne und zum Wohl der Beschäftigten und der Unternehmen.

Die Zeit ist reif für eine neue Qualität der Vereinbarkeit von Beruf und Familie mit mehr Chancengleichheit und echter Partnerschaftlichkeit.

Kinder und Karriere – Miteinander, füreinander

Oder: Wie die Kombination gelingen kann

Bernadette Tillmanns-Estorf

„Die Gesellschaft der Zukunft ist kinder- und familienfreundlich und berücksichtigt die klassischen Formen des Zusammenlebens. (...) Eine zuverlässige Betreuung ist für Kinder jeden Alters sichergestellt. Sie kann freiwillig und kostenfrei von Familien jeden sozioökonomischen Hintergrunds und in jeder Lebenssituation in Anspruch genommen werden. Diese verbesserten Bedingungen erleichtern die Entscheidung für Kinder (...).“, so heißt es im Artikel von Jürgen Deller und Anne M. Wöhrmann zum Thema „Wie der demografische Wandel unsere Gesellschaft und Arbeitswelt verändern wird“.[1]

Wunschvorstellung oder realistische Prognose? Traum oder Wirklichkeit?

Damit das von den Autoren beschriebene Szenario real wird, gibt es noch viel zu tun. Und dabei sind alle am Zuge, die beim wichtigen Thema Familie Verantwortung tragen: die Politik, die Gesellschaft, die Arbeitgeber und natürlich die Familie selbst. Nur im konstruktiven Miteinander kann man Bedingungen schaffen, die denen zugutekommen, die zunächst noch nicht mitgestalten und nur vertrauen können: den Kindern.

Ich danke den Herausgebern herzlich für die Gelegenheit, einen Beitrag leisten zu dürfen aus einer doppelten Perspektive: die der Unternehmensvertreterin, die das Glück hat, in einem Unternehmen zu arbeiten, das es sich schon früh zur Aufgabe gemacht hat, seinen Beitrag dazu zu leisten, die oft so getrennten Welten des Berufs und der Familie miteinander zu verbinden. Und die Perspektive der Mutter, die das „doppelte Glück“ hat, mit Zwillingen in Vollzeit eine globale Führungsposition in eben diesem Unternehmen auszufüllen – und deshalb jeden Tag ganz praktisch erfährt, was es heißt, „Balance zu halten“.

1 Jürgen Funk, Nora Hummel, Axel Schack (Hg.): Arbeitsleben 3.0 – Erfolg in einer veränderten Welt, Frankfurt am Main 2013, S. 70.

A. Erfolgreich in Beruf und Familie – geht das zusammen?

Gesunde Kinder sind ein großes Geschenk. Doch wie wirkt sich die neue Lebensphase auf den Beruf aus? Passen Kinder und Karriere überhaupt zusammen? Blickt man in die Medien, erhält man angesichts der dort gezeigten dauergestressten Eltern eher den Eindruck, dass die Kombination schwierig bis unmöglich ist. Zeitdruck, hohe berufliche Ansprüche und eine ständige Zerrissenheit scheinen den Alltag zu bestimmen. Das Positive kommt in der Berichterstattung häufig (zu) kurz.

Die Diskussion darüber, ob und wenn ja, wann denn eine Mutter wieder in den Beruf „zurückkehren" sollte, begegnet all denen, die diese ganz persönliche Entscheidung für sich getroffen haben oder treffen müssen, oft täglich, in der Regel begleitet durch wohlmeinende Ratschläge. Dabei sind es fast immer die Mütter, die im Fokus der Betrachtung stehen. Viele junge Familien, vor allem Frauen, sind in Deutschland hin- und hergerissen zwischen ihrem Wunsch nach Familie und dennoch berufstätig zu sein oder der Notwendigkeit, Geld zu verdienen. Sie stehen heute vor der Aufgabe, Berufs-, Privat- und Familienleben unter einen Hut zu bringen. Eine Verantwortung, die aufgrund wachsender Anforderungen in der Wirtschaft sowie im Berufsleben eine wichtige gesellschaftspolitische Herausforderung – vielleicht sogar die größte – darstellt. Das mit der Work-Life-Balance ist in der Praxis nicht immer so einfach. Die Kombination der wichtigsten Lebensbereiche braucht ein funktionierendes Konstrukt mit „Netz und doppeltem Boden". Es wird von den gesellschaftspolitischen Rahmenbedingungen ebenso getragen wie von flankierenden Maßnahmen der Arbeitgeber und natürlich von vielen eigenverantwortlichen Regelungen der Eltern und Familien selbst.

Die Vereinbarung von Familie und Beruf erscheint zunächst als eine wirtschaftspolitische Frage. In Deutschland lag die Geburtenrate im Jahr 2012 statistisch gesehen bei 1,38 Kindern pro Frau. Das ist eine der niedrigsten Geburtenraten weltweit. Vor allem haben viele Akademikerinnen in Deutschland gar keine Kinder. In den alten Bundesländern erreichte 2012 die Kinderlosenquote bei Akademikerinnen zwischen 45 und 49 Jahren mit 30 Prozent einen neuen Höchststand. Die Entscheidung für Karriere gegen den Nachwuchs liegt neben gesellschaftlichen Veränderungen wohl gerade in der Schwierigkeit, Kinder und Karriere miteinander zu vereinbaren. Gut ausgebildete Frauen wollen trotz des Kinderwunschs nicht auf den Erfolg und den „Aufstieg" im Beruf verzichten. Umgekehrt kann das die Arbeitswelt aufgrund des durch den demografischen Wandel bedingten Fachkräftemangels ebenso wenig. Glaubt man den Prognosen, geht Deutschland der qualifizierte Nachwuchs aus. Zum Vergleich: 2012 wurden in Deutschland 637.500 Kinder geboren – nur noch halb so viele wie 1964. Zwar wird die Anzahl der Geburten bis zum Jahr 2020 relativ stabil bleiben, aber danach wird sie kontinuierlich abnehmen. Der Grund: Die Zahl der potenziellen Mütter im Alter von Mitte 20 bis Mitte 30 wird deutlich schrumpfen.[2]

Die Berufstätigkeit von Männern und Frauen wird damit auch für Unternehmen zur Zukunftsfrage: Wie kann es im Wettbewerb um die besten Mitarbeiter gelingen, Eltern bei der Vereinbarkeit von Familie und Beruf zu unterstützen? Mütter und auch immer mehr Väter, vor allem in Führungspositionen, fordern pragmatische Lösungen – flexible Arbeitszeiten und -orte. Außerdem brauchen sie für den Nachwuchs entsprechende Betreuungsmöglichkeiten. Dass Familie und Beruf grundsätzlich keine Gegensätze sind, zeigen Unternehmen wie die B. Braun Melsungen AG, die sich seit Jahren dem Thema „Kind und Karriere" stellt und ihre Mitarbeiter dabei unterstützt, beides ins „Gleichgewicht" zu bringen.

B. Familienfreundliches Arbeiten

Familienfreundlichkeit ist bei B. Braun fester Bestandteil der Unternehmensphilosophie. Nicht nur, weil B. Braun selbst ein weltweit erfolgreiches Familienunternehmen ist – mit 50.000 Mitarbeitern und in 61 Ländern präsent. Dort hat man die strategische Bedeutung einer familienfreundlichen Personalpolitik schon früh erkannt und vor über 30 Jahren das Programm „Beruf und Familie"[3] ins Leben gerufen. Dafür wurde B. Braun im Jahr 2011 mit dem Hessischen Demografie Preis[4] sowie 2012 zum dritten Mal mit dem Zertifikat zum „audit berufundfamilie"[5] ausgezeichnet – eine Initiative der Gemeinnützigen Hertie-Stiftung, die von führenden Wirtschaftsverbänden empfohlen wird.

---

2 Statistisches Bundesamt, Geburtentrends und Familiensituation in Deutschland 2012, Wiesbaden 2013, S. 8-19.

3 Vgl. B. Braun Melsungen AG, Betriebsvereinbarung, Programm „Beruf und Familie", Melsungen 1989.

4 https://stk.hessen.de/initiativen/demografie/staatsminister-wintermeyer-verleiht-zweiten-hessischen-demografie-preis.

5 http://www.beruf-und-familie.de/?c=21.

I. Flexibilität durch das B. Braun-Familienteilzeitmodell

Wohl kaum ein Ereignis im Leben bringt so viel Freude aber auch Veränderung wie das erste Kind. Bisher bekannte und oft geschätzte Abläufe gibt es nicht mehr, die Planbarkeit und Struktur des Tages verändern sich rapide. Und gleichzeitig muss eine wichtige Entscheidung getroffen werden: Wie verfahre ich mit meinem Job? B. Braun möchte Mitarbeitern diese schwierige Entscheidung leichter machen und sie dabei unterstützen, dass kein „entweder-oder", sondern ein „sowohl als auch" möglich wird. Ziel ist es, Auszeiten möglichst kurz zu gestalten und die Mütter (und auch Väter) zu motivieren, möglichst bald an ihren Arbeitsplatz zurückzukehren. Mit dem Konzept der „B. Braun-Familienteilzeit" möchte das Unternehmen seinen Mitarbeitern die Chance geben, sich nicht zwischen Familie oder Karriere entscheiden zu müssen. Kehrt eine Mutter oder ein Vater innerhalb eines Jahres in Teilzeit wieder zurück und arbeitet zum Beispiel 50 Prozent, erhält sie oder er ein 65-prozentiges Entgelt beim ersten Kind und somit einen „Zuschuss" von 15 Prozent. Dieser beträgt beim zweiten Kind sogar 25 Prozent. Das Modell umfasst ausdrücklich auch die Pflege von Angehörigen. Damit die Mitarbeiter in Erziehungs- oder Betreuungszeit den Kontakt zum Unternehmen halten, haben sie bei B. Braun ihren festen Ansprechpartner im Personalbereich. Die „Mentorin Beruf und Familie" koordiniert unter anderem Weiterbildungsmaßnahmen, bevor die Mütter und Väter wieder mit Vollzeit in den Beruf starten. Sie kümmert sich auch um die Kinderbetreuung in Zusammenarbeit mit ortsansässigen Kindergärten und Kindertagesstätten.

Wichtig ist auch hier die Flexibilität. Neben dem Modell der Familienteilzeit gibt es in individueller Absprache viele andere Möglichkeiten, das Miteinander von Familie und Beruf zu gestalten. So können nicht nur Mitarbeiter mit kleinen Kindern, sondern auch solche, die schwerkranke Angehörige pflegen müssen, für drei bis fünf Jahre beruflich kürzer treten und dabei auf unternehmensinterne Regelungen außerhalb der gesetzlichen Grundlagen zurückgreifen.

II. Flexibilität durch variable Arbeitszeitmodelle

Der kurzfristig erforderliche Arztbesuch, Freiräume zum gemeinsamen Besuch von Schul- oder Sportveranstaltungen – auch die Freizeit mit Kindern will organisiert sein. Hier erfahren die Mitarbeiter bei B. Braun Unterstützung durch eine hohe Flexibilität ihrer Arbeitszeiten – selbstverständlich immer in enger Abstimmung mit dem jeweiligen Vorgesetzten. Das Unternehmen bietet eine Gleitzeit an, bei der Überstunden in Folgemonate „mitgenommen“ werden können, außerdem über 250 verschiedene Arbeitszeitmodelle im Angestelltenbereich sowie mehr als 60 Schichtmodelle im gewerblichen Bereich. Dabei können Arbeitnehmer die tägliche Arbeitszeit variieren oder aber an einzelnen Tagen in der Woche Voll- oder Teilzeit arbeiten.

Eine besondere Rolle spielt Flexibilität bei Mitarbeitern, die im gewerblichen Bereich tätig sind – bei B. Braun immerhin 60 Prozent. Abläufe sind hier festgelegt und lassen sich mit familiären Belangen in der Regel schwerer vereinbaren als bei rein administrativen Aufgaben. Stolz ist B. Braun deshalb darauf, dass es auch in der Produktion gute Beispiele dafür gibt, was „Familienfreundlichkeit“ bedeutet. Neben dem breiten Angebot an Schichtmodellen gibt es die Möglichkeit, Aufgaben und Schichten zu teilen, so dass zum Beispiel zwei Mitarbeiterinnen jeweils eine vierstündige Schicht arbeiten und in dringenden Fällen auch tauschen können.

III. Flexibilität durch die individuelle Wahl des Arbeitsorts

Erfolg wird bei B. Braun an Zielen gemessen. Bei diesem Führungsverständnis ist der Ort, an dem ein Mitarbeiter arbeitet, zweitranging. Es zählt Leistung statt Präsenz im Büro. Für die familienfreundliche Unternehmenskultur bedeutet dies, dass Telearbeit und „Homeoffice-Tage“ wichtige Bestandteile sind. Abhängig von der Art der Tätigkeit und seinen jeweiligen Aufgaben kann der Mitarbeiter die Wahl seines Arbeitsplatzes flexibel gestalten. Im Konzept der alternierenden Telearbeit arbeitet Er oder Sie in der Regel vom Arbeitsplatz von zu Hause aus, und regelmäßige Bürotage stellen sicher, dass der persönliche Kontakt zu Kollegen und Vorgesetzten bestehen bleibt. Diese Form der innovativen Arbeitsorganisation verlangt eigenverantwortliches und selbstorganisiertes Arbeiten und in erster Linie beiderseitiges Vertrauen. Der Vorteil: Die Flexibilität schafft Freiräume, die beispielsweise bei der Betreuung der Kinder oder in Notfällen Druck nehmen und Entlastung schaffen.

IV. Zusätzliche organisatorische Unterstützung

Einkaufen, kochen, abwaschen, Wäsche waschen und bügeln. Für berufstätige Eltern ist der Tag nach dem Büro noch nicht zu Ende. Ist die Zeit mal knapp, gibt es das „Take-Away-Food“ aus der B. Braun-

Werkskantine. Mitarbeiter können das Mittag- oder Abendessen für sich und ihre Familie seit einiger Zeit auch mit nach Hause nehmen und nutzen das Angebot mit steigender Tendenz. Ein Geldautomat auf dem Werksgelände erspart den Weg in die Stadt. In Kooperation mit einem örtlichen Dienstleister bietet B. Braun einen Reinigungs- und Bügelservice – ein Mosaikstein im „Entlastungsnetz" für die Mitarbeiter.

C. Kinderbetreuung

Egal, für welches Modell man sich entscheidet, um Kinder und Karriere miteinander zu verbinden, ein Aspekt spielt im Gesamtszenario eine entscheidende Rolle: die zuverlässige, kompetente und liebevolle Betreuung der Kinder.

Die öffentliche Diskussion konzentrierte sich lange auf die Betreuung von Kindern unter drei Jahren. In Vergessenheit geriet dabei, dass Eltern oft überrascht werden vom Bruch, der entsteht, wenn die Schule beginnt. Garantierte der Kindergarten zunächst eine Betreuung bis 17 Uhr, ändern sich die Schulzeiten plötzlich von Tag zu Tag, sind schwer planbar, und der Unterricht ist spätestens um 13 Uhr zu Ende.

B. Braun engagiert sich deshalb in Sachen Kinderbetreuung auf unterschiedliche Art und Weise:

- Für in Kindertagesstätten betreute Mitarbeiterkinder unter drei Jahren erhalten die Eltern einen finanziellen Zuschuss, um ihnen eine möglichst schnelle Rückkehr in den Beruf zu erleichtern.
- B. Braun engagiert sich in einem lokalen Bündnis und fördert Betreuungs-, Erziehungs- sowie Bildungseinrichtungen der Stadt Melsungen, um kommunale und kirchliche Einrichtungen zu stärken. Die Finanzmittel dafür kommen aus der Stiftung für ein kinder- und familienfreundliches Melsungen,[6] die B. Braun zusammen mit Bürgern und Unternehmen im Februar 2005 gegründet hat. Entstanden sind hier lokale Initiativen wie der „Melsunger Sommer" als Angebot zur Ferienbetreuung oder eine erweiterte Nachmittagsbetreuung der Melsunger Grundschulen. Die Familie Braun engagiert sich – ebenso wie zahlreiche Mitarbeiter der B. Braun Melsungen AG – unter anderem in der Stiftung und im „Förderverein für ein zukunftsfähiges Melsungen" ehrenamtlich und setzt sich dafür ein, dass der „Heimatstandort" des Unternehmens wei-

6 http://www.melsungen-foerdert.de/.

ter an Attraktivität gewinnt und für Familien mit Kindern zur ersten Wahl wird.

D. Familienpolitik bei B. Braun in Zahlen

B. Braun sieht seine familienorientierte Personalpolitik als einen Beitrag zur Chancengleichheit zwischen berufstätigen Männern und Frauen und ist stolz darauf, sich durch das breite und konsequente Angebot als „guter Arbeitgeber" zu präsentieren. Das vielfältige Angebot von B. Braun kommt bei den Mitarbeitern gut an. Deutschlandweit nutzten 1.469 Mitarbeiter in Teilzeit im Jahr 2013 die Chance ihres Arbeitgebers, um Familie und Beruf besser miteinander zu vereinbaren. Das entspricht einem Anteil von 12,5 Prozent an der Gesamtbeschäftigtenzahl. Die B. Braun-Familienteilzeit nahmen von 2007 bis einschließlich 2013 insgesamt 291 Beschäftigte in Anspruch. Der Frauenanteil innerhalb der Gruppe der Führungskräfte beträgt 18 Prozent.[7] Das Modell soll es auch Frauen in Führungspositionen leichter machen, sich neben zeitaufwendigen Meetings und Dienstreisen um die Familie zu kümmern.

E. „Und es geht doch – vorausgesetzt, man will es." Ein Erfahrungsbericht in Kürze

„Ach, und was wird mit Deinem Job ?" Ich blicke in ein entsetztes Gesicht, als ich freudig verkünde, dass ich mit Zwillingen schwanger bin. Mein Gegenüber schwankt zwischen Freude und Mitleid, das in Entsetzen umschlägt, als ich ihm mitteile, dass ich plane – vorausgesetzt alles läuft gut – nach der gesetzlichen Mutterschutzzeit von drei Monaten wieder in meinen Beruf zurückzukehren beziehungsweise gar nicht „weg" zu sein.

Heute, fast zehn Jahre danach, erinnere ich mich an mehrere solche Momente, in denen einem hauptsächlich Gesprächspartner aus Deutschland zu verstehen geben, was sie von dem Modell halten, das wir für unsere Familie gewählt haben. Wichtig ist dabei aber doch vor allem eines: Dass jeder seinen Weg findet, der ihm persönlich und seiner Familie am nächsten kommt und der am besten zu den jeweiligen Lebens- und Wertvorstellungen passt. Das ist zunächst eine sehr persönliche Entscheidung, die niemand zu bewerten hat – egal, wie sie ausfällt.

7 Vgl. B. Braun Melsungen AG, Personalbericht, Melsungen 2013, S. 5.

Wenn aber eine Mutter den Entschluss gefasst hat, auch mit Kind oder mit mehreren Kindern den Weg der Berufstätigkeit erfolgreich fortzusetzen – und das dann noch in Vollzeit – bin ich überzeugt, dass es Erfolgsfaktoren gibt, die helfen, das Modell „Kinder und Karriere“ oder „Kinder und Vollzeitberufstätigkeit“ in Einklang zu bringen.

I. Netz und doppelter Boden

Bei aller Familienfreundlichkeit im Unternehmen geht es immer darum, beiden Seiten gerecht zu werden. Nicht immer sind Termine oder Dienstreisen langfristig planbar, oft gilt es, spontan zu handeln, um Unternehmensinteressen zu wahren. Um dies im familiären Umfeld abfedern zu können, gilt es, Vorsorge zu treffen und ein Netz mit doppeltem Boden zu schaffen. Wer Vollzeit berufstätig ist, der wird in der Regel nicht mit dem Infrastrukturangebot der Kommune auskommen, sei es auch noch so gut. Wichtig ist es, einen Ehepartner zu haben, der den Weg unterstützt und selbstverständlich auch Familienaufgaben übernimmt. Ein Netzwerk aus Großeltern und Freunden schafft zusätzliche Unabhängigkeit, wenn man auf Modelle wie Kinderfrau oder Au-Pair-Mädchen nicht zurückgreifen will oder kann.

II. Durchhaltevermögen und Disziplin

Ein klarer Blick für die Realität hilft, Enttäuschungen zu vermeiden. Gleich zu Beginn dieses Weges sollte klar sein: Es ist sehr erfüllend, neben den Kindern die Berufstätigkeit fortzusetzen. Nicht jeder Tag aber ist gleich leicht und manchmal gilt es, auf die Zähne zu beißen. Da hilft es, von der eigenen Entscheidung im tiefsten Inneren überzeugt zu sein und zu wissen, dass sie als Familie gemeinsam getragen wird. Es gilt ständig, eine Balance zu finden, zwischen den Anforderungen des Unternehmens, den Rechten und Interessen der Kinder und des Unternehmens und seinem eigenen Ich, das leistungsfähig und wach bleiben muss. Das kann nur funktionieren, wenn man bereit ist, Kompromisse einzugehen – und das gilt in erster Linie für die Gestaltung seiner persönlichen Freizeit. Regelmäßiger Sport zu festen Zeiten? Wellness? Kurzreisen zu zweit? Nette Abende mit Freunden? Kostbare Momente, die zumindest in den ersten Jahren weniger werden oder kaum noch vorkommen. An ihrer Stelle steht jetzt der Wunsch nach einem ruhigen Wochenende mit der Familie, einem Spiele-Abend mit den Kindern oder einer Radtour mit anschließendem Spontanprogramm. Die Prioritäten verschieben sich – und das ist gut so. Die Berufswelt sollte für die Kinder meiner Meinung nach möglichst „transparent“ sein. Frühe Erzählungen über das, was man tut, vermitteln dem Nachwuchs Verständnis für die Aufgaben und münden später in ein ehrliches und selbstverständliches Interesse der Kinder an den beruflichen Aufgaben der Eltern.

„Die Attraktivität von Arbeitgebern hängt auch mit guten beruflichen Entwicklungsmöglichkeiten und Karrierechancen der Mitarbeiter zusammen. In einer Gesellschaft der Zukunft werden Organisationen gleichermaßen für Frauen und für Männer attraktiv sein. (...) Des Weiteren ist in der Zukunft auch die Vereinbarkeit von Beruf und Familie – vor allem für Frauen, aber in steigendem Maße ebenfalls für Männer – ein wichtiges Thema. Sie wird von Arbeitgebern durch karrieresichernde Maßnahmen wie die Sicherstellung von Kinderbetreuung und zügige berufliche Reintegration nach längerer Abwesenheit unterstützt und gefördert“, blicken Jürgen Deller und Anne M. Wöhrmann in ihrem Beitrag zusammenfassend in die Zukunft.[8]

Wie gut, dass es Unternehmen gibt, in denen diese Zukunftsbeschreibung längst Gegenwart ist.

8 Jürgen Funk, Nora Hummel, Axel Schack (Hg.): Arbeitsleben 3.0 – Erfolg in einer veränderten Welt, Frankfurt am Main 2013, S. 80.

Familienorientierung im Unternehmen

Manfred Koch und Barbara Hilse

A. Unternehmensstrategien im Pharmabereich: Lebensphasenorientierte Personalpolitik bei AbbVie Deutschland

Die Debatte um eine familienfreundliche Gesellschaft ist nicht neu. Mit gesetzlichen Initiativen wie dem Elterngeld, dem Ausbau der Kinderbetreuung und der Absetzbarkeit von Betreuungskosten sowie dem Pflegezeitgesetz hat die Politik in den vergangenen Jahren den notwendigen Wandel in der Familienpolitik vorangetrieben. Doch familienfreundliche Lebensbedingungen sind nicht nur Sache der Politik, sie sind eine gesamtgesellschaftliche Herausforderung. Und mehr denn je sind sie heute zu einem hochaktuellen Thema der Unternehmenspolitik geworden.

Längst sind mitarbeiterunterstützende, familienfreundliche Maßnahmen nicht mehr nur freiwillige Benefits, mit denen Unternehmen ihr Image schmücken. In Zeiten von Fachkräftemangel und demografischem Wandel sind sie vielmehr zu einem entscheidenden Instrument unternehmerischer Strategie geworden. Ein Unternehmen, das auf familienbewusste Unternehmensführung setzt, steigert ganz klar seine Attraktivität auf dem Arbeitsmarkt. Im Wettbewerb um die besten Köpfe, dem „War for Talents“, werden Themen wie Vereinbarkeit von Beruf und Familie und die Unterstützung der Beschäftigten in besonderen Lebenssituationen zu entscheidenden Kriterien für die Arbeitgeberwahl – insbesondere die so genannte Generation Y der zwischen Mitte der 80er und 90er Jahre Geborenen will Familie und Beruf bestmöglich vereinbaren, optimalerweise für beide Partner. Passende Maßnahmen für unterschiedliche Lebensphasen helfen, Mitarbeiter zu gewinnen, langfristig zu entwickeln und zu binden. Familienfreundlichkeit ist heute unmittelbarer Bestandteil der Unternehmenspolitik. Das gilt besonders für Unternehmen mit hohem Fachkräfteanteil, wie in der Pharmaindustrie.

B. Innovative Arbeitgeberkultur

Für AbbVie Deutschland, ein globales, forschendes BioPharma-Unternehmen, stehen Innovationen im Mittelpunkt. Innovationen bedeuten für den Arbeitgeber von 2.400 Mitarbeiterinnen und Mitarbeitern an den Standorten Ludwigshafen, Wiesbaden und Berlin aber nicht nur Spitzenforschung und die Entwicklung von Arzneimitteln und Therapien. Über die Forschungslabore hinaus spiegeln sie sich in der Unternehmenskultur ebenso wie im Auftritt als Arbeitgeber wider. Grundsätzliche Offenheit für neue Formen der Arbeitszeitgestaltung, eine Unternehmenskultur, die Vorgesetzte ermutigt, Mitarbeitern diese Möglichkeiten zu eröffnen und auch selber die Vereinbarkeit von Familie und Beruf vorzuleben, schaffen hier die Voraussetzungen für ein familienbewusstes Arbeitsumfeld.

So ist es bei AbbVie Deutschland nicht ungewöhnlich, dass auch Mitarbeiter des gehobenen Managements morgens ihre Kinder in den Kindergarten oder zur Schule bringen und darauf achten, Meetings so zu planen, dass sie ihre Kinder am späten Nachmittag auch wieder abholen können.

Die Art, wie bei AbbVie Deutschland bis ins Top-Management die Vereinbarkeit von Familie und Beruf vorgelebt wird, demonstriert das unternehmerische Verständnis für innovative, familienfreundliche Personalpolitik. Ein Ausdruck dieser Kultur ist auch die zunehmende Zahl an Vätern, die bei AbbVie Elternzeit in Anspruch nehmen.

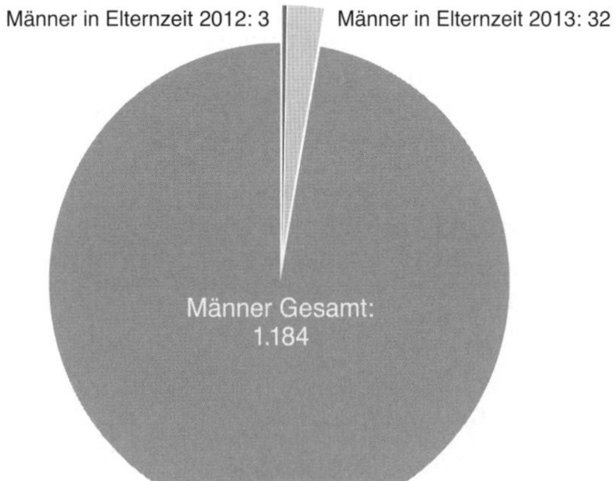

Abbildung 1: Entwicklung Väter in Elternzeit bei AbbVie in Deutschland (2012–2013)

C. Paradigmenwechsel in der Arbeitswelt

Die Arbeitswelt befindet sich im Wertewandel. Wo früher feste Arbeitsplätze, unbefristete Arbeitsverträge und starre Anwesenheitszeiten dominierten, haben heute insbesondere gut ausgebildete, leistungsbereite Arbeitnehmer ein höheres Selbstbewusstsein, zeigen mehr Flexibilität und wachsende Bereitschaft zum Arbeitsplatzwechsel. Neben einer leistungsgerechten Entlohnung stehen für sie Selbstverwirklichung und Zufriedenheit im eigenen Arbeitsumfeld sowie die Überwindung der strikten Trennung zwischen Arbeit und Freizeit im Vordergrund. Die Vereinbarkeit von Beruf und Privatleben gewinnt an Bedeutung.

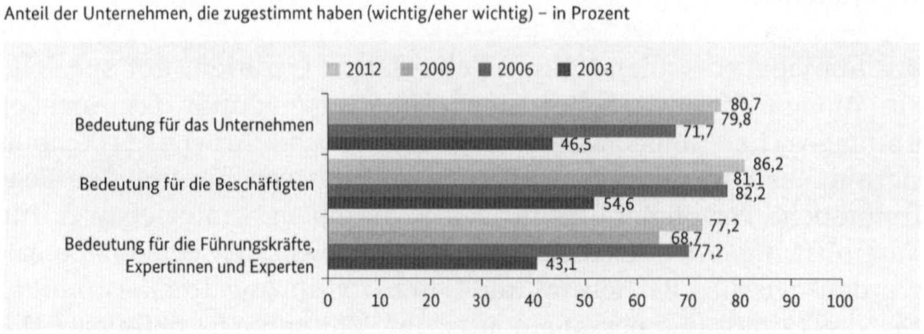

Abbildung 2: Bedeutung der Familienfreundlichkeit für Unternehmen, Belegschaft und Führungskräfte

Quelle: Institut der deutschen Wirtschaft Köln[1]

Für den Arbeitgeber bedeutet das, in viel stärkerem Maß als bisher auf persönliche Bedürfnisse und Ansprüche der Beschäftigten einzugehen. Es heißt, auf unterschiedlichste Lebenssituationen in verschiedenen Lebensphasen der Mitarbeiter vorbereitet zu sein und passende, unterstützende, entlastende und fördernde Maßnahmen bereitzuhalten, um Mitarbeiter zu unterstützen und ein ausgewogenes Verhältnis von Arbeit und Erholung gewährleisten zu können. können. Nur so wird speziell auch für Frauen die Möglichkeit geschaffen, ihre Erwerbstätigkeit schnell wieder aufzunehmen.

1 Institut der deutschen Wirtschaft Köln: „Unternehmensmonitor Familienfreundlichkeit 2013", im Auftrag des BMFSF http://www.bmfsfj.de/RedaktionBMFSFJ/Broschuerenstelle/Pdf-Anlagen/Unternehmensmonitor-Familienfreundlichkeit-2013,property=pdf,bereich=bmfsfj,sprache=de,rwb=true.pdf, hier: Abb. 2, S. 11.

D. Der Mensch im Mittelpunkt

Für AbbVie Deutschland sind die Mitarbeiter der Schlüssel zum langfristigen Unternehmenserfolg. Qualifizierte und motivierte Mitarbeiter zu gewinnen, zu fördern und zu halten ist wichtige Maßgabe der Unternehmenspolitik.

Mit dem Wissen, dass Beschäftigte, die Beruf und Familie mit Unterstützung ihres Arbeitgebers vereinbaren können, motivierter arbeiten, weniger stressbelastet und krank sind sowie früher aus der Elternzeit zurückkehren und vor dem Hintergrund des bereits aktuellen Wettbewerbs um die besten Kräfte wird es immer wichtiger, Mitarbeiter in jeder Lebensphase die Unterstützung anzubieten, die sie brauchen.

Bei AbbVie Deutschland gibt es eine lange Tradition, auf spezielle Situationen der Mitarbeiter einzugehen, etwa durch das Angebot umfangreicher Möglichkeiten für Teilzeit und Arbeitszeitflexibilisierung. 2008 wurden im Unternehmen Leitlinien für eine familienfreundliche Personalpolitik festgelegt. In einem Strategiepapier zur Vereinbarung einer sozialen und familienbewussten Personalpolitik wurden zwischen Betriebsrat und Geschäftsführung drei Kernpunkte für die Gestaltung personalpolitischer Maßnahmen definiert. Die Grundsätze Mitarbeiterfürsorge, Familienfreundlichkeit und soziale Verantwortung geben seither den Rahmen für konkrete, innovative Maßnahmen des Unternehmens, die kontinuierlich und zielgerichtet ausgebaut werden.

Abbildung 3: Demografie-Toolbox

Ein Überblick über die verschiedenen Bausteine für Mitarbeiter in jeder Lebensphase wurde in einer „Demographie-Toolbox" zusammengestellt, in der jeder Mitarbeiter kurze Informationen zu den verschiedenen Angeboten finden kann – ebenso findet sich diese Toolbox im Intranet mit Links zu den verschiedenen Themen.

E. Unternehmerische Anstrengungen, die auch öffentlich Beachtung finden

Neben anderen Auszeichnungen für innovative Mitarbeiterprogramme erreichte AbbVie Deutschland im Rahmen des „Great Place To Work" Wettbewerbs 2014 den vierten Rang in der Kategorie der Unternehmen mit 2.001 bis 5.000 Mitarbeitern und erhielt einen Sonderpreis für demografiebewusstes Personalmanagement.

F. Für alle Lebenslagen: Angebote für Mitarbeiter in verschiedenen Situationen

Es gibt bestimmte Abschnitte des Erwerbslebens, in denen für den Mitarbeiter Anforderungen und zur Verfügung stehende Zeit und Kapazitäten schwer in Einklang zu bringen sind. Wenn in der Nacht vor einer wichtigen Präsentation eine Mittelohrentzündung des Babys die Tagesplanung umwirft oder der alternde Vater seinen Weg nach Hause nicht findet, weil er dement ist, ist es auch eine Aufgabe des Arbeitgebers, unterstützende Maßnahmen für seine Beschäftigten anzubieten.

AbbVie Deutschland hat seine Personalpolitik darauf ausgerichtet, Mitarbeitern in jeder Lebenssituation bestmögliche Optionen zu bieten, um Familie und Beruf in Einklang miteinander zu bringen. Das bedeutet auch, proaktiv darauf vorbereitet zu sein, dass Mitarbeiter Eltern werden, sich um pflegebedürftige Familienangehörige kümmern müssen, Lebenskrisen durchleben, älter werden und gesundheitliche Probleme bekommen. Hier greift das Modell der familienfreundlichen Unternehmenspolitik in unterschiedlichen Lebenslagen, für die jeweils personalpolitische Instrumente entwickelt wurden.

G. Arbeitgeber in der Verantwortung: Der Klassiker Kinderbetreuung

Der erste Kindergeburtstag ist verstrichen, der Wiedereinstieg in den Job geplant. Doch was fehlt, ist eine geeignete Kinderbetreuung. Trotz des massiven bundesweiten Ausbaus von Kindertagesstätten ist der Bedarf an Betreuungsplätzen häufig nicht gedeckt.

Dort, wo Frauen mit frühem Rückkehrwunsch aus der Elternzeit häufig nicht hinreichende institutionelle Versorgung zur Verfügung steht, greifen familienbewusste unternehmerische Maßnahmen. AbbVie Deutschland versteht es als seine Aufgabe, berufstätige Eltern in der Frage der Vereinbarkeit von Familie und Beruf aktiv zu unterstützen. Für den Standort Ludwigshafen gibt es die Zusammenarbeit mit einer modernen Kindertagesstätte mit dem Fokus auf qualitativ hochwertige Kleinkinderbetreuung und flexiblen Betreuungszeiten zur Vereinbarkeit von Beruf und Familie. Mitarbeitern werden hier Betreuungsplätze angeboten, die weitgehend durch AbbVie finanziert werden. Der Ausbau der Betreuungsplätze durch eine neue weitere Einrichtung in unmittelbarer Unternehmensnähe wird derzeit in Zusammenarbeit mit der Stadt Ludwigshafen vorangetrieben. Am Standort Wiesbaden läuft nach kürzlichem Umzug in die Stadtmitte derzeit die Planung bezüglich der Zusammenarbeit mit einer Kinderkrippe, die Belegplätze unternehmensnah anbietet.

Häufig wird zusätzlich zur Krippe ergänzender Betreuungsbedarf, eine Betreuung in Ferienzeiten oder bei Notfällen notwendig.

Für die kurzzeitige Überbrückung in Notfällen hält AbbVie Deutschland an den Standorten Ludwigshafen und Wiesbaden jeweils ein Eltern-Kind-Büro bereit, das vorwiegend Mitarbeitern mit administrativen Tätigkeiten erlaubt, zu arbeiten und gleichzeitig ihr Kind zu betreuen.

Seit 2013 bietet AbbVie Deutschland außerdem seinen Mitarbeitern mit Betreuungsbedarf eine individuelle Beratung und Vermittlung an, die ihre zeitlichen Anforderungen abdeckt und gleichzeitig ein hohes Maß an Betreuungsqualität sichert. Hier ist das Angebot eines externen Anbieters im Einsatz, der Tagesmütter oder –väter, Kinderfrauen, Babysitter, Leihomas oder -opas vermittelt und dies deutschlandweit übernimmt und damit auch Möglichkeiten für die zahlreichen Mitarbeiter im Außendienst schafft. Zudem finden interessierte Mitarbeiter bei ihrer Suche nach Einrichtungsplätzen oder Ferienbetreuung über eine Online-Plattform relevante Ratschläge, Informationen, Tipps und Vorlagen. Eltern wird der Zugriff auf eine bundesweite Datenbank qualitätsgeprüfter potentieller Betreuerprofile geboten. Im konkreten Bedarfsfall wird die Anfrage der Mitarbeiter individuell durch einen Ansprechpartner aus dem Pädagogen-Team beantwortet und mit passenden Vorschlägen bedient. Der Mitarbeiter wählt aus dem Angebot die für ihn beste Lösung aus, die Vermittlungskosten und die Nutzungsmöglichkeiten der Plattform trägt AbbVie Deutschland.

H. Der Faktor Zeit

Am Morgen vor Arbeitsbeginn muss noch der Pflegedienst auf den aktuellen Gesundheitsstand der Eltern gebracht werden. Am späten Nachmittag gilt es, den obligatorischen Impftermin in der Kinderarztpraxis zu absolvieren, Freitag steht der Elternsprechtag in der Grundschule im Terminkalender.

Gerade der Faktor Zeit spielt bei berufstätigen Eltern oder Mitarbeitern mit Pflegeaufgaben eine wichtige Rolle. Zeitansprüche in den Bereichen Familie und Erwerbsleben stehen im Konkurrenzdruck miteinander. Für viele Beschäftigte sind Spielräume in der Gestaltung der eigenen Arbeitszeit entscheidend, um Familie und Beruf vereinbaren zu können. Familienfreundliche Arbeitszeiten werden damit zu einem wichtigen Faktor für ein Unternehmen, um das Potenzial qualifizierter Fachkräfte optimal zu nutzen und sich gleichzeitig als attraktiver Arbeitgeber zu positionieren.

Arbeitgeber und Beschäftigte profitieren gleichermaßen: Mitarbeiter erhalten flexible, verlässliche Rahmenbedingungen, die es ihnen ermöglichen, ausreichend Zeit mit der Familie zu verbringen. Arbeitgeber motivieren Mitarbeiter, können qualifizierte Beschäftigte halten und neue gewinnen.

Moderne Technologien haben einen entscheidenden Anteil an der Realisierung familienfreundlicher Arbeitsbedingungen. Sie erlauben heute in vielen Tätigkeitsfeldern das Arbeiten an unterschiedlichen Orten und zu individuellen Zeiten. Damit werden Mitarbeitern Möglichkeiten eröffnet, Arbeitszeit, Freizeit und Familienzeit flexibler zu verbinden. AbbVie Deutschland hat einen Mix unterschiedlicher Maßnahmen entwickelt, die eine individuelle Gestaltung der Arbeitszeit in vielen Bereichen ermöglicht. Voraussetzung ist dabei die Bereitstellung der geeigneten Arbeitsmittel wie Laptop oder Firmenhandy, die eine flexiblere Gestaltung der Arbeitszeit ermöglichen.

Und wenn nach Dienstschluss zwischen Einkauf und Kita noch schnell der Weg zur Postfiliale ansteht, um das Päckchen auf den Weg zu bringen, dann hilft administrative Unterstützung, wie durch die unternehmensinterne Packstation am Firmenstandort. Sie schafft für Beschäftigte Unabhängigkeit von Öffnungszeiten und spart Zeit.

I. Flexible Arbeitszeitmodelle

Bei AbbVie Deutschland kommt eine große Zahl unterschiedlicher, individuell nutzbarer Teilzeitmodelle zum Einsatz. Sie eröffnen Mitarbeitern bei AbbVie die Möglichkeit, ihre Wochenarbeitszeit den persönlichen Bedürfnissen anzupassen. Dazu zählt die Arbeit während der Elternzeit ebenso wie langfristige Teilzeitverträge und die Option, in Abstimmung mit Vorgesetzten die tägliche oder wöchentliche Arbeitszeit zu verkürzen. Von diesem Angebot machen insgesamt rund 550 Mitarbeiter Gebrauch.

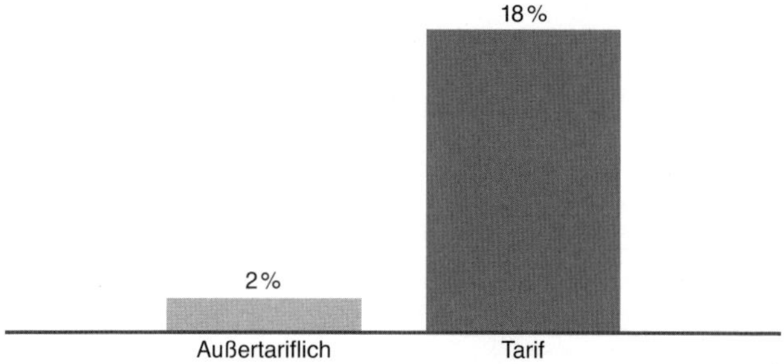

Abbildung 4: Anzahl der AbbVie Mitarbeiter in Teilzeit – prozentuale Nutzung durch „AT"-Mitarbeiter (Außertarifliche Mitarbeiter) und Tarif-Mitarbeiter, Stand Mai 2014

J. Modernes Arbeiten: gleitend und flexibel

Alle AbbVie Deutschland Standorte verfügen über eine Betriebsvereinbarung zur gleitenden Arbeitszeit. Konkret bedeutet das, dass Mitarbeiter unter Berücksichtigung betrieblicher Belage und in Abstimmung mit Kollegen und Vorgesetzten Beginn, Ende und auch Dauer der täglichen Arbeitszeit individuell wählen. Die vertragliche Arbeitszeit muss erfüllt werden, dabei sind der Aufbau eines Zeitguthabens von bis zu 60 Stunden oder eines negativen Guthabens von bis zu minus 30 Stunden möglich. Auf- und Abbau der Zeitguthaben geben den Mitarbeitern die Möglichkeit, persönliche Belange zu berücksichtigen und Privates mit Beruflichem zu verbinden. Von der Gleitzeitregelung sind Tätigkeitsbereiche wie die Produktion und der Werkschutz ausgenommen, Außendienstmitarbeiter gestalten ihre Arbeitszeit grundsätzlich frei.

Lässt die ausgeübte Tätigkeit ein Arbeiten von zuhause oder außerhalb des Unternehmens zu, dann steht Mitarbeitern von AbbVie Deutschland die Möglichkeit für Telearbeit offen. Dabei kann ein Anteil der täglichen Büroarbeit außerhalb des Unternehmens absolviert werden. Wird eine Telearbeitsvereinbarung zwischen Mitarbeiter und Führungskraft geschlossen, unterstützt AbbVie bei Bedarf die technischen Voraussetzungen für die Umsetzung dieses Arbeitsmodells.

Das punktuelle Arbeiten in Telearbeit, das heißt im Home Office, wird immer dann notwendig, wenn für Mitarbeiter zum Beispiel in Notfällen, etwa wenn bei erkrankten Kindern die Anwesenheit zu Hause erforderlich ist, oder sie in besonderen Situationen ihre Arbeitsleistung außerhalb des Unternehmens erbringen möchten. Diese Form der Tätigkeit wird zwischen Mitarbeiter und Führungskraft grundsätzlich abgestimmt und kann im Bedarfsfall flexibel in Anspruch genommen werden.

K. Eine Sache des Vertrauens

Eine weitere Form der Arbeitszeitflexibilisierung beschreibt die Vertrauensarbeitszeit. Hier verzichtet der Arbeitgeber vollständig auf die starre Festlegung von Arbeitszeiten. Der Mitarbeiter erfüllt eigenverantwortlich und selbständig das vertraglich vereinbarte Arbeitszeitkontingent, entscheidet selber, wann und wieviel er täglich arbeitet. Vertrauensarbeitszeit wirkt sich auf den Mitarbeiter meist motivationsfördernd aus, weil Arbeitszeit und Privatleben besser zu vereinbaren sind.

AbbVie Deutschland ermöglicht außertariflichen Mitarbeitern seit zwei Jahren, ihre Arbeitszeit in Vertrauensarbeitszeit zu erbringen. Der Mitarbeiter kann in Abstimmung mit den betrieblichen Erfordernissen entscheiden, wo und wann er seine Arbeitsleistung erbringt.

L. In Krisenzeiten

Mit dem Modell RV80 „Lebensphasen", eine auf 80 Prozent reduzierte Arbeitszeit bei vollem Lohnausgleich zur lebensphasenorientierten Arbeitszeitgestaltung, unterstützt AbbVie Mitarbeiter in spezifischer Lebenskonstellation auf Basis einer tariflichen Rahmenregelung, die für alle Tarifmitarbeiter Gültigkeit hat. Die finanzielle Unterstützung der Mitarbeiter durch den Arbeitgeber greift für einen genau definierten Zeitraum dann, wenn etwa die Betreuung pflegebedürftiger Angehöriger oder eine Sterbebegleitung notwendig werden. Auch beim gleitenden Wiedereinstieg nach einer familienbedingten Auszeit oder der Begleitung von Kindern beim Übergang in eine weiterführende Schule sowie während einer berufsbegleitenden Weiterbildung mit einem staatlich anerkannten Berufsabschluss oder eines Studiums kann es in Anspruch genommen werden. Das Modell RV80 erlaubt es, die vertragliche Arbeitszeit auf 80 Prozent zu reduzieren, das Gehalt wird zu 100 Prozent weitergezahlt. Es wird aus dem tariflichen Demografiebetrag II finanziert und kann von Tarifmitarbeitern in den Jahren 2014 und 2015 genutzt werden. AbbVie Deutschland unterstützt seine Mitarbeiter mit diesem Instrument darin, besondere Lebenssituationen und Lebensphasen-Krisen zu überwinden und weiter beruflich aktiv bleiben zu können.

M. Life-Navigation: Arbeit und Leben im Ausgleich

Samstagmorgen: Der erste Blick gilt dem elektronischen Postfach. Ist die erwartete Nachricht eingetroffen? Gibt es Updates zum aktuellen Projekt? Vertrauensvoll gestaltete Regelungen der Arbeitszeit und eine hohe Flexibilisierung von Arbeitszeit und -ort bergen auch die Gefahr der Überforderung, etwa durch ständige „Tele-Präsenz". AbbVie Deutschland sieht sich hier in der Verantwortung, für eine angemessene Harmonisierung von Arbeitszeit und Freizeit zu sorgen. So absolvieren alle Mitarbeiter der Bereiche Vertrieb und Marketing ein sechswöchiges „Life Navigation Training", das unter anderem wesentliche Grundsätze des persönlichen Zeitmanagements sowie gesundheitsrelevante Informationen vermittelt. Ähnliche Ansätze gibt es in anderen Unternehmensbereichen, jeweils abgestimmt zur genauen Situation in diesem Bereich.

Im Jahr 2012 führte AbbVie eine „Gesundheitsbefragung" unter allen Mitarbeitern durch, um Rückschlüsse auf Arbeitsbedingungen, Arbeitsplatzgestaltung sowie die Gestaltung von Arbeitszeit und

-belastung ziehen zu können. Auf Basis dieser Erkenntnisse konnten die Arbeitsbedingungen an verschiedenen Stellen optimiert werden.

N. Lebenslagencoaching

Die Achtsamkeit im Umgang mit seinen Beschäftigten hat bei AbbVie Deutschland einen besonderen Stellenwert. Mitarbeiter werden mit ihren Problemen nicht allein gelassen, sie erhalten individuelle Hilfsangebote in schwierigen Lebenssituationen, in Krisen, bei Problemen und Krankheiten. Frühzeitige Hilfe und Intervention können etwa bei Problemen in der Partnerschaft und Erziehung, bei finanziellen Engpässen, in Fragen der psychischen Gesundheit und bei Konflikten am Arbeitsplatz Folgen wie längere Abwesenheit sowie dauerhafte Arbeitsunfähigkeit verhindern.

AbbVie Deutschland kooperiert in diesem Bereich mit einem neutralen, externen Anbieter. Das Employee-Assistance-Program (EAP) bietet mit seinem Familienservice den Mitarbeitern professionelles Lebenslagencoaching zur Bewältigung privater oder beruflicher Probleme. Der Service umfasst eine kostenlose Hotline rund um die Uhr und mehrere Beratungsstellen in verschiedenen Städten Deutschlands und steht allen AbbVie Mitarbeitern und deren Angehörigen zur Verfügung. Anrufern wird dabei grundsätzlich Anonymität zugesichert. Auch Themen, die in der Zukunft immer stärker an Bedeutung gewinnen werden, wie etwa das Umfeld „Elder Care“, die Sorge um hilfe- und pflegebedürftige Angehörige, werden hier durch umfassende Information, Unterstützung und die Vermittlung passender Anlaufstellen aktiv angegangen.

Trainings- und Weiterbildungsprogramme ergänzen bei AbbVie Deutschland den Bereich des Lebenslagencoachings. Themenschwerpunkt bildet dabei die Vereinbarkeit von Familie und Beruf. Ein- bis mehrtätige Trainingsprogramme in Kleingruppen außer Haus, die sich Themen wie Frauen im Spannungsfeld von Beruf und Familie, der Bewältigung von Arbeitsbelastung und Stress oder dem Selbstcoaching durch Work-Life-Balance widmen, vermitteln Mitarbeitern aktuelles Wissen und Ratschläge für die praktische Umsetzung im persönlichen Alltag.

Insgesamt nahmen im Jahr 2013 280 AbbVie-Mitarbeiter die Möglichkeit wahr, in diesen Themenbereichen Trainings zu besuchen und so ihre persönliche Work-Life-Balance zu analysieren und daran zu arbeiten.

O. Ausblick

In der Unternehmens- und Personalpolitik ist ein Umdenken erforderlich. Gerade bei jüngeren Beschäftigten gewinnt die Erfüllung persönlicher Wertvorstellungen an Bedeutung. Für ihr Selbstverständnis als Arbeitnehmer heißt das, dass sie die Attraktivität eines Unternehmens nicht mehr vorrangig über das Gehalt definieren. Gerade bei gut qualifizierten Mitarbeitern zählen die unternehmerischen Angebote, die in den unterschiedlichsten Phasen des Erwerbslebens eine ausgeglichene Balance zwischen Beruf und Privatleben möglich machen.

Ein lebensphasenorientierter Ansatz, wie ihn AbbVie Deutschland im Rahmen seiner Unternehmenspolitik praktiziert, wird den komplexen Anforderungen dieses neuen Mitarbeiter-Selbstverständnisses gerecht. Den Beschäftigten wird in unterschiedlichen Lebens- und Berufsphasen ein Umfeld geboten, in dem sie ihre Anforderungen im beruflichen und privaten Bereich in Einklang bringen können.

Für den Arbeitgeber bedeutet die lebensphasenorientierte, familienfreundliche Unternehmenspolitik einen wichtigen Wettbewerbsvorteil, der dazu beiträgt, auf dem Arbeitsmarkt als innovativ und attraktiv wahrgenommen zu werden, um neue Mitarbeiter für das Unternehmen zu gewinnen und ihnen – sowie auch dem bereits beschäftigten qualifizierten Mitarbeiterstamm – auch langfristig als Arbeitgeber eine Perspektive zu bieten. Diese Art der Unternehmensführung wird damit zur Investitionspolitik und ist ein wichtiger Teil bei der Sicherung des nachhaltigen Unternehmenserfolgs.

Für die Zukunft gut gerüstet

Unternehmensbeispiel Technoform Glass Insulation GmbH, Lohfelden/ Kassel

Thomas Wedekind und Constanze Wollrath

A. Die Technoform Group

„Die 1969 gegründete Technoform Group steht seit Jahren für hervorragende Qualität bei der Extrusion von Kunststoffen und gehört hier zu den weltweit führenden Anbietern. Dass die Firmengruppe dabei ein in der zweiten Generation geführtes Familienunternehmen ist, spürt jeder, der in einem der rechtlich selbständigen Unternehmen der Technoform Group arbeitet. Bei Technoform steht der „Dreiklang" aus Kunden, Unternehmen und Mitarbeitern im Zentrum der Philosophie. Wir sind überzeugt, dass diese Balance das wichtigste Fundament ist für langfristigen Unternehmenserfolg, zufriedene Kunden und Mitarbeiter sowie eine beständige finanzielle und geistige Unabhängigkeit. Unser wichtigstes Kapital dabei sind unsere Mitarbeiter. Deshalb schaffen wir den nötigen Rahmen, damit sich jedes Mitglied weiterentwickeln und jeder seine Freiheiten zum Weiterkommen des Unternehmens und zur Zufriedenheit des Kunden nutzen kann."
(Andreas Caprano, Geschäftsführer Technoform Group)

Die Technoform Group ist seit 2007 durch das „audit berufundfamilie" als familienfreundlicher Arbeitgeber zertifiziert. Zahlreiche große und kleine Maßnahmen unterstützen unsere weltweit rund 1.000 Mitarbeiter dabei, ihr Arbeits- und Privatleben gut zu vereinbaren. Familienfreundlichkeit hat sich bei uns jedoch vor allem aufgrund unserer besonderen Organisation und Strukturen entwickelt und basiert stark auf unserer Philosophie und unseren Grundsätzen.

Was das Besondere an Technoform ist, warum wir uns für das Thema Beruf und Familie einsetzen und was wir unseren Mitarbeitern bieten, lesen Sie auf den folgenden Seiten.

B. Das Besondere an der Technoform Glass Insulation GmbH

Die Technoform Glass Insulation GmbH (TGI) ist ein Unternehmen der Technoform Group, wurde 1998 gegründet und ist Hersteller von thermisch-optimierten Abstandhaltern aus Kunststoff und Metall für Isolierglasscheiben. Das technisch höchst anspruchsvolle Produkt wird in Lohfelden bei Kassel, in Mailand (Italien) und in Cleveland, Ohio (USA) gefertigt; dazu kommen zahlreiche Vertriebsbüros auf der ganzen Welt.

Der Standort Lohfelden beschäftigt derzeit 125 Mitarbeiter in der Produktion, in der Konfektion/Logistik und im Büro. Diese drei Bereiche sind im Hinblick auf die Vereinbarkeit von Beruf und Familie durch ihre unterschiedlichen Bedingungen und Arbeitsabläufe nur schwer vergleichbar: Ein Teil der Belegschaft arbeitet rund um die Uhr in Schichtsystemen, während die anderen einen „normalen Bürojob" haben. Welche Rahmenbedingungen müssen wir schaffen, dass alle unsere Mitarbeiter Privates und Berufliches gut vereinbaren können?

Um zu verstehen, wie Technoform Familienfreundlichkeit fördert, muss man zunächst Technoform selbst verstehen, denn wir unterscheiden uns in vielerlei Hinsicht von anderen Unternehmen. Zunächst haben wir sehr flache Hierarchien: Unter der Geschäftsleitung steht lediglich das Teammanagement, weitere Ebenen gibt es nicht. Alle Teams arbeiten rein prozess- und aufgabenorientiert und stehen untereinander in einem Kunden-Lieferantenverhältnis. Sie stellen also kleine dezentrale Einheiten dar, die selbständig, flexibel und eigenverantwortlich agieren und eine marktfähige Leistung erbringen.

Dies bedeutet auch, dass es keine Abteilungen im klassischen Sinne gibt, wie zum Beispiel bei einer Matrixorganisation. Es gibt zum Beispiel weder eine übergeordnete Personalabteilung noch eine Finanzabteilung, sondern diese Bereiche sind integraler Bestandteil jedes Teams und werden dort als Prozess und Aufgabe eigenverantwortlich wahrgenommen. Jeder einzelne muss daher stark unternehmerisch denken und handeln und hat eine große Eigenverantwortung.

Bereits Anfang der 1990er Jahre hat Technoform jegliche Zeiterfassung aus dem Unternehmen verbannt und die Vertrauensarbeitszeit für alle Mitarbeiter eingeführt. Dieses System wird durch flexible Arbeitszeiten und nach Möglichkeit auch durch flexible Arbeitsorte ergänzt. Dadurch können wir, innerhalb des tariflichen und gesetzlichen Rahmens, zum einen besser auf Kundenwünsche und Auftragsschwankungen reagieren, aber vor allem den Mitarbeitern die Möglichkeit geben, ihre Arbeitszeit selbst aktiv zu gestalten. Unterschiedliche Lebensphasen wie zum Beispiel Ausbildung, Kinderzeit, Hausbau oder das „Älterwerden" bringen unterschiedliche Anforderungen in Bezug auf die Arbeitszeit mit sich. Gerade unsere Mitarbeiter in der Produktion konnten bisher ihre Arbeitszeit nur bedingt aktiv beeinflussen, da starre Schichtsysteme wenig Spielraum ließen: Der Schichtrhythmus, die notwendige Qualifikation über 24 Stunden hinweg, das fehlende Verständnis für die Bedürfnisse des Einzelnen oder unflexible Vergütungs- und Zuschlagssysteme verhinderten vielmehr eine eigenverantwortliche, aktive Gestaltung der Arbeitszeit.

Um für Mitarbeiter in Schichtsystemen mehr Flexibilität zu erreichen, haben wir ein besonderes Projekt angestoßen: Unserem Verständnis von prozess- und aufgabenorientierter Abwicklung einerseits und der Eigenverantwortung jedes Mitarbeiters andererseits folgend, wurde das Projekt „TTCS – TGI Total Cooperative Selfmanagement" ins Leben gerufen. Hierzu wurde eine Versuchsgruppe aus dem geplanten und gesteuerten Schichtbetrieb herausgenommen, um sich die Arbeit eigenverantwortlich frei einzuteilen. Der nötige Rahmen, das Miteinander und die Kommunikationswege wurden gemeinsam erarbeitet und festgelegt. Ausgehend von dem jeweiligen Kundenwunschtermin, also von dem Zeitpunkt, an dem die Ware beim Kunden eintreffen soll, plant nun jeder Mitarbeiter dieser Gruppe in Absprache mit den Kollegen seine Arbeitszeiten selbst ein. Was zunächst utopisch klang, wurde ein großer Erfolg: Inzwischen hat sich eine zweite Gruppe gefunden, die in diesem Projekt mitarbeitet. Insbesondere die Einsicht bei unseren Mitarbeitern, dass nur offene Arbeitszeitmodelle den Problemen der demografischen Entwicklung entgegenwirken und jeder persönlich davon betroffen ist, trägt maßgeblich zum Erfolg des Projektes bei. Diese Betroffenheit ergibt sich aus den unterschiedlichen Bedürfnissen in den verschiedenen Lebensphasen; beispielsweise einer nötigen Entlastung im Alter, verbunden mit der Tatsache, dass man bis 67 Jahre arbeiten muss, oder der Erkenntnis, dass die heutigen Vergütungssysteme den neuen Anforderungen an Arbeitszeitmodelle nicht gerecht werden.

Besonders wichtig ist eine offene Kommunikation, um eine vertrauensvolle Zusammenarbeit zu fördern und Absprachen zu erleichtern. Dies begünstigen wir auch durch die Gestaltung unserer Arbeitsräume und durch Kommunikationsorte und Sozialräume, die von allen Mitarbeitern gleichermaßen genutzt werden können.

C. Warum ist uns die Vereinbarkeit von Beruf und Familie so wichtig?

„Vereinbarkeit von Beruf und Familie" ist in unseren Augen ein Oberbegriff für das Miteinander in unserem Unternehmen und die Rahmenbedingungen und Systeme, die wir dafür schaffen. Für 80 Prozent der Fach- und Führungskräfte hat ein kollegiales, angenehmes Arbeitsumfeld sogar den größten Einfluss auf die Motivation[1]. Wir möchten daher ein reibungsloses und „gesundes" gemeinsames Arbeiten ermöglichen, damit all die unterschiedlichen Menschen, die bei uns aufeinandertreffen, gern zu Arbeit kommen und jeden Tag ihr Bestes geben.

Dabei spielt, wie bereits erwähnt, auch das Thema Demografie eine wichtige Rolle: Wir verstehen unser Unternehmen als eine Art Mehrgenerationenhaus, in dem täglich die Auszubildenden aus der „Generation Y" auf ältere Kollegen treffen, die die Welt auch noch ohne Internet und Handy kennen. Dies ist für uns Herausforderung und Bereicherung zugleich. Was für die Jüngeren schon selbstverständlich ist und vorausgesetzt wird, ist für die Älteren vielleicht noch neu und ungewohnt. Zum Beispiel ist das Kommunikationsverhalten durch das Aufwachsen mit Smartphones und Internet bei der „Generation Y" ein ganz anderes. Junge Leute sind es gewohnt, genauso wie auf Facebook und ähnlichen Plattformen, umgehende Reaktionen auf ihr Tun zu erhalten. Und genauso ist auch die Vereinbarkeit von Beruf und Privatleben ein Aspekt im Firmenalltag, der zunehmend als normal wahrgenommen wird.

Beruf und Familie ist daher in unserem Unternehmen kein Thema, das sich auf eine bestimmte Zielgruppe wie beispielsweise arbeitende Eltern beschränkt. Aber natürlich ist die Unterstützung von Mitarbeitern mit Kindern einer unserer Schwerpunkte: Nicht nur die „Megatrends" zeigen, dass die Zukunft weiblich ist: Zum einen wollen Frauen Kinder und Karriere verknüpfen[2], zum anderen können Unternehmen es sich nicht erlauben, länger auf die gutausgebildeten und hochqualifizierten weiblichen Fachkräfte zu verzichten. Wir müssen also vermehrt Möglichkeiten und Anreize schaffen, um Frauen zu beschäftigen und sie langfristig halten zu können. Auf der anderen Seite muss es aber auch selbstverständlich und in einer

---

1 Vgl. Zukunftsinstitut GmbH, Megatrend Dokumentation – New Work, Kelkheim, S. 24.

2 Vgl. Zukunftsinstitut GmbH, Megatrend Dokumentation – Female Shift, Kelkheim 2012, S. 33.

Firma akzeptiert sein, dass Männer in Elternzeit gehen[3] und vermehrt in Teilzeit arbeiten[4], auch auf Managementebene.

D. Was machen wir in der Praxis?

Unsere Philosophie und Grundsätze stellen den einzelnen Mitarbeiter in den Vordergrund, denn ohne Mitarbeiterzufriedenheit gibt es am Ende weder zufriedene Kunden noch ein florierendes Unternehmen. Das Thema Beruf und Familie begleitet uns daher kontinuierlich durch unseren Arbeitsalltag. Durch Vertrauensarbeitszeiten und flexible Arbeitszeiten haben wir bereits einen deutlichen Mehrwert für unsere Mitarbeiter schaffen können. Wir unterstützen sie aber auch in vielen anderen Bereichen, die für einen produktiven Arbeitsalltag notwendig sind.

Besonders wichtig sind uns die Angebote zur Betreuung der Kleinsten. So haben wir einen Partner, der an derzeit 14 Standorten im Stadtgebiet Kassel einen Betriebskindergarten für uns anbietet. Vom zwölften Lebensmonat bis zur Einschulung sind unsere Mitarbeiterkinder dort auf Basis eines Belegplatzsystems bestens aufgehoben. Auch bei Betreuungslücken und für die Ferienbetreuung springt für alle Mitarbeiterkinder bis zum Alter von zehn Jahren eine Notfallbetreuung über einen externen Dienstleister ein. Somit haben die Eltern immer die Gewissheit, dass ihr Nachwuchs in allen Lagen gut versorgt ist.

Den Wiedereinstieg nach der Elternzeit machen wir unseren Mitarbeitern leicht: Jeder kann selbst entscheiden, wann und mit wie vielen Stunden er wieder arbeiten möchte und ob er die Stundenzahl nach und nach wieder aufstockt. Während der Abwesenheit halten wir stets Kontakt zu den Kollegen in Elternzeit und laden sie zu Meetings und anderen Terminen ein.

Zu unseren Angeboten gehören aber auch gesundheitspräventive Maßnahmen wie Firmenverträge für die Mitgliedschaft in einem Fitness-Studio und eine Physiotherapeutin, die einmal wöchentlich zu uns ins Haus kommt. Eine kürzlich eingestellte Gesundheitsmanagerin kümmert sich speziell um dieses Aufgabenfeld.

---

3 Vgl. Zukunftsinstitut GmbH, Megatrend Dokumentation – Female Shift, Kelkheim 2012, S. 28.

4 Vgl. Zukunftsinstitut GmbH, Megatrend Dokumentation – Female Shift, Kelkheim 2012, S. 34.

Wenn Mitarbeiter private oder berufliche Probleme haben und Hilfe brauchen, vermitteln wir gerne den Kontakt zu den „Alltagslotsen“. Dort erhalten sie anonym, zeitnah und vertraulich individuelle Unterstützung rund um die Themen Gesundheit, Familie und Pflege. Außerdem vermitteln wir haushaltsnahe Dienstleistungen wie Haushaltsarbeiten oder Gartenpflege, da diese Tätigkeiten im Alltag oft auf der Strecke bleiben. Weil wir möchten, dass unsere Mitarbeiter auch nach dem Arbeitsleben besser abgesichert sind, bieten wir zudem eine betriebliche Altersvorsorge mit Arbeitgeberzuschuss an. Wir halten zudem Kontakt zu unseren Kollegen im Ruhestand und unterstützen sie gerne bei Behördengängen oder im Alltag.

Auszubildende, jüngere Mitarbeiter und Mitarbeiterkinder haben bei Technoform durch Austauschprogramme die Möglichkeit, innerhalb der internationalen Technoform Schwesterunternehmen fremde Kulturen kennenzulernen, Fremdsprachen anzuwenden und ihr Selbstbewusstsein zu stärken. Die Unterkunft erfolgt dabei kostenlos bei einer Gastfamilie.

Nicht zuletzt tragen interne Veranstaltungen oder auch standortübergreifende Events zu einem guten Betriebsklima bei. Dazu gehören der „Technoform Tag“, an dem unsere Schwesterfirmen und wir unsere Türen für die Familien und Freunde unserer Mitarbeiter öffnen und ihnen unsere Arbeitsplätze zeigen. Oder auch der „Technoform World Cup“, zu dem sich alle vier Jahre Technoform Kollegen aus der ganzen Welt treffen, um in sportlichen Wettkämpfen gegeneinander anzutreten. Diese Veranstaltungen machen nicht nur Spaß, sie sind auch wichtig, um sich mit Kollegen auszutauschen und neue Kontakte auch über den Standort hinaus zu knüpfen.

Für sämtliche Fragen zur Vereinbarkeit von Arbeitswelt und Privatleben stehen durch unser Technoform Netzwerk „Beruf und Familie“ an jedem Standort Ansprechpartner bereit. Dieses Netzwerk hat kürzlich eine Infobroschüre zu unseren Angeboten herausgebracht, um das Thema stärker in das Bewusstsein von Mitarbeitern und Bewerbern zu rücken. Durch Kooperationen mit anderen Unternehmen und Institutionen blicken wir zudem über den Tellerrand hinaus, erreichen einen höheren Wirkungsgrad unserer Arbeit und schaffen Synergieeffekte.

E. Ausblick – Was erwartet uns in der Zukunft?

Schaut man sich die sogenannten Megatrends[5] und andere Studien[6] an, werden die Grenzen zwischen Beruf und Privatleben weiter verschwimmen. Familien sehen heute anders aus als noch vor einigen Jahren: Zwei in Vollzeit arbeitende Elternteile, Großeltern, die nicht vor Ort sind, Patchworkfamilien oder Fernbeziehungen bedeuten für viele einen größeren organisatorischen Aufwand. Zeit ist jedoch unser kostbarstes Gut – und diese auch im Beruf frei einteilen zu können, ist ein großer Gewinn für alle. Regelungsversuche hingegen erreichen oft das Gegenteil, sind zudem sehr aufwendig und binden unnötig Kapazitäten.

Die zunehmende technische und damit zugleich auch soziale Vernetzung wird die Autonomie des Einzelnen erhöhen. Das gesamte Kommunikationsverhalten und der Umgang mit Daten werden sich mit den jüngeren Generationen auch innerhalb von Unternehmen mehr und mehr ändern, weil sie mit dieser Art von Vernetzung bereits aufgewachsen sind. Diese sogenannte „Generation Z" und ihre Nachfolgegenerationen werden deutliche schnellere Veränderung der Arbeitswelt erfordern und fordern. Selbstbild, Rollenmodelle, Motivation, Struktur und Umgang mit Autorität werden sich stark von denen anderer Generationen unterscheiden und unser Arbeiten maßgeblich beeinflussen. Gleichzeitig wird jedoch das Durchschnittsalter der Belegschaften durch den demografischen Wandel steigen, woraus die Notwendigkeit resultiert, altersgerechte, lebensbegleitende Weiterbildungen und Kompetenzentwicklungsprogramme zu etablieren. So muss zukünftig eine stärkere Ausdifferenzierung der Arbeitsumgebung in Bezug auf die individuellen Bedürfnisse der unterschiedlichen Generationen erfolgen.

Der sich weiter verstärkende Fachkräftemangel und der eingeschränkte Rekrutierungsspielraum werden einen verschärften „War for Talents"[7] mit sich bringen. Daher muss vor allem die Nachwuchsförderung systematisch erfolgen, um sicherzustellen, dass frühzeitig Potentiale erkannt und weiterentwickelt werden. Auch die Ausbil-

---

5 Zukunftsinstitut GmbH, Megatrend Dokumentation – Individualisierung, Kelkheim 2012, S. 34.

6 Vgl. Bundesministerium für Familie, Senioren, Frauen und Jugend, Demographischer Wandel, www.bmfsfj.de/RedaktionBMFSFJ/Abteilung2/Pdf-Anlagen/impulspapier-familienpolitik-demografiestrategie,property=pdf,bereich=bmfsfj,sprache=de,rwb=true.pdf (30.04.2014).

7 Zukunftsinstitut GmbH, Megatrend Dokumentation – New Work, Kelkheim 2012, S. 26.

dung für den eigenen langfristigen Personalbedarf rückt damit noch stärker in den Mittelpunkt.

Daneben wird auch das Thema Individualisierung eine größere Rolle spielen. Sie wird in dem Maße zunehmen, „wie alte Institutionen und Normen an Bindungskraft verlieren.“ Zentral ist „das Streben des Menschen nach Autonomie und Selbstbestimmung“[8]. Durch die Pluralisierung der Lebensstile wird es eine große Vielfalt an biographischen Mustern geben. Dadurch werden auch die „Laufbahnen“ der Mitarbeiter individueller und bunter und das Prinzip der lebenslangen Arbeitsplätze überholt[9]. Ebenso werden Hierarchien allgemein flacher, da sich die Abstufungen in Chef und Arbeitnehmer weiter auflösen.[10]

Bei Technoform Glass Insulation sehen wir uns für all diese Entwicklungen gut gerüstet. Vielfalt als Bereicherung zu sehen und an Neues positiv heranzugehen, sind für uns dabei zentrale Punkte. Wir denken, dass der Mut, neue Wege zu gehen und vermeintlich unmögliche Dinge auszuprobieren wie die Auflösung des Schichtsystems, sich langfristig auszahlt und den Menschen stärker in den Mittelpunkt rückt. Dies ist in einer modernen Gesellschaft der einzige Weg, gute Mitarbeiter zu gewinnen, zu motivieren und zu halten. Und nur so ist der Dreiklang aus Kunden-, Unternehmens- und Mitarbeiternutzen langfristig aufrechtzuerhalten.

---

8 Zukunftsinstitut GmbH, Megatrend Dokumentation – Individualisierung, Kelkheim 2012, S. 17.

9 Vgl. Bundeszentrale für politische Bildung: Die Pluralisierung sozialer Milieus und Lebensstile: http://www.bpb.de/politik/grundfragen/deutsche-verhaeltnisse-eine-sozialkunde/138455/die-pluralisierung-sozialer-milieus-und-lebensstile?p=all (30.04.2014).

10 Vgl. Zukunftsinstitut GmbH, Megatrend Dokumentation – New Work, Kelkheim 2012, S. 17.

Verband und Zukunftsforschung

Familie 2.0: berufstätige Eltern im digitalen Netz

Petra Diener

Deutsche Frauen bekommen nach wie vor zu wenige Kinder. Dem Staat fehlen somit zunehmend Steuerzahler und den Unternehmen die Fachkräfte. Weil diese Erkenntnis immer mehr um sich greift und die Auswirkungen spürbar werden, beschäftigen sich eine Vielzahl von Studien und Umfragen mit der Vereinbarkeit von Familie und Beruf sowie den Wünschen und Erwartungen potenzieller Eltern: „Karriereperspektiven berufstätiger Mütter“[1], „Meinungen und Einstellungen der Väter in Deutschland“[2], „Doppelbelastung von Familie und Beruf stoppt Frauen-Karrieren“[3], Trendstudie „Moderne Väter“[4], „Müttererwerbstätigkeit“[5] oder „Unternehmensmonitor Familienfreundlichkeit“[6], nur um an dieser Stelle eine kleine Auswahl zu nennen. Sie untersuchen, wie berufstätige Eltern arbeiten, welche Bedürfnisse sie haben, wie beziehungsweise ob es ihnen gelingt, Beruf und Familie zu vereinbaren, ob der Arbeitgeber sie dabei unterstützt oder arbeitende Mütter und Väter eher Nachteile im Vergleich zu Mitarbeitern ohne Kinder haben. Dazu werden Vergleiche mit anderen Ländern und Regionen wie Skandinavien, Frankreich oder England herangezogen. Berufstätige Eltern, angehende Akademiker/-innen sowie Personalchefs werden intensiv befragt und untersucht.

„Liebes Familienministerium, du fragst dich, warum meine Generation so wenige Kinder bekommt und hast deshalb eine Studie in Auftrag gegeben. Das ist insofern bedauerlich, als dass diese Studie bestimmt sehr teuer war und du auch durch Nachdenken zu einem Ergebnis hättest kommen können. Aber

1 Familie oder Karriere, Ziegler, Y. & Graml, R. (2011). Die Illusion von der Vereinbarkeit von Familie und Karriere: Erkenntnisse aus der Frankfurter Karrierestudie 2010.

2 Forsa-Studie „Meinungen und Einstellungen der Väter in Deutschland“, Oktober 2013, http://www.eltern.de/c/images/pdf/Ergebnisbericht_Vaeterumfrage_2013.pdf.

3 Bertelsmann Stiftung, Doppelbelastung von Familie und Beruf stoppt Frauen-Karrieren, 2010, http://www.bertelsmann-stiftung.de/cps/rde/xbcr/SID-363804F711499558/bst/xcms_bst_dms_31978_31979_2.pdf.

4 Trendstudie „Moderne Väter“, November 2012, http://vaeter-ggmbh.de/wp-content/uploads/2013/01/130124_Trendstudie_Einzelseiten_FINAL.pdf.

5 Dossier Müttererwerbstätigkeit – Erwerbstätigkeit, Erwerbsumfang und Erwerbsvolumen 2012 vom Bundesfamilienministerium und dem Zukunftsrat Familie, März 2014, http://www.bmfsfj.de/RedaktionBMFSFJ/Abteilung2/Pdf-Anlagen/dossier-muetterwerbstaetigkeit,property=pdf,bereich=bmfsfj,sprache=de,rwb=true.pdf.

6 Bundesministerium für Familie, Senioren, Frauen und Jugend, Unternehmensmonitor Familienfreundlichkeit 2013, http://www.bmfsfj.de/RedaktionBMFSFJ/Broschuerenstelle/Pdf-Anlagen/Unternehmensmonitor-Familienfreundlichkeit-2013,property=pdf,bereich=bmfsfj,sprache=de,rwb=true.pdf.

Schwamm drüber. Schauen wir lieber in die Zukunft. Damit du demnächst das Geld sparen und es für gute Kinderbetreuung einsetzen kannst, hier mal ein paar Eckpunkte, die uns Mitt- und Enddreißiger im Zusammenhang mit dieser Kindersache bewegen…" (http://fraunessy.vanessagiese.de)

Seit die ehemalige Familienministerin Ursula von der Leyen die Familienpolitik aus der „Gedönsecke"[7] herausgeholt und auf die politische Tagesordnung gesetzt hat, ist viel passiert: Elterngeld, Vätermonate und eine Garantie auf einen Krippenplatz sind einige dieser Maßnahmen. Das Wichtigste jedoch: Eltern sind in den Mittelpunkt der gesellschaftlichen Debatte gerückt. In regelmäßigen Abständen diskutieren Politik, Unternehmen, Medien und Öffentlichkeit über Frauenquote, Arbeits- und Lebensmodelle und neuerdings über die 30-, 32- oder 35-Stunden-Woche für berufstätige Eltern (IG Metall, Manuela Schwesig, DIHK). Da hier zuweilen Welten aufeinander prallen, geht es dabei durchaus äußerst kontrovers zu. Menschen mit einem traditionellen Verständnis von Familie stehen Menschen gegenüber, die für ihre Bedürfnisse alternative Lebensmodelle gefunden haben. Am Ende des Tages muss keiner das eine oder andere übernehmen, es geht vielmehr um Toleranz und Akzeptanz – Leben und leben lassen.

Die Wirtschaft hat seit geraumer Zeit erkannt, dass sie in Zeiten des Fachkräftemangels auf gut ausgebildete Frauen nicht mehr verzichten kann. Als wäre das alles nicht genug, drängt nun auch noch die viel beschriebene Generation Y auf den Markt und erwartet vom zukünftigen Arbeitgeber Teilzeit, Auszeiten, Home Office und vor allem ziemlich viel Flexibilität. Karriere ja, aber nicht um jeden Preis, die Work-Life-Balance muss stimmen. Leistung ja, aber nicht über starre Arbeitszeiten – Präsenzkultur, nein Danke. Oben auf ihrer beruflichen Wunschliste stehen Sinnhaftigkeit der Arbeit, gutes Arbeitsumfeld, kollegialer Austausch, eine nachhaltige Unternehmensführung und die Möglichkeit, dass später einmal beide Elternteile arbeiten gehen und sich selbst verwirklichen können.

Jahrzehntelang ordneten Mitarbeiter ihr Privatleben der Arbeit unter. Junge Menschen, ein sich änderndes Rollen- und Elternverständnis sowie der demografische Wandel bringen nun die gewohnten Systeme ins Wanken. Die Unternehmen müssen lernen, damit umzugehen. Firmen, die schon länger um Nachwuchs und Fachkräfte werben müssen, weil sich entweder begehrte Unternehmen in der Umgebung angesiedelt haben oder sie selbst in der Provinz ansässig sind, haben

---

7 „Frauenpolitik und so Gedöns", Ex-Bundeskanzler Gerhard Schröder anlässlich der Vereidigung des Bundeskabinetts im Oktober 1998, Bild, 14.01.2002.

schon früh gelernt, sich mit der eigenen Arbeitgeberattraktivität zu beschäftigen. Dazu gehört beispielsweise der Medizintechnikhersteller B. Braun Melsungen. Die Nordhessen liegen fern ab einer Metropolregion, gelten aber in vielerlei Hinsicht als innovativ und attraktiv, auch und vor allem für Familien. Um Nachwuchs zu rekrutieren und im Unternehmen zu halten, bietet das Familienunternehmen unter anderem spezielle Programme und Arbeitsmodelle für berufstätige Eltern. So profitieren diese beispielsweise von einer eigenen Teilzeitregelung. Diese ermöglicht ihnen, bis zu acht Jahre in Teilzeit (20 Stunden) bei 65 Prozent des Gehaltes zu arbeiten. Das kostet B. Braun Melsungen 8.000 Euro pro Stelle – jährlich.[8]

Das Institut für Arbeitsmarkt- und Berufsforschung (IAB) schätzt in seiner Publikation „Perspektive 2025: Fachkräfte für Deutschland“, dass im Jahr 2015 6,5 Millionen Arbeitskräfte fehlen werden. In den Frauen sieht das Institut das größte Potenzial gegen den Fachkräftemangel. Bei einer besseren Förderung könnten nach dessen Berechnung bis zu 2,1 Millionen zusätzlich eine Vollzeitstelle aufnehmen. Die Arbeitsmarktforscherin Jutta Allmendinger geht in ihrem Buch „Verschenkte Potenziale“ sogar von einer „Stillen Reserve“ von 5,6 Millionen Frauen aus.

Getrieben durch den Fachkräftemangel reagieren bereits viele Unternehmen auf diese Erkenntnis und legen im Wettbewerb um die besten Köpfe familienfreundliche Programme auf, die es weiblichen Mitarbeitern erleichtern, nach der Baby- oder Kinderpause in den Job zurückzukehren und anschließend Beruf und Familie so gut wie möglich zu vereinen. Das erfordert von Unternehmen viel Flexibilität und Planung. Das baden-württembergische Hochtechnologieunternehmen Trumpf beispielsweise bietet seinen Mitarbeitern, wie B. Braun Melsungen, ein eigenes Teilzeitmodell: Berufstätige Mütter können dort wählen, wie viele Stunden sie arbeiten möchten, und alle zwei Jahre über die Arbeitszeit neu entschieden. So kann der Job der jeweiligen Lebenssituation angepasst werden. Die Bewerberzahl ist seit Einführung dieses Arbeitsmodells um sage und schreibe 85 Prozent gestiegen, und das, obwohl sich Trumpf mit anderen attraktiven Arbeitgebern in der Region, wie Porsche, Daimler oder Bosch, messen lassen muss.[9]

Auch die Väter rücken zunehmend in den Blick der Personalchefs. Wollen die Frauen auf der einen Seite immer früher an ihren alten

8 manager magazin, 5/2014.
9 http://www.zeit.de/2014/15/generation-y-arbeitsbedingungen-flexibilitaet.

Arbeitsplatz zurück[10], wünschen sich die Männer immer häufiger eine Auszeit oder Reduzierung der Arbeitszeit, um mehr Zeit mit ihren Kindern verbringen beziehungsweise der Mutter eine schnellere Rückkehr in den Beruf ermöglichen zu können. 59 Prozent der Männer sind bereit, ihre beruflichen Ziele zumindest für eine gewisse Zeit für die Familie zurückzustellen.[11] In Elternzeit gehen mittlerweile über ein Drittel der Väter – wenn auch überwiegend nur zwei Monate.[12] Airbus Deutschland bietet deshalb seit ein paar Jahren spezielle Vater-Kind-Programme wie Wochenendaktivitäten (Klettern, Vater-Kind-Flugtag oder Floßbau) oder Vorträge zu Themen wie „Väter erziehen anders“ oder „Väter in Elternzeit“ an.[13]

Das alles zeigt, dass Familienpolitik mit all ihren unterschiedlichen Facetten in der Mitte der Gesellschaft angekommen ist. Es bedeutet aber nicht, dass wir das Ziel erreicht haben. Im Gegenteil, die meisten Mütter und Väter finden noch immer nicht die richtigen Voraussetzungen vor, um Familie und Beruf (gut) zu vereinen. Seien es nicht ausreichende Öffnungszeiten der Kita, die fehlende Mittagsbetreuung nach der Schule, unflexible Arbeitszeiten, eine noch weit verbreitete Präsenzkultur oder mangelnde Unterstützung des Partners. Auch wenn wir es oft nicht wahr haben wollen: Von einer echten Gleichstellung von Mann und Frau kann auch heute noch keine Rede sein, weder im Job noch in der Familie. Die klassischen Rollenmuster halten sich hartnäckiger als gedacht. Jeder kennt das Sprichwort „Hinter jedem starken Mann steht eine starke Frau“, aber wie sieht es umgekehrt aus?

Fernab von Studien und Umfragen werfen wir einen Blick auf die Betroffenen selbst. Ein guter Seismograf der Situation und Gemütslage berufstätiger Eltern ist das Internet. Wie ergeht es Müttern und Vätern hinsichtlich der Vereinbarkeit von Beruf und Familie und wie sieht es mit einem erfüllten Berufsleben oder gar Karriere mit Kindern aus? Welche Gespräche finden im Netz statt und wie sind diese in die politische Diskussion einzuordnen?

---

10 Siehe Fn 5.

11 10. Continental-Studentenumfrage, Juni 2013, http://www.continental-corporation.com/www/presseportal_com_de/themen/pressemitteilungen/1_topics/arbeit_soziales/pr_2013_06_20_studentenumfrage_de.html.

12 Elterngeld: Väterbeteiligung mit 27,3 % auf neuem Höchststand, Mai 2013, https://www.destatis.de/DE/PresseService/Presse/Pressemitteilungen/2013/05/PD13_176_22922.html.

13 Siehe Fn 4, S. 42.

A. Mütter im Netz

Im Netz gibt es unzählige Foren und Communitys, in denen sich Mütter und Väter zu Wort melden: von Entwicklung und Erziehung über Alltagssorgen bis hin zu rechtlichen und beruflichen Fragen findet ein reger Gedankenaustausch statt. Nicht wenige Mütter und Väter betreiben einen Blog oder teilen ihre Erfahrungen und Ratschläge mit Gleichgesinnten in den sozialen Netzwerken. Einige Blogs schaffen es auf die Onlineseiten von Printmagazinen wie Brigitte Mom oder Stern. Auch die Online-Medien greifen gerne alles rund um das Thema Beruf und Familie auf. Die Artikel werden rege und zum Teil sehr emotional kommentiert.

Im März 2013 schrieb die Initiative Familie 2.0[14] einen offenen Brief an das Familienministerium und forderte darin ein einheitliches Bildungssystem in allen Bundesländern, qualitativ hochwertigere Betreuungsangebote für Schulkinder, besser bezahlte Erzieher und Pädagogen, eine bessere Einbindung der Generation 60+, flexible Arbeitszeitlösungen für Mütter und Väter sowie die Abschaffung des Ehegattensplittings, stattdessen eine steuerliche Entlastung der Familien mit Kindern. Der offene Brief wurde auf zahlreichen Blogs veröffentlicht und fand Erwähnung in Elternmagazinen wie Nido oder LOB.

„Die Tatsache, dass viele Arbeitgeber immer noch nicht besonders auf Mütter stehen, ist nichts Neues, wenn auch inzwischen etwas Antiquiertes. Was aber tut eine Mama, die nach ihrer Elternzeit und den unbefriedigenden Diskussionen mit dem Ex-Arbeitgeber nach einer neuen Herausforderung sucht? Sie begibt sich auf eine Suche, natürlich bei den üblichen Jobportalen und findet … viel Frustpotenzial …“ (NetWorkingMom.de)

Um Mütter beim Wiedereinstieg zu unterstützen, wurde 2013 in Hamburg die Onlineplattform www.mutterschafft.de gegründet. Sie vermittelt Frauen an familienfreundliche Unternehmen. Mit dabei sind Unternehmen wie Johnson & Johnson Medical Care, Panasonic oder Colgate-Palmolive. In diesem Jahr will das Portal expandieren und Mütter und Unternehmen in ganz Deutschland zusammenbringen. Im sogenannten „Magazin“ finden sich Best-Practice-Beispiele: Personalverantwortliche berichten, wie sie familienfreundliches Arbeiten umsetzen und Mütter, wie sie den Spagat zwischen Familie und Beruf bewerkstelligen.

---

14 http://familie-2-0.com/.

Das dürfte Mütter freuen, denn eines der zentralen Themen im Netz ist die eigene berufliche oder eben nicht-berufliche Situation. Sie beschreiben, wie sie den Alltag mit Job und Kind(ern) meistern, jede für sich ganz individuell, und welche Hürden sie überwinden müssen. Die Erfahrungen beim Versuch eines Wiedereinstiegs in den Beruf waren für viele weniger gut. Mit Hilfe des Mannes oder dem Sprung in die Selbständigkeit hat es am Ende dann doch funktioniert.

Bloggerinnen beschreiben den unbefriedigenden Zustand mit der Teilzeit, häufig auch als Teilzeitfalle beschrieben. Oft bedeutet das 15 bis 20 Wochenstunden, ohne Möglichkeit, nach einer gewissen Zeit weiter aufzustocken. Sind die Kinder größer und bedürfen nicht mehr einer so intensiven Betreuung und Fürsorge, würden viele Mütter nämlich gerne mehr arbeiten wollen. Entweder, weil sie wieder anspruchsvollere Aufgaben übernehmen möchten, oder aber, weil sie es aus finanzieller Sicht eigentlich müssten. Oft heißt es aus Unternehmessicht dann Teilzeit oder Vollzeit, und mit Teilzeit sind dann maximal 20 Stunden gemeint, in der Mitte gibt es wenig. Das aber ist ein Dilemma für Frauen. Denn in Vollzeit arbeiten und Kinder betreuen ist ein echter Spagat – zu wenig Zeit für die Kinder bei zu viel Stress, einschließlich Steuerprogression. Um das zu stemmen, muss alles stimmen: der Job, der Mann, die Betreuungssituation, die Einstellung. Hinzu kommt, dass Teilzeit meist das Ende der Karriere bedeutet, es passt einfach nicht zu unserer Präsenzkultur – und oft auch nicht zur Unternehmenskultur. Eine Vielzahl der Untersuchungen zeigen, dass Teilzeit und familienbedingte Erwerbspausen die Karriere ausbremsen und zu den Gehaltsunterschieden zwischen Mann und Frau beitragen.[15]

„Teilzeit: ... Außerdem herrscht immer noch die Meinung vor: Welchen Job kann man schon ernsthaft mit 10–30 Stunden wuppen? Die Folge ist, dass ehemalige Führungskräfte nicht nur zurück ins Glied treten müssen, nein, sie können sich gleich ans Ende der Reihe stellen. Bis zur nächsten Beförderung oder dem nächsten Karriereschritt dauern es jetzt nämlich sehr lange ...“ (www.muetterwahnsinn.com)

Frauen berichten im Web, dass sie sich aus dem Beruf herausgedrängt fühlten. Sie nähmen gerne eine Auszeit vom Job in Kauf, um für die Kinder da zu sein, verstehen aber nicht, dass es ihnen aus ihrer Sicht schwer gemacht wird, wieder in den Beruf zurückzukehren. Da die

15 Beschäftigungs- und Karriereperspektiven von Frauen, Institut der deutschen Wirtschaft Köln, http://www.iwkoeln.de/de/presse/veranstaltungen/beitrag/pressekonferenz-beschaeftigungs-und-karriereperspektiven-von-frauen-102502.

meisten Mütter ihre kleinen Kinder nicht fünf Tage pro Woche den ganzen Tag „fremdbetreut“ lassen möchten, bleiben sie, sofern sie keine Unterstützung durch den Mann erfahren, zu Hause oder arbeiten in Teilzeit. Das wiederum bringt ihre Karriere ins Stocken oder führt dazu, dass sie seltener anspruchsvolle Aufgaben erhalten als zuvor in Vollzeit. Häufig schwingt deshalb auch Wut und Frustration in den Beiträgen mit, denn viele sind gut ausgebildet, oft Akademikerinnen, hoch motiviert und bereit, mehr zu arbeiten – sofern das flexibel möglich ist.

Neben all den Beiträgen und Diskussionen rund um die vielen Herausforderungen berufstätiger Eltern stellt Momslink[16] in der Rubrik „Mütterhelden“ Frauen vor, die es geschafft haben, Beruf und Familie erfolgreich zu vereinbaren. Sie beschreiben ihren Alltag als Führungskraft oder Selbständige und geben Tipps und Anregungen. Für viele Mütter ist die Selbständigkeit eine Alternative, wenn der alte Job wegen des Nachwuchses keine Perspektive mehr oder zu wenig Flexibilität bietet. Mompreneur (Mom + Preneur) nennt sich das, wenn Mütter ihr eigenes Business aufbauen. Nina Diercks, Rechtsanwältin und Partnerin der Kanzlei Dirks & Diercks Rechtsanwälte und Initiatorin des Social Media Recht Blogs hat nach dem ersten Kind ebenfalls den Schritt in die Selbständigkeit gewagt. Im Blog „Digital Media Women“[17] beschreibt sie, warum sie sich dazu entschieden hat, beruflich auf eigenen Füßen zu stehen. Der Beitrag ist aber keineswegs ein Plädoyer für die Selbständigkeit, sondern vielmehr einer für Kinder – und dass beides möglich ist: Kind und Job.

„In Blogs, Diskussionsforen, Online-Magazinen, Ratgebern und Kein-Ratgeber-sein-wollenden Ratgebern grinst sie uns zähnefletschend an: die Supermutti! Schreckfigur aller Durchschnittsmütter, Verkörperung von schlechtem Gewissen und schlaflosen Nächten … Denn: Alle haben sie ein schlechtes Gewissen. Jede fühlt sich als Versagerin an allen Fronten. Jede weiß, dass sie den Ansprüchen, die sie an sich selber stellt, in Wahrheit nie genügen kann.“ (Blog „Mama hat jetzt keine Zeit …“)

Ein weiteres großes Thema ist der gesellschaftliche Druck, dem sich die Mütter ausgesetzt fühlen. Er kommt von Freunden, Verwandten, anderen Müttern, der öffentlichen Meinung – und vorne weg den Müttern selbst. Ganz gleich, für welche Lebensentwürfe sie sich entschieden haben, immer scheinen sie sich dafür rechtfertigen zu müs-

16 http://momslink.de/news/category/mutterhelden/.
17 http://www.digitalmediawomen.de/2013/07/26/kinder-karriere-und-leben-ein-pladoyer-gegen-die-angst/.

sen. Beiträge in Blogs und Onlinemedien dazu erhalten die meisten – durchaus kontroversen – Kommentare. Die Diskussion um Rabenmütter und Heimchen hat sich um die der Supermutti[18] ausgeweitet. Neben einem erfolgreichen Job fühlen sich Mütter heute verpflichtet, die eigenen Kinder bestmöglich zu fördern. „Die Kindoptimierer"[19] titelte dazu die Süddeutsche im August 2013. „Seitdem Kinder nicht mehr das zufällige Nebenprodukt eines Geschlechtsverkehrs sind ... wird ihre Entwicklung von der Wiege bis zum Abitur gefördert, überwacht und ständig optimiert. Abweichungen von einer vorgeblichen Norm werden sofort therapiert, denn unsere Wunschkinder sollen gefälligst halten, was wir uns von ihnen versprochen haben ..." All das macht den Familienalltag nicht leichter. Nur wenige Mütter schaffen es, sich der Eigendynamik dieser Entwicklung und den Rechtfertigungen hinsichtlich des eigenen Lebensmodells sowie der optimalen Nachwuchsförderung zu entziehen. Foren und Communitys sind voll solcher Diskussionen.

B. Väter im Netz

Wann ist ein Mann eigentlich ein Mann? Die Antwort in Wirtschaft und Gesellschaft, allen voran die der Männer selbst, ist schnell gefunden: wenn er die Ernährerrolle einnimmt, in Vollzeit arbeitet und an seiner Karriere feilt. Ein halber Mann ist demnach einer, der in Teilzeit arbeitet und sich montags, an seinem freien Tag, um die Familie kümmert. Noch immer sind Männer in Teilzeit ein eher seltenes Bild. Deutsche Führungskräfte in Teilzeit zählen gar (noch) zu den Exoten.[20]

Dennoch bringen sich immer mehr Männer in die Familie ein und distanzieren sich vom Leitbild einer Vollzeit-Führungskraft. Sie nehmen Elternzeit oder reduzieren die Anzahl der Arbeitsstunden, um mehr Zeit mit ihren Kindern verbringen zu können beziehungsweise ihrer Frau eine möglichst schnelle Rückkehr in den Job zu ermöglichen. Über 80 Prozent der Väter möchten die Entwicklung ihres Kindes aktiv begleiten[21] und finden, dass ein guter Vater so viel Zeit wie möglich mit seinen Kindern verbringen sollte.[22] Doch damit stehen Väter erst am Anfang eines ganz neuen Rollenverständnisses, in dem

18 https://mamahatjetztkeinezeit.wordpress.com/2012/09/13/auf-der-suche-nach-supermutti/.

19 http://www.sueddeutsche.de/bildung/wandel-der-erziehung-die-kindoptimierer-1.1736703.

20 http://www.brandeins.de/archiv/2009/arbeit/mutige-arbeiten-teilzeit.html.

21 Siehe Fn 4.

22 Siehe Fn 2.

sie sich selbst erst einmal zurechtfinden müssen. Konsens herrscht hier selbst unter Männern noch lange nicht, und es finden sich hier durchaus heftige Diskussionen im Netz.

Männer, die sich dazu entschieden haben, sich stärker in die Familie einzubringen, nehmen ihre Sache ernst und stehen vor einer Reihe neuer Herausforderungen. Auf Blogs und in Foren findet dazu ein reger Austausch statt, wobei sich die meisten mit dem Familiendasein beschäftigen. Erziehung, der Alltag mit Kindern, Gesundheit und Wohlergehen des Nachwuchses sowie die neue Vaterrolle sind Themen, über die im Netz viel und ausgiebig gesprochen wird. Doch auch der Spagat zwischen Beruf und Familie ist Gesprächsthema. Die neue Rolle des Familienvaters gleicht immer mehr der einer berufstätigen Mutter, für die neben Kind und Job nicht mehr viel Raum für sich selbst bleibt. Die ZEIT-Journalisten Marc Brost und Heinrich Wefing schreiben in ihrem Artikel „Geht gar nicht alles“[23], dass sich Kinder und Karriere unmöglich vereinbaren lassen, was 270 Leser zum Kommentieren und Diskutieren veranlasst.

„Es ist doch vollkommener Mumpitz Frauen- oder Männerquoten zu schaffen … Wir müssen einfach eine Geschlechterquote einführen … 70/30 zum Beispiel … Versuchen Sie mal sich bei der Universität oder Stadt auf eine Halbtagsstelle im Büro zu bewerben als Kerl … null Chance … und da sitzen nur Mädels und in der Stellenausschreibungen steht noch … Frauen werden bei gleicher Qualifikation vorgezogen … ein Hohn … habe ich kein recht mehr Zeit mit meinen Kindern zu verbringen?“ (Kommentar Spiegel Online Forum „Diskussion um Frauenquote: Und jetzt die Väter“)

Viele Väter beschreiben Deutschland in ihren Artikeln als familienunfreundlich und fühlen sich von Politik und Unternehmen nicht ausreichend unterstützt. Sie fordern vom Staat bessere Rahmenbedingungen für Familien und diskutieren über Betreuungsangebote, Ganztagsschulen und nicht ausreichende Öffnungszeiten. Hinsichtlich des Jobs kritisieren viele Väter, dass Teilzeit bei Männern nach wie vor nicht gerne gesehen würde und Besprechungen zu familienunfreundlichen Zeiten stattfänden. Sie beschäftigen sich intensiv mit dem Thema Präsenzkultur und damit, noch schief angeschaut zu werden, wenn sie pünktlich ein Meeting verlassen müssen, um die Tochter vom Reitunterricht abzuholen. Neben dem Einfinden in die neue Vaterrolle wird die Vereinbarkeit von Beruf und Familie viel diskutiert. Im Falle einer Auszeit oder Teilzeit zugunsten der Familie haben viele berufstätige Männer Angst um ihre Karriere.

---

23 http://www.zeit.de/2014/06/vereinbarkeit-vaeter-kinder-karriere-luege.

C. Fazit

In Wirtschaft, Politik und Gesellschaft findet ein Paradigmenwechsel statt. Gleichwohl scheinen sich viele Diskussionen im Kreis zu drehen. Was wurde bislang nicht alles getan? Diversity-Programme, Betriebskindergärten, Garantie auf einen staatlichen Kita-Platz, Vätermonate, spezielle Teilzeitmodelle und so weiter und so fort. Viele Unternehmen legen sich wahrlich ins Zeug, um Frauen (und auch Männern) die Vereinbarkeit von Beruf und Familie zu erleichtern. Und sie machen das gut. Trotzdem sitzen viele Mütter nach wie vor in der Teilzeit-Falle, von Karriere ganz zu schweigen. Das ernüchternde Ergebnis einer Studie des Wissenschaftszentrums für Sozialforschung (WZB) zeigte kürzlich: Mehr als die Hälfte der Frauen unter 34 glaubt inzwischen wieder, Kinder und Karriere seien in Deutschland nicht vereinbar.[24] Die Ergebnisse waren schon mal besser.

Wenn die Unternehmen wirklich dem Fachkräftemangel durch mehr Beschäftigung von Frauen begegnen wollen, müssen sie ihre Arbeitskultur an die neuen Lebensrealitäten junger Familien anpassen. Weg von der Präsenzkultur, hin zu mehr Freiheit, Flexibilität und Verständnis für berufstätige Eltern. Die moderne Technik macht es möglich, frei und selbstbestimmt zu arbeiten. Die Arbeitswelt von morgen ist vernetzt, smart und social. „Wenn die Nachricht wichtig ist, dann wird sie mich finden", wird ein US-Student 2008 in der New York Times zitiert. Das Zitat ging mit Aufkommen der sozialen Netzwerke um die Welt. Heute beschreibt das Fraunhofer Institut die Arbeitswelt von morgen wie folgt: „Nicht mehr der Mensch kommt zur Arbeit, sondern die Arbeit kommt zum Menschen". Die Mütter und Väter in den Blogs würde es freuen.

Aber auch am Selbstverständnis von Mann und Frau sowie der Akzeptanz verschiedener Lebensmodelle gibt es noch Optimierungsbedarf. Die Diskussionen im Web spiegeln die der „realen" Welt wider und sie zeigen, dass wir noch lange nicht so weit sind, wie wir gerne glauben möchten. Ohne die Unterstützung des Mannes werden Mütter nur selten Karriere machen können. Was nicht heißt, dass der Mann dann automatisch auf seine Karriere verzichten muss. Anstrengend wird eine Zwei-Karrieren-Familie trotzdem immer sein. Aber von weniger Anstrengung spricht im Netz auch niemand. Es geht viel mehr um den Frust, sich anzustrengen und trotzdem nichts zu erreichen – weder dem Job noch der Familie gerecht zu werden.

---

24 http://www.wzb.eu/de/pressemitteilung/die-jungen-frauen-stehen-enorm-unter-druck.

Soll die Vereinbarkeit von Beruf und Familie funktionieren, muss dies ohne Spagat und schlechtem Gewissen gegenüber Arbeitgeber, Freunden und Familie möglich sein. Bis sich das jedoch in allen Köpfen – denen der Unternehmen, denen der Politik und denen der Eltern selbst – niederschlägt, haben wir noch ein ganzes Stück des Weges zurückzulegen.

Einige lesenswerte Blogs und Facebookseiten:

- www.daddylicious.de
- http://desperateworkingmum.wordpress.com
- www.facebook.com/elternwissen
- http://familie-2-0.com
- http://frau-mutter.com/ und www.facebook.com/pages/Frau-Mutter
- http://fraunessy.vanessagiese.de
- www.facebook.com/freshdads
- http://getworklifebalance.wordpress.com/ und www.facebook.com/pages/Work-Life-Balance-für-berufstätige-Väter-und-Mütter
- www.herzmutter.de
- www.ichbinpapa.de
- http://ichundluise.blogspot.de/
- http://kindundjob.com
- www.facebook.com/Lassen-Sie-mich-durch-ich-bin-Mutter
- http://mama-arbeitet.de und www.facebook.com/MamaArbeitet-Blog
- mamahatjetztkeinezeit.wordpress.com
- www.mamily.de
- www.momslink.de, http://momslink.de/news und www.facebook.com/Momslink
- www.muetterwahnsinn.com
- http://mum02.com
- www.netmoms.de
- www.networkingmom.de und https://www.facebook.com/NetWorkingMom
- www.papa-online.de und www.facebook.com/PapaOnline
- http://vaeter.de
- www.vaeter-zeit.de
- www.vaeterblog.de
- http://väternetzwerk.de/vaeter-ggmbh und www.facebook.com/vaeter.ggmbh
- www.facebook.com/vaterfreudende

Familienpolitik in einem Verband am Beispiel der HessenChemie

Nora Hummel und Eric Morel

A. Einleitung – Warum beschäftigt sich ein Arbeitgeberverband mit Familienpolitik

I. Beratung der Mitgliedsunternehmen

Die Gestaltung von Sozial- und Familienpolitik ist Teil der gesellschaftspolitischen Verantwortung des Verbandes. Sie ist sowohl in der Satzung als auch im Leitbild der HessenChemie als Aufgabe und Ziel verankert.

Im Leitbild der HessenChemie heißt es dazu:

„Wir übernehmen gesellschaftspolitische Verantwortung und stehen zu unserer Verantwortung gegenüber unseren Mitgliedsunternehmen, Mitarbeitern und deren Familien."

Als führender regionaler Arbeitgeberverband vertritt HessenChemie die Interessen seiner rund 300 Mitgliedsunternehmen und berät diese in allen Fragen der Tarif-, Sozial-, Bildungs-, und Rechtspolitik. Das oberste Ziel des Arbeitgeberverbands HessenChemie ist dabei die Schaffung und Erhaltung wettbewerbsfähiger Arbeits- und Wirtschaftsbedingungen durch innovative und nachhaltige Tarif- und Sozialpolitik[1]. Zu den satzungsgemäß verankerten Zwecken des Verbandes zählt es, die gemeinsamen sozialpolitischen Belange der Mitglieder zu wahren[2].

In der Praxis führen diese zunächst einmal abstrakt anmutenden Ziele und Zwecke zu einem umfangreichen Beratungs- und Dienstleistungsangebot des Verbandes für die Mitgliedsunternehmen. Der Begriff Familienpolitik wird dabei als weiter Begriff verstanden und erfasst daher nicht nur die Vereinbarkeit von Familie und Beruf im klassischen Sinne, sondern alle Themen die sich im Spannungsfeld zwischen Arbeits- und Privatleben ergeben können.

---

1 Aus dem Leitbild des Arbeitgeberverbands Chemie und verwandte Industrien für das Land Hessen e.V. (HessenChemie).

2 § 2 Ziffer 1 der Satzung des Arbeitgeberverbands Chemie und verwandte Industrien für das Land Hessen e.V. (HessenChemie).

Der Begriff der Familienpolitik erfasst folglich nicht nur Herausforderungen denen sich junge Familien mit kleinen Kindern ausgesetzt sehen, sondern die familienbedingten Anforderungen aller Mitarbeiter und deren Angehörigen. Anknüpfungspunkt für den Verband ist dabei immer das Arbeitsverhältnis und das Ziel der Schaffung und Erhaltung wettbewerbsfähiger Arbeits- und Wirtschaftsbedingungen zum Wohle der Arbeitnehmer und Arbeitgeber.

Familienpolitik ist ein Querschnittsthema mit vielen Anknüpfungspunkten und Schnittstellen zu verschiedenen Themengebieten. Viele davon zählen zu den Kernkompetenzen des Beratungsauftrags der HessenChemie:

- Tarifpolitik
- Rechtsberatung
- Arbeitswissenschaftliche Beratung
- Demografieberatung
- HessenChemie Akademie – Weiterbildung
- Politische Interessenvertretung

II. Handeln als Arbeitgeber

Gleichzeitig ist HessenChemie mit rund 50 Mitarbeitern an den Standorten Wiesbaden, Darmstadt und Kassel auch selbst Arbeitgeber. Das Thema Familienpolitik stellt somit für den Verband nicht nur ein ausschließliches Beratungsthema dar, sondern verkörpert auch ein eigenes internes personalpolitisches Betätigungsfeld bei der Mitarbeitergewinnung und -bindung.

Insbesondere die Mitarbeiterstruktur von hochqualifizierten Wissensarbeitern verlangt eine moderne Personalpolitik und damit eine vertiefte Auseinandersetzung als Arbeitgeber mit dem Themenfeld Familie. Dieser Herausforderung hat sich der Verband gestellt; indem er das Thema strukturiert aufgearbeitet hat. Bereits 2006 durchlief HessenChemie als einer der ersten Verbände in Deutschland das „audit berufundfamilie" der gemeinnützigen Hertie Stiftung. Im Jahr 2012 wurde diese Auditierung bereits zum dritten Mal erfolgreich abgeschlossen.

III. Gesellschaftspolitische Verantwortung

Der Arbeitgeberverband sieht sich aber nicht nur seinen Mitgliedsunternehmen und deren Mitarbeitern sowie den eigenen Mitarbeitern gegenüber in einer familienpolitischen Verantwortung. Vielmehr sieht sich die HessenChemie auch in einer gesamtgesellschaftlichen Verantwortung. Der Verband und seine Mitarbeiter nehmen diese Verantwortung durch freiwilliges Engagement in vielerlei Art und Weise wahr. Neben ehrenamtlichen Tätigkeiten unterstützt der Verband seit 2008 regelmäßig das Projekt „Wiesbaden Engagiert!". Hierbei geht es um das soziale Engagement von Unternehmen in Wiesbaden an einem ganz bestimmten Tag. Im Rahmen dieses Projekts organisierten Mitarbeiter der HessenChemie zwei Sommerfeste für Behinderteneinrichtungen, renovierten und führten einen Lesetag in Kindergärten durch und halfen beim Bau der Außenanlage einer Kindertagesstätte.

Sowohl im Jahr 2010 wie auch im Jahr 2014 wurde HessenChemie für sein gesellschaftliches Engagement mit der Goldenen Lilie der Stadt Wiesbaden ausgezeichnet.

B. Der Weg der strukturierten Herangehensweise – „audit berufundfamilie"

Megatrends sind (nach John Naisbitt) die „Blockbuster" des Wandels. Es handelt sich um langfristige Entwicklungen, die für alle Bereiche von Gesellschaft und Wirtschaft prägend sind. Familienpolitik in der Unternehmenswelt ist dabei gleich von mehreren Blockbuster-Themen, wie sie das Zukunftsinstitut beschreibt, direkt oder indirekt betroffen. Der Wandel von der Industrie- zur Wissensgesellschaft (New Work), der grundsätzliche Wandel unserer männerdominierten Welt (Female Shift) sowie die stetige Steigerung der Lebenserwartung mit den Herausforderungen von längerer Lebensarbeitszeit und dem erheblichen Anstieg an pflegebedürftigen Menschen (Silver Society) sind dabei nur einige der Themen, die im unmittelbaren Zusammenhang mit betrieblicher Familienpolitik stehen.

Um sich den Fragen zum Umgang mit diesen „Megatrends" auf strukturierte Weise zu stellen, durchlief HessenChemie 2006 erstmals die Auditierung durch das „audit berufundfamilie" und setzte diesen Weg mit zwei Reauditierungen in den Jahren 2009 und 2012 erfolgreich fort. Im Vordergrund standen zwei Ziele:

- Die familiengerechte Gestaltung der Arbeitsbedingungen im Verband und
- das Sammeln von Erfahrungen durch Umsetzung in der eigenen Organisation zur besseren Beratung der Mitgliedsunternehmen.

I. Auditierung

Mit Hilfe einer externen Auditorin wurde das Thema „Vereinbarkeit von Beruf und Familie" zunächst in acht Themenfelder geclustert:

- Arbeitszeit
- Arbeitsorganisation
- Arbeitsort
- Informations- und Kommunikationspolitik
- Führungskompetenz
- Personalentwicklung
- Entgeltbestandteile und geldwerte Leistungen
- Service für Familien

Eine Arbeitsgruppe aus Mitarbeitern aller Bereiche und Hierarchieebenen analysierte anhand dieser Gliederung die Situation der Vereinbarkeit von Beruf und Familie in der Organisation und entwickelte anhand des Familienbildes des Verbands im Rahmen von Workshops Vorschläge für Maßnahmen, die anschließend der Geschäftsführung vorgestellt wurden.

II. Familienbild des Verbandes

„Familie ist das soziale Netzwerk. Dazu gehören neben der Kernfamilie auch allein erziehende Mütter und Väter, nichteheliche und gleichgeschlechtliche Lebensgemeinschaften, Patchwork- und Pflegefamilien. Der Familienbegriff umfasst alle Formen des auf Dauer angelegten privaten Zusammenlebens. Familie bedeutet: ein lebenslanger Generationenverbund von Eltern, Kindern, Geschwistern und Großeltern, der sich durch die Wahrnehmung von Verantwortung füreinander auszeichnet."[3]

Aus diesem Prozess heraus wurden unter anderem Maßnahmen entwickelt und eingeführt, wie

- Vertrauensarbeitszeit
- dezentrales Arbeiten mit Laptops
- die regelmäßige Durchführung eines Familientags
- die Gewährung eines Kinderbetreuungszuschusses
- die Möglichkeit, den pme Familienservice zu nutzen
- die Gewährung eines Fitnessgutscheins

---

3 Diskutiert in einem Führungsworkshop Dezember 2008.

III. Reauditierung

Die nach Ablauf von drei Jahren eingeführte erste Reauditierung zeigte, dass viele der Maßnahmen gut implementiert und von den Beteiligten angenommen worden waren. Da teilweise aber noch Unwissen oder Unsicherheit bezüglich der Details herrschten, lag das Hauptziel der Reauditierung darin, das Erreichte zu verstärken und Hürden bei der Inanspruchnahme zu überwinden. Dazu wurde als neue Maßnahme die Führung von strukturierten jährlichen Mitarbeitergesprächen eingeführt, bei denen auch die Vereinbarkeit von Beruf und Familie zu thematisieren ist. Darüber hinaus wurde intern und unter Beteiligung von Mitgliedsunternehmen ein Organisationsleitbild erarbeitet und Führungskräfteworkshops durchgeführt, um das Thema fester in der Organisation zu verankern und besser bei der Gewinnung und Bindung von Mitarbeitern nutzen zu können. Ein weiterer wichtiger Schritt zur Steigerung der Arbeitgeberattraktivität war die Einführung von Langzeitkonten und die erstmalige zur Verfügung Stellung eines Eltern-Kind-Zimmers.

IV. Reauditierung – Konsolidierung

Während die vorangegangenen Auditierungen jeweils davon geprägt waren, bestehende Strukturen und Systeme der Organisation zunächst zu analysieren und anschließend mit Blick auf die Familienfreundlichkeit zu überarbeiten oder neu zu gestalten, lag der Schwerpunkt der dritten Auditierung auf der Konsolidierung des Erreichten. Ziel der bereits guten betrieblichen Familienpolitik sollte nicht die permanente quantitative Steigerung der Maßnahmen (und der damit verbundenen Kosten) sein, sondern vielmehr die für die Organisation und Mitarbeiter passenden Maßnahmen zu finden und diese weiterhin in der Breite umzusetzen.

Wenngleich es nicht das Ziel der Reauditierung war, neue Maßnahmen zu implementieren, so wurde dennoch ein neues Denkfeld eröffnet, der Umgang mit dem Thema „Gesundheit“.

Es wurde ein Prozess angestoßen, das Thema Gesundheit, das bereits Anknüpfungspunkte zu vielen Einzelmaßnahmen hatte, ganzheitlich anzugehen und neu zu strukturieren. Dazu wurde 2013 mit dem „Work-Health-Monitor“ eine onlinegestützte anonyme Mitarbeiterumfrage zum Thema Gesundheit am Arbeitsplatz durchgeführt, deren Auswertung im Januar 2014 vorlag. Untersucht wurden dabei in mehr als 100 Einzelfragen neben originären Gesundheitsthemen auch Themen wie Kommunikation, Führung und Stress am Arbeitsplatz. Anhand der Ergebnisse werden in einer Arbeitsgruppe Lösungen erarbeitet.

C. Der Mehrwert für die Mitgliedsunternehmen

Die Einführung von Maßnahmen zur besseren Vereinbarkeit von Beruf und Familie im Rahmen einer Auditierung diente ohne Zweifel in erster Linie den Mitarbeitern des Verbandes. In weit größerem Ausmaß dient die Auseinandersetzung mit dem Thema familienfreundlicher Personalpolitik aber den Mitgliedsunternehmen der HessenChemie.

Aufgrund der intensiven Beschäftigung mit dem Thema durch viele Verbandsmitarbeiter aller Hierarchieebenen (siehe oben) wurde ein Bewusstsein für familienfreundliche Personalpolitik geschaffen, das Einzug in die tägliche Arbeit gefunden hat. Auf diese Art und Weise findet die aufgebaute Expertise auch Zugang zu den Beratungsdienstleistungen aller Bereiche. Betroffen ist somit nicht ausschließlich die verbandsinterne Personalpolitik. Vielmehr trifft dies auf alle Kernbereiche der Beratung und vieler anderer Dienstleistungen des Verbandes zu:

- Rechtsberatung
- Arbeitswissenschaftliche Beratung
- Demografieberatung
- Politische Interessenvertretung
- Weiterbildung

Besonders anschaulich lässt sich dies anhand der von HessenChemie organisierten Seminare erkennen. Betrachtet man allein die seit dem Jahr 2009 organisierten Schulungen, die sich hauptsächlich mit verschiedenen Facetten des Themas betrieblicher Familienpolitik auseinandersetzen, so finden sich 13 verschiedene Seminare aus den Bereichen Recht, Arbeitswissenschaft und Personalwesen:

- Herausforderung Pflege und Beruf
- Leben mit Demenz
- Rechtliche Vorsorge und Sozialleistungen bei Pflegebedürftigkeit
- Väterseminar
- Umgang mit dem Thema Pflege aus Sicht der Personalverantwortlichen
- Personelle Vielfalt für den eigenen Geschäftserfolg
- Teilzeit und befristete Arbeitsverhältnisse unter Berücksichtigung der tariflichen Regelungen

- Fünf Generationen in der Arbeitswelt – Eine Führungsaufgabe
- Balance von Berufs- und Privatleben – Wege in der Personalpolitik der chemischen Industrie
- Gesunder Umgang mit der Lebens- und Arbeitszeit – Work-Life-Balance im Sinne des § 3 TV Demo
- Mitarbeiterorientierte Arbeitsorganisation und Wertschöpfung
- Mutterschutz, Elternzeit und Teilzeit in der Chemie
- Einklang von Betrieb und Individuum – Arbeitszeitgestaltung der Zukunft

Eine Vielzahl dieser chemiespezifischen Seminare wurde und wird wiederholt angeboten. Eine große Anzahl weiterer greift das Thema Familie und Beruf auf, ohne dass dies den Schwerpunkt darstellt, wie zum Beispiel die Seminare für Führungskräfte und für Meister.

Betriebliche Familienpolitik findet sich zudem auch in der Tarifpolitik der chemischen Industrie wieder. So sieht der Tarifvertrag Lebensarbeitszeit und Demografie aus dem Jahr 2012 die Möglichkeit vor, einen im Betrieb zu bildenden Demografiefonds unter anderem für ein Modell der reduzierten Vollzeit zum Zecke einer lebensphasenorientierten Arbeitszeitgestaltung zu verwenden (RV 80 Lebensphasen)[4]. Durch die Wahl dieser Verwendungsoption durch die Betriebsparteien im Rahmen einer freiwilligen Betriebsvereinbarung kann Mitarbeitern sowohl die Möglichkeit eröffnet werden, einen gleitenden Übergang in den Ruhestand zu verwirklich als auch ihre Arbeitszeit in bestimmten Lebensphasen auf 80 Prozent zu reduzieren. Die konkrete Ausgestaltung dieser Form der Lebensphasenorientierten Arbeitszeitgestaltung lässt sich durch eine Vielzahl an Stellschrauben beeinflussen. Mitarbeiter der HessenChemie haben interessierte Unternehmen intensiv beraten und dabei unterstützt, für das einzelne Unternehmen und seine Mitarbeiter passgenaue Lösungen zu finden und zu implementieren.

Neben den bereits dargestellten familienpolitischen Handlungsfeldern des Verbandes, deren Kern jeweils eine konkrete Beratungsleistung für Verbandsmitglieder ist, vertritt die HessenChemie auch die politischen Interessen ihrer Mitglieder. So entwickelte der Verband im Jahr 2011 gemeinsam mit einigen Mitgliedsunternehmen ein Positionspapier zum Vorschlag einer gesetzlichen Familienpflegezeit, das dem Bundesfamilienministerium überreicht wurde. Das Positions-

4 § 13 Lebensphasenorientierte Arbeitszeitgestaltung, Tarifvertrag Lebensarbeitszeit und Demografie für die chemische Industrie in Deutschland vom 16. April 2008 in der Fassung vom 24. Mai 2012.

papier begrüßte den Vorstoß einer Verbesserung der Situation pflegender Arbeitnehmer grundsätzlich. Es setzte sich aber gleichzeitig kritisch mit der Idee eines gesetzlichen Anspruchs auf Familienpflegezeit auseinander, soweit dieser eine Vorleistung des Arbeitgebers vorsah und einen Kündigungsschutz von bis zu vier Jahren mit sich zog.

Dank eines sehr frühen und schnellen Handelns zu Beginn des Gesetzgebungsprozesses durch den Verband und andere Interessensvertretungen wurde das Familienpflegezeitgesetz um die kritischen Punkte entschärft.

D. Fazit

Das Thema Familienpolitik beinhaltet eine Vielzahl von Einzel- und Unterthemen. Insbesondere für einen Arbeitgeberverband entsteht aus diesem breiten Themenspektrum ein eben so breites Aufgaben- und Beratungsspektrum gegenüber seinen Mitgliedern. Die besondere Situation, gleichzeitig Gestalter von Tarifverträgen, Berater und Arbeitgeber zu sein, ermöglicht es HessenChemie, nicht nur über betriebliche Familienpolitik zu reden, sondern diese vor dem Hintergrund der in der eigenen Organisation gemachten Erfahrungen mit den Unternehmen und für die Unternehmen zu gestalten.

Die „Generation Übergang“ im Fokus der Unternehmen

Stefan Becker

A. Betriebliche Familienpolitik im Wandel

Als die Gemeinnützige Hertie-Stiftung 1995 das Projekt „Beruf und Familie“ startete und 1998 die „berufundfamilie gGmbH“ gründete, war die „betriebliche Familienpolitik“ allenfalls ein akademisches Betätigungsfeld weniger engagierter Vorreiter.[1] Die Worte Konrad Adenauers „Kinder kriegen die Leute immer!“ noch im Ohr, sahen viele Arbeitgeber keine Veranlassung für familienpolitische Aktivitäten in den Unternehmen. Und in der irrtümlichen Annahme, im Rahmen einer betrieblichen Familienpolitik müssten sich die Betriebe unmittelbar um die Familien ihrer Mitarbeiter kümmern, überwog bei den meisten Arbeitgebern sogar eine ablehnende Haltung: Sie sahen sich lange Zeit nicht in der Pflicht, eigene Angebote zu entwickeln.

Doch ab Mitte der 1990er Jahre wurde der Druck auf die Arbeitgeber immer größer. Die „Vereinbarkeit von Beruf und Familie“ wurde überraschend ein gesellschaftlich relevantes Thema. Denn die Zahl derjenigen, die ihre Karriere begannen, gleichzeitig eine Familie gründeten und für diesen Spagat nach passenden Lösungen suchten, wuchs kontinuierlich. Erstmals wurde deutlich, wie sehr die geburtenstarken Jahrgänge mit ihren Vereinbarkeitsfragen die gesellschaftliche Debatte bestimmten. Nicht nur die Politik reagierte. Auch immer mehr Arbeitgeber machten die Erfahrung, dass man sich im Wettbewerb um gute Mitarbeiter mit entsprechenden betrieblichen Angeboten wirksam als attraktiver Arbeitgeber positionieren konnte.

Die Arbeitgeber erkannten, dass es nicht darum ging, die Unternehmenstätigkeit ausnahmslos nach den Interessen der Familien auszurichten, wohl aber die familiären Rahmenbedingungen der Mitarbeiter innerhalb der Personalpolitik stärker als bisher zu berücksichtigen. Unternehmen, die sich der Vereinbarkeit von Beruf und Familie systematisch widmeten, registrierten messbare betriebswirtschaftliche Effekte: geringere Fehlzeiten- und Krankheitsquoten,

1 Vgl. Gerlach, Irene; Schneider, Helmut; Juncke, David: Betriebliche Familienpolitik in auditierten Unternehmen und Institutionen. Forschungszentrum Familienbewusste Personalpolitik – Arbeitspapier Nr. 3, Münster 2007, S. 1.

seltenere Eigenkündigungen und eine höhere Qualität der Bewerberinnen und Bewerber. Zudem konnte nachgewiesen werden, dass die Motivation und die Produktivität der Mitarbeiter signifikant höher war als bei Unternehmen, die keine familienbewusste Personalpolitik betrieben.[2]

Mit Hilfe des „audit berufundfamilie“, das zum anerkannten Qualitätssiegel einer betrieblichen Familienpolitik wurde, konnte den Arbeitgebern eine systematische Herangehensweise zur Verbesserung der eigenen familienbewussten Personalpolitik aufgezeigt werden. Mehr als 1.500 Arbeitgeber nutzten bisher dieses Managementinstrument, um passgenaue Maßnahmen für die jeweils spezifischen Anforderungen ihrer Beschäftigten zu entwickeln und umzusetzen.[3]

Die Anforderungen an eine gelungene Vereinbarkeit von Beruf und Familie haben sich in den letzten Jahren jedoch verändert. Während zu Beginn der Schwerpunkt betrieblicher Familienpolitik auf dem Ausbau der Kinderbetreuung sowie der Flexibilisierung von Arbeitszeit und -ort lag, standen später Themen wie die Rolle der Führungskräfte und die stärkere Einbeziehung von Männern im Vordergrund der Aktivitäten. Die wichtigste inhaltliche Neuausrichtung erfolgte aber aufgrund der auch in den Unternehmen spürbaren demografischen Veränderungen: Heute steht eher die Vereinbarkeit von Beruf und Pflege im Fokus der Unternehmen.[4] Die geburtenstarken Jahrgänge, die vor 15 Jahren in der Familiengründungsphase standen, haben nun ein Alter erreicht, in dem sie zunehmend von der Pflegebedürftigkeit ihrer Eltern betroffen sind. Rund 70 Prozent der über 2,5 Millionen Pflegebedürftigen werden von Angehörigen versorgt, und die meisten von diesen sind gleichzeitig erwerbstätig und nehmen so eine doppelte Belastung auf sich.[5] Die Arbeitgeber haben auch auf diese inhaltliche Neujustierung reagiert und bieten heute entsprechende Maßnahmen einer pflegesensiblen Personalpolitik an.

In den letzten Jahren wurde einiges in Sachen Vereinbarkeit erreicht. Handlungsbedarf gibt es jedoch weiterhin – nicht nur, um eine fami-

2 Vgl. berufundfamilie gGmbH: Pressemitteilung „Familienbewusstsein deutscher Arbeitgeber nimmt weiter zu – und das lohnt sich“ vom 4.3.2013, unter: http://www.beruf-und-familie.de/index.php?c=37&sid=&cms_det=1089.

3 Vgl. Statistische Angaben zu den Zertifikatsträgern, unter: http://www.beruf-und-familie.de/index.php?c=21#elema423.

4 Vgl. berufundfamilie gGmbH (Hrsg.): Eltern pflegen, für die praxis, Heft 1, Frankfurt am Main 2009, 2. Auflage, unter: http://www.beruf-und-familie.de/index.php ?c=43&sid=&cms_det=213.

5 Vgl. Universität Hamburg, Arbeitsstelle Rehabilitations- und Präventionsforschung (RPF): AOK-Trendbericht Pflege II, August 2009.

lienbewusste Unternehmenskultur noch mehr zu verankern. Handlungsbedarf besteht auch, weil sich aufgrund des demografischen Wandels eine weitere, neue Herausforderung für die Arbeitgeber abzeichnet: der bevorstehende Verlust der geburtenstarken Jahrgänge für die Arbeitswelt.

B. Die geburtenstarken Jahrgänge werden zur „Generation Übergang“

Aufgrund der eindeutigen Datenlage zur demografischen Entwicklung der geburtenstarken Jahrgänge können für den Arbeitsmarkt – unabhängig von konjunkturellen Entwicklungen – klare Prognosen aufgestellt werden.

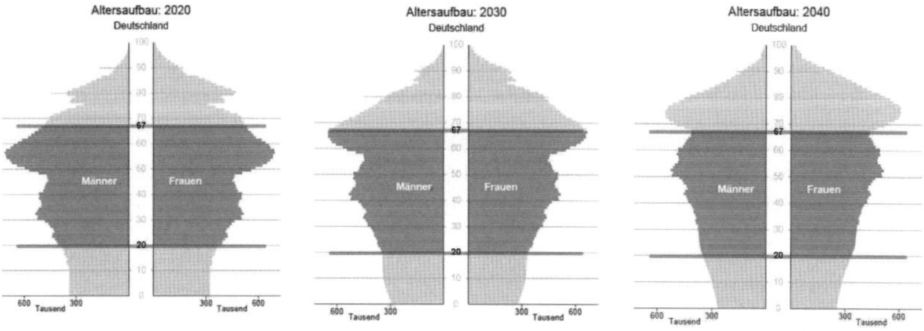

Abbildungen 1 bis 3: Altersaufbau 2020, 2030, 2040

Quelle: www.destatis.de/bevoelkerungspyramide

Bis zum Jahr 2040 werden die geburtenstarken Jahrgänge, die zurzeit noch nahezu vollständig im Erwerbsleben stehen, kollektiv das Renteneintrittsalter überschritten haben und nicht mehr erwerbstätig sein. Die entscheidende Phase des Übergangs der geburtenstarken Jahrgänge vom Erwerbsleben in den Ruhestand findet in der Dekade um das Jahr 2030 statt. Bis dahin werden jährlich deutlich mehr Personen das Rentenalter erreichen als je zuvor. Eine demografische Umwälzung dieser Größenordnung wird den Arbeitsmarkt nachhaltig prägen und für Unsicherheiten sorgen.

Rund 20 Millionen Menschen werden sich in den nächsten 15 Jahren intensiv mit der Frage beschäftigen, wie sie diesen Übergang gestalten können – und werden somit zu einer „Generation Übergang“. Das bisherige Altersbild und der Stellenwert der Erwerbsarbeit werden sich dadurch grundlegend ändern.[6] In den kommenden Jahren müssen sich Arbeitgeber unweigerlich mit folgenden Fragen auseinandersetzen: „Welchen Stellenwert haben ältere Mitarbeiterinnen und Mitarbeiter in unserer Belegschaft?“, „Was sind deren Bedürfnisse?“ und „Wie bin ich mit einer älteren Belegschaft innovativ und erfolgreich?“

Aktuell erlauben nicht nur die gültigen rentenrechtlichen und tarifvertraglichen Rahmenbedingungen zu wenig Flexibilität. Auch in den Unternehmen selbst ist die Vielfalt an Flexibilisierungsmodellen, die auch für ältere Beschäftigte möglich wären, noch nicht ausreichend gegeben. Es gibt zu wenige betriebliche Angebote, die einen dynamischen Übergang zwischen Berufstätigkeit und Ruhestand sowie einen reibungslosen Wechsel zwischen Arbeitswelt, Ehrenamt und Familienleben ermöglichen.

Beim Übergang von der Erwerbstätigkeit in den Ruhestand halten Arbeitgeber überwiegend an nur einem starren Modell für ihre Beschäftigten fest: In Vollzeit erwerbstätig sein bis zum Erreichen des gesetzlichen Rentenalters, um dann gänzlich und unwiederbringlich aus dem Arbeitsmarkt auszuscheiden. Das trägt aber weder den Wünschen der Arbeitnehmer Rechnung noch der gesellschaftlichen Notwendigkeit, die Älteren sowohl in Erwerbsarbeit als auch in Familienarbeit und ehrenamtliche Arbeit einzubeziehen. Durch die mangelnden Wahlmöglichkeiten droht viel Potenzial verloren zu gehen, so dass im Rahmen der von der Bundesregierung initiierten „Demografie-Strategie“ zurecht folgendes gefordert wurde: „Damit aus einem längeren Leben auch tatsächlich gewonnene Jahre werden, bedarf es mehr als früher einer Balance zwischen ‚Zeit für Arbeit‘, ‚Zeit für Familie‘, ‚Zeit für Bildung‘, ‚Zeit für Engagement‘, aber auch ‚Zeit für eigene Aktivitäten‘ etwa zur Erhaltung der Gesundheit.“[7]

Auch wenn die Problematik des demografischen Wandels nicht neu ist und die Fakten und Prognosen in den Unternehmen durchaus bekannt sind, so sehen die wenigsten Arbeitgeber einen Handlungsbedarf. Die von der berufundfamilie gGmbH beauftragte repräsentative GfK-Umfrage „Arbeit und Alter“ belegt, dass für den Übergang in die Rente kaum Wahlmöglichkeiten fernab der gesetzlichen Standardmodelle bestehen.[8] Nur 10 Prozent der Erwerbstätigen geben an,

6 Wohin steuern die Baby-Boomer?, Interview mit Stefan Becker, in: tz vom 17./18.04. 2014, S. 16.

7 Bundesministerium des Innern: Jedes Alter zählt. Zweiter Demografiegipfel der Bundesregierung am 14. Mai 2013, Berlin 2013, S. 7.

8 Vgl. berufundfamilie gGmbH: Arbeit und Alter – Unternehmens- und Beschäftigten-

dass ihr Arbeitgeber schon ausreichend Maßnahmen anbietet. Zwei Drittel der Arbeitgeber bieten bis heute beispielsweise keine Maßnahmen an, um die Erwerbstätigkeitsphase älterer Beschäftigten zu verlängern; und nur 15 Prozent planen dies künftig zu tun. Aber mehr als die Hälfte der Erwerbstätigen (56 Prozent) wünschen sich Maßnahmen von ihrem Arbeitgeber, die es Ihnen erleichtern würden, bis zum gesetzlichen Renteneintrittsalter oder darüber hinaus erwerbstätig zu sein. Dabei stehen nicht die Gestaltung von altersgerechten Arbeitsplätzen (46 Prozent) und gesundheitsfördernde Maßnahmen (45 Prozent) im Vordergrund. Die meisten Erwerbstätigen (75 Prozent) wünschen sich eine Flexibilisierung der Arbeitszeitmodelle.

Die Generation der heute 50-Jährigen ist es gewohnt, in wechselnden Strukturen zu leben und flexibel zu arbeiten. Die betrieblichen Angebote zur Vereinbarkeit von Beruf und Familie haben den geburtenstarken Jahrgängen gezeigt, dass eine individuellere Gestaltung der Arbeitsbedingungen durchaus möglich ist – ja, sogar Vorteile für alle Beteiligten mit sich bringt. In diesem Themenfeld setzen die Arbeitgeber mittlerweile viele passgenaue Flexibilisierungskonzepte um. Dies schafft bei älteren Beschäftigten eine gewisse Erwartungshaltung für die flexible Gestaltung ihres Übergangs in die Rente. Hinzu kommt aber auch die Situation auf dem Arbeitsmarkt. „Die Arbeitsmarktlage und der zunehmende Facharbeitermangel erlaube es vielen Babyboomern, auch in den letzten Berufsjahren anspruchsvoll zu sein und von den Unternehmen passgenaue Angebote zu verlangen.“[9] Um Arbeit im Alter attraktiv zu machen, sind auch in dieser Lebensphase ein größerer Mix an betrieblichen Modellen und mehr Wahlmöglichkeiten notwendig.

C. Lessons Learned – Lektionen der bisherigen betrieblichen Familienpolitik

Bei der neuen demografischen Herausforderung geht es nicht in erster Linie um eine betriebliche Familienpolitik. Gleichwohl lassen sich für eine erfolgreiche Herangehensweise wichtige Lessons Learned aus den bisherigen Erfahrungen mit der familienbewussten Personalpolitik nutzen. Im Folgenden sollen die wichtigsten gewonnenen Erkenntnisse skizziert werden, die als Wegweiser für engagierte Arbeitgeber dienen können.

umfrage, Frankfurt am Main, Dezember 2013, unter: http://www.arbeit-und-alter.de/umfrage.

9 Elisabeth Niejahr: Der große Renten-Irrtum, in: Die Zeit, vom 30.1.2014, S. 21.

I. Agieren Sie vorausschauend!

Wie vor 20 Jahren bei der Implementierung einer betrieblichen Familienpolitik sollten Arbeitgeber auch heute nicht auf die Verabschiedung von Gesetzen warten, sondern – im Rahmen ihrer Möglichkeiten – selbst aktiv werden.

Damit die Arbeitgeber vom sich in jeder Branche früher oder später eintretenden Verlust größerer Beschäftigtenteile nicht überrascht werden, müssen sie vorausschauend aktiv werden und heute schon entsprechende Maßnahmen einleiten. Denn in ein paar Jahren wird die Altersstruktur in den Unternehmen aufgrund des demografischen Wandels so sein, dass die Arbeitgeber oftmals keine Alternativen mehr haben. Dann werden sich die älteren Mitarbeiter unwiderruflich aus dem Erwerbsleben verabschiedet haben oder nur mit großen Kosten wieder zurückgeholt werden können.

Jetzt haben Arbeitgeber noch die Möglichkeit, gemeinsam mit ihren Beschäftigten tragfähige Lösungen zu erarbeiten, die den personellen Folgen der Entwicklungen für ihren Betrieb zu großen Teilen vorbeugen und auch Kosten ersparen können. Unternehmen, die frühzeitig für sich Konzepte umsetzen, erlangen einen umso höheren Wettbewerbsvorteil.

II. Klären Sie Ihre betriebsspezifischen Erwartungen!

Jedes Unternehmen wird aufgrund von innerbetrieblichen Gegebenheiten – etwa dem drohenden Verlust der Arbeitsfähigkeit bestimmter Führungskräfte oder der bevorstehenden Verrentung einer Reihe von Fachkräften in einzelnen Abteilungen – seinen eigenen, betriebsspezifischen Zugang zum Thema haben. Damit Arbeitgeber tatsächlich aktiv werden, muss dieser Bezug hergestellt und offengelegt werden. Altersstrukturanalysen bieten hierfür einen ersten guten Einstieg.

Mit dem Wissen über die betriebsspezifischen Herausforderungen sind Arbeitgeber dann in der Lage, die Motivation für ihr Engagement im Themenfeld zu formulieren und den zu erwartenden organisatorischen und betriebswirtschaftlichen Nutzen abzuleiten. Mögliche konkrete Ansätze haben die Arbeitgeber bereits selbst im Rahmen der Umfrage „Arbeit und Alter“ benannt.[10] Den Mehrwert sehen sie in der Förderung des Wissenstransfers zwischen Alt und Jung, dem

10 Siehe Fn. 8.

besseren Image des Unternehmens sowie in der Steigerung der Leistungsfähigkeit.

Ein zentrales Argument kommt hinzu: Mit flexiblen Übergangskonzepten erhöhen die Arbeitgeber maßgeblich ihre Attraktivität und damit die Chance, gute ältere Fachkräfte länger für den Betrieb zu gewinnen. Damit wappnen sie sich für den Kampf um gute Fachkräfte.

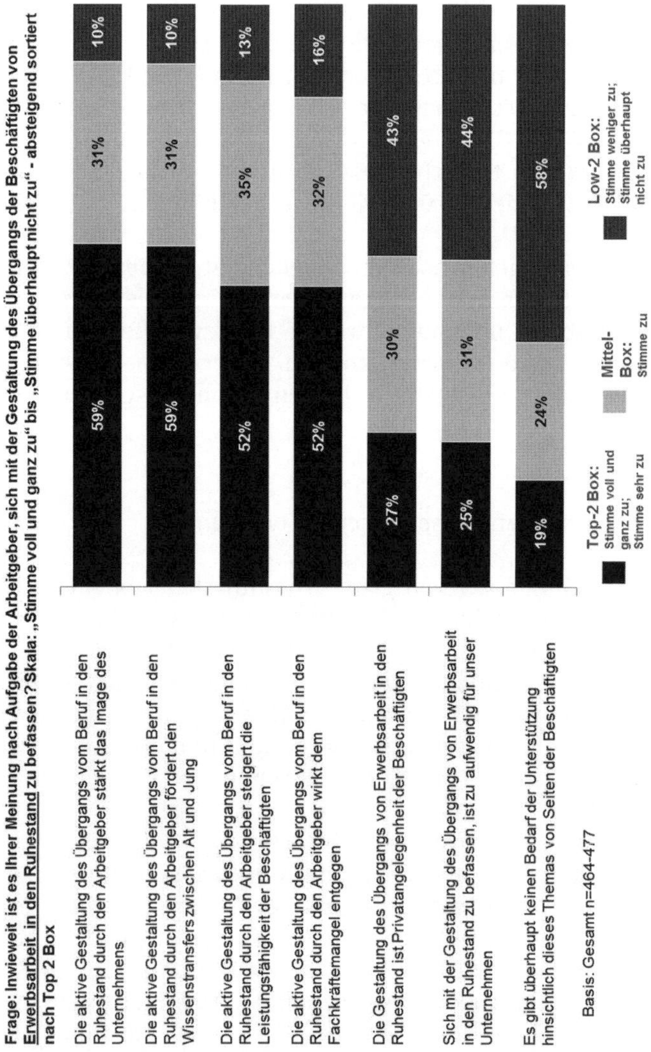

Abbildung 4: Meinungsumfrage: Übergang von der Erwerbsarbeit in den Ruhestand
Quelle: berufundfamilie gGmbH, www.arbeit-und-alter.de

III. Berücksichtigen Sie die Vielfalt Ihrer Beschäftigten!

Eine erfolgreiche familienbewusste Personalpolitik zeichnet sich dadurch aus, dass sie die Vielfalt der Familienformen anerkennt, die Unterschiedlichkeit der daraus resultierenden Anforderungen berücksichtigt und deshalb vielfältige, bedarfsgerechte Maßnahmen anbietet. Praktiziert wird eine Personalarbeit, bei der die Mitarbeiter weniger als Objekt betrachtet und als Produktionsfaktor eingesetzt werden, sondern die Person als Subjekt gesehen und als Mensch ernst genommen wird. Es geht mehr um das „Management von Personen“ als um „Personalmanagement“!

Auch beim Übergang von der Erwerbsarbeit in die Rente wäre eine allgemeinverbindliche Standardlösung, die gleichermaßen für alle Beschäftigte gelten würde, wenig erfolgreich. Es bedarf unterschiedlicher und flexiblerer Modelle für den Übergang von der Erwerbsarbeit in den Ruhestand, damit die vorhandenen Potenziale der Älteren optimal zur Geltung kommen können. Grundsätzlich lassen sich folgende Übergangs-Typen unterscheiden, die mit entsprechenden Variationen zu passgenauen Lösungen in Abhängigkeit vom gesetzlichen Renteneintrittsalter (REA) weiterentwickelt werden können (Abbildung 5).

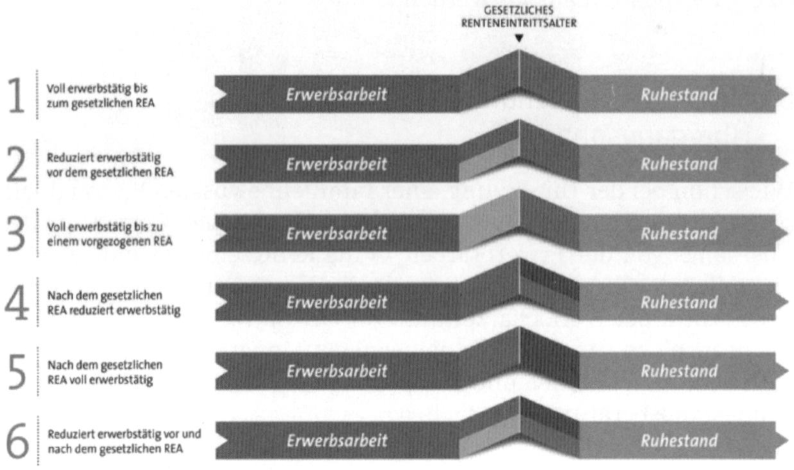

Abbildung 5: Gesetzliches Renteneintrittsalter

Quelle: berufundfamilie gGmbH, www.arbeit-und-alter.de

IV. Suchen Sie den Dialog!

Ein wichtiges Credo: Gewinnbringende Lösungen lassen sich am besten gemeinsam erarbeiten! Dringend notwendig ist dazu ein über alle Hierarchieebenen hinweg offen geführter Dialog über Bedarfe und Möglichkeiten von betrieblichen Angeboten, die eine bedarfsgerechte Gestaltung des Übergangs in den Ruhestand ermöglichen. Nur so werden mögliche Ängste und Vorbehalte abgebaut und können neue, tragfähige Lösungen gefunden werden.

Die Erfahrungen mit der familienbewussten Personalpolitik zeigen: Dialog ist die Voraussetzung für einen gelungenen Interessenausgleich zwischen verschiedenen Beschäftigtengruppen und fördert eine Kultur des konstruktiven Miteinanders. Es ist letztlich die durch den Dialog gewachsene Kultur, die den Erfolg eines Unternehmens ausmacht, und nicht die in Hochglanzbroschüren vorgestellten Leistungsangebote eines Unternehmens.

Auch der Dialog mit anderen Unternehmen ist wichtig und trägt dazu bei, Anregungen zu bekommen und von Erfahrungen zu lernen. Mit dem Ideenwettbewerb „Arbeit und Alter“ hat die Gemeinnützige Hertie-Stiftung erstmals eine Plattform für Arbeitgeber geschaffen, damit zukunftsweisende betriebliche Konzepte einer flexibleren Übergangsphase realisiert werden können.[11]

D. Ein neues Verständnis von einer flexiblen Übergangsphase

Wie schon bei der Umsetzung einer familienbewussten Personalpolitik bedarf es auch bei einer nachhaltig erfolgreichen Gestaltung des Übergangs von der Erwerbsarbeit in die Rente eines grundlegenden Einstellungswandels. Nach Jahren der Frühverrentung muss nun eine neue Kultur der Wertschätzung älterer Beschäftigter entstehen. Dazu reicht es nicht aus, lediglich die wenigen Monate vor Renteneintritt in den Blick zu nehmen und hier punktuelle Angebote im Sinne einer „Ruhestandsberatung“ zu machen.

Es bedarf eines neuen, breiter angelegten Verständnisses von der Gestaltung einer Übergangsphase. Aufgabe ist es, älteren Beschäftigten eine echte Wahlfreiheit zwischen (gegebenenfalls sukzessiv reduzierter) Erwerbsarbeit, Familienarbeit, ehrenamtlicher Arbeit und

11 Vgl. www.arbeit-und-alter.de/ideenwettbewerb.

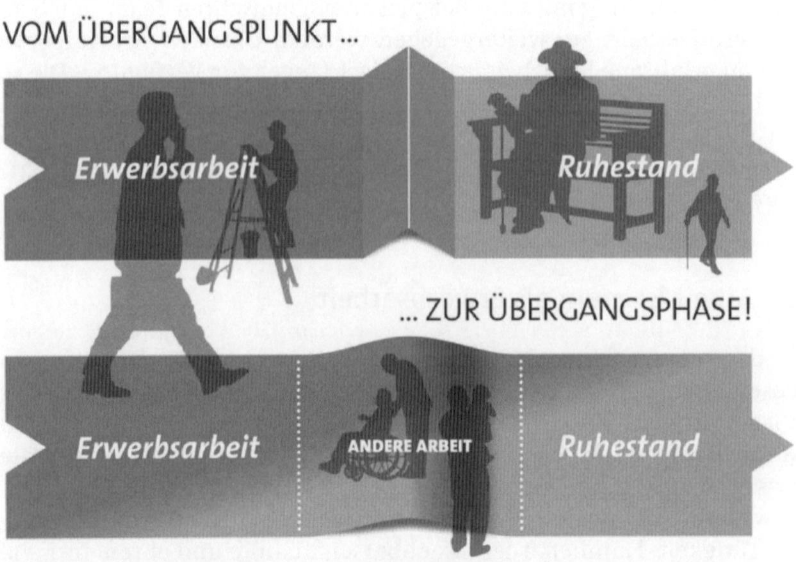

Abbildung 6: Vom Überganspunkt … zur Übergangsphase
Quelle: berufundfamilie gGmbH, www.arbeit-und-alter.de

freier Zeit zu ermöglichen, strukturelle Übergänge zwischen diesen Bereichen zu erleichtern und so die Potenziale der älteren Beschäftigten besser zu nutzen.

Um dies erfolgreich zu realisieren, bedarf es – nach den Ansätzen des betrieblichen Generationenmanagements – einer entsprechenden Weichenstellung bereits während der Erwerbsarbeit, weit vor Erreichen des Renteneintrittsalters. Denn Einstellungen und Einsatzbereitschaft, aber auch Wissen und Fähigkeiten können nur langfristig aufgebaut beziehungsweise verändert werden.

Schon während der Zeit der Erwerbstätigkeit benötigen Beschäftigte ein Mehr an Familie und ein Mehr an ehrenamtlicher Arbeit. Gleichzeitig muss ihnen aber auch in der Zeit nach Erreichen des gesetzlichen Renteneintrittsalters ein Mehr an bezahlter Arbeit möglich sein.

Flexible Übergangslösungen, wie die schrittweise Reduktion der Arbeitszeit vor dem Renteneintrittsalter und eine Teilzeitbeschäftigung nach Erreichen des gesetzlichen Renteneintritts ermöglichen es den Beschäftigten, weiter in einem für sie leistbaren Maße erwerbstätig zu sein. So können Wissen und Erfahrung einer steigenden Zahl von älteren Mitarbeitern länger im Unternehmen gehalten werden und in Verbindung mit zum Beispiel altersgemischten Teams auch an jüngere Beschäftigte weitergegeben werden. Und den Arbeitgebern stehen erfahrene Mitarbeiter bei Bedarf länger zur Verfügung. Die so verbesserte *Employability* macht selbst einen Arbeitgeberwechsel noch im fortgeschrittenen Erwerbsalter möglich. Und für diese Arbeitssuchenden sind wiederum Arbeitgeber besonders attraktiv, die altersgerechte Bedingungen bieten.

E. Arbeit ist mehr als Erwerbsarbeit

In den letzten Jahren haben sich die geburtenstarken Jahrgänge in besonderer Weise über die Erwerbsarbeit definiert. Nach dem Motto: „Sage mir, was Du arbeitest, und ich sage Dir, wer Du bist. ... Und wenn Du keine Arbeit hast, bist Du auch nichts wert.“, wurde die Erwerbsarbeit zum Synonym von Arbeit. Arbeit ist aber nicht allein Erwerbsarbeit, sondern umfasst auch weitere Formen von informeller Tätigkeit: Familienarbeit, Nachbarschaftshilfe und ehrenamtliche Arbeit.[12] Es ist absehbar, dass sich das Wertesystem künftig jedoch ändern wird, denn die Menschen verschieben ihren Fokus.

Wenn eine große Bevölkerungsgruppe wie die geburtenstarken Jahrgänge altersbedingt geschlossen aus der Erwerbsarbeit ausscheidet, wird dies unweigerlich eine gesellschaftliche Debatte über den Begriff der Arbeit anstoßen. Erwerbsarbeit wird dann nicht mehr als alleiniger Maßstab für soziale Anerkennung dienen. Familienarbeit und ehrenamtliche Arbeit bekommen die Chance, an Bedeutung zu gewinnen.

Einen deutlichen Hinweis auf den gesellschaftlichen Nutzen geben die Ergebnisse der Umfrage zum Thema „Arbeit und Alter“.[13] Darin gaben drei Viertel der befragten Arbeitnehmer an, dass sie die aufgrund von Arbeitszeitreduzierung gewonnene Zeit im Alter zum Wohle der Familie und der Gesellschaft investieren würden. Ein Drittel der Befragten würde ein ehrenamtliches Engagement beginnen oder sogar weiter ausbauen – ein gesellschaftlich zunehmend relevanter Aspekt.

---

12 Vgl. Bundesinstitut für Bevölkerungsforschung (Hrsg.): Erwerbsarbeit & informelle Tätigkeiten der 55- bis 70-jährigen in Deutschland, Wiesbaden 2014, S. 13.

13 Vgl. berufundfamilie gGmbH: Arbeit und Alter – Unternehmens- und Beschäftigtenumfrage, Frankfurt am Main, Dezember 2013, unter: http://www.arbeit-und-alter.de/umfrage.

Fest steht, dass sich bis 2030 die Situation auf dem Arbeitsmarkt durch die Alterung der Belegschaften von Jahr zu Jahr verschärfen wird. Und es bleibt dabei: In den nächsten 15 Jahren werden rund 20 Millionen Menschen das Renteneintrittsalter erreichen. „Was tue ich nun?“ muss dann aber keine unvermittelt auftauchende Frage sein. Wenn diese große, gesellschaftlich bedeutende Gruppe frühzeitig Übergangsphasen mitgestaltet, kann sie schon heute ein recht konkretes Bild davon entwickeln, wie der spätere Lebensabschnitt aussieht. Wirtschaft, Familien und Gesellschaft werden es ihnen danken. Nicht zuletzt sind es aber die Arbeitgeber, die die Hebel dazu in der Hand halten.

Großfamilie 2.0: Plädoyer für eine neue Konzeptfamilie

Wir sollten uns für einen neuen Familientypus stark machen

Eike Wenzel

Unsere staatlichen Sicherungssysteme implodieren. Die Rente ist unsicher, und die Kinderbetreuung auch nicht in dem Maße gewährleistbar, wie wir es eigentlich bräuchten. Also muss sich die Gesellschaft selbst organisieren. Das ist möglich, indem wir dem Prinzip Familie neue Geltung verschaffen – am besten fern der ideologischen Grabenkämpfe um das beziehungstechnische Monster, das wir immer noch Familie nennen. Mit „Großfamilie 2.0" bezeichnen wir einen zukunftsoffenen Entwurf von Zusammenleben, der viele Lebensknappheiten, Betreuungsunterversorgungen und sogar Sinndefizite in unserer Gesellschaft beheben könnte.

Familie ist wieder schick und „in". Familie leistet man sich – wenn man sie sich leisten kann. Selbst Stadtmagazine, bislang mit ewiger Jugendlichkeit als Markenzeichen, geben Family-Sonderhefte heraus, „mit 700 Tipps für Familien" und „Ausgehtipps mit Kindern". Propagandisten dieses Familientyps handeln nicht vordergründig aus einer konservativen Werthaltung heraus. Die Großfamilie, wie sie noch zu Beginn des 20. Jahrhunderts als dominante Lebensform vorzufinden war, ist ein für alle Mal ausgestorben. Großfamilie 2.0 ist dagegen ein modernes Projekt der Mehrgenerationenfamilie, in der veränderte Rollenmuster in einer neuen Beziehungskultur aufgehen: Väter, die nicht mehr nur die zäsurfreie Erwerbskarriere kennen; Mütter, die frühzeitiger und zu gleichen Teilen in die Erwerbsarbeit zurückkehren können; Großeltern, die eine aktive und sinngebende Rolle in der „generationenübergreifenden Solidargemeinschaft" dieses neuen Familientypus' spielen. Und schließlich Kinder, die im Dschungel der alltäglichen Anforderungen und Wünsche nicht nur auf zeitknappe Eltern angewiesen sind.

Der entscheidende Hintergrund dafür, dass wir Großfamilie 2.0 für ein tragfähiges Zukunftsmodell halten, das nachhaltig von Wirtschaft und Gesellschaft gestützt werden sollte, ist der demografische Wandel. Demografischer Wandel wurde bislang verkürzt als Alterung der Gesellschaft beziehungsweise als das quantitative Anwachsen des älteren Teils unserer Bevölkerung angesehen. Tatsächlich ist der demografische Wandel viel mehr, seine Auswirkungen sind viel grundsätzlicher, teilweise beunruhigend, aber er birgt auch enorme

Lebensentwürfe zu Zeiten der bürgerlichen Kleinfamilie

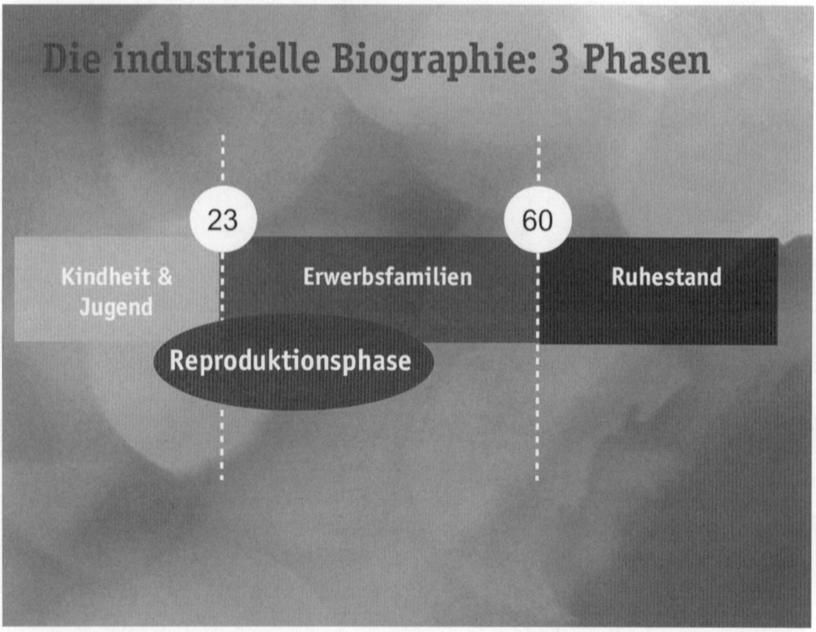

Abbildung 1: Die industrielle Biographie: 3 Phasen
Quelle: ITZ 2014

Chancen, mit Modernisierungsengpässen in unserer Gesellschaft besser umzugehen. Der demografische Wandel ist ein Megatrend. Und Megatrends kann man sich in Wirtschaft und Gesellschaft nicht entziehen. Megatrends kommen auf uns zu, sie lassen sich frühzeitig erkennen, aber sie verlangen auch Reaktionen von uns. Der demografische Wandel hat bereits begonnen und wirkt sich in unserer Gesellschaft zum Beispiel dahingehend aus, dass wir alle älter werden – uns dabei aber jünger fühlen. Wir nennen dieses Phänomen „Downaging“: Aus unterschiedlichen Studien (übrigens auch für Mitteleuropa und Nordamerika) geht hervor, dass sich die Deutschen im Durchschnitt zwischen zehn und 15 Jahre jünger fühlen, als sie tatsächlich sind.

So gesehen führt der demografische Wandel in unserer Gesellschaft gerade dazu, dass wir von einer dreiphasigen in eine sechsphasige Biografielogik wechseln. In der industriellen Ära des 20. Jahrhunderts (s. Abbildung 1) gab es etwa zwischen dem 20. und 60. Lebensjahr die lange Phasen des Lebens in der bürgerlichen Erwerbsfamilie: Wenn keine Katastrophen wie Arbeitslosigkeit oder Ehescheidung

Großfamilie 2.0 zieht die richtigen Schlüsse aus dem demografischen Wandel

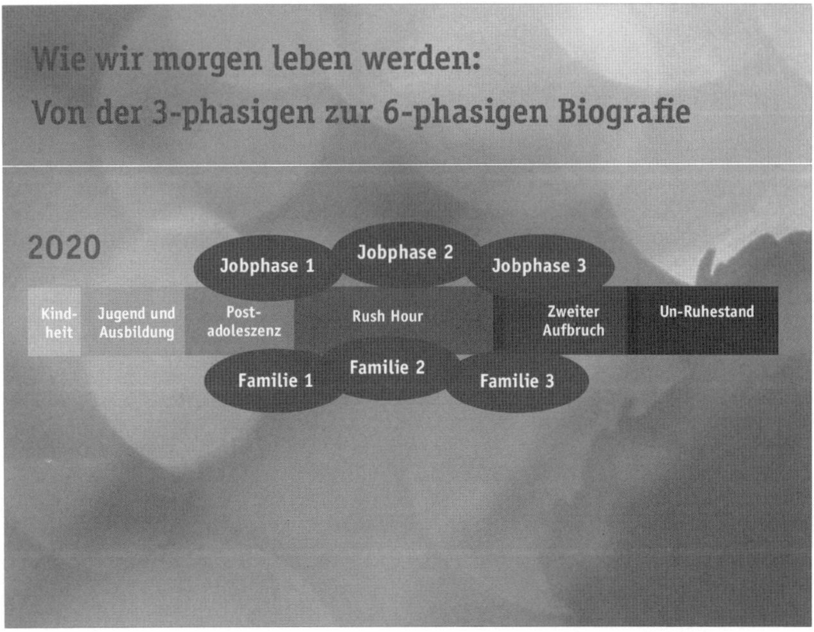

Abbildung 2: Wie wir morgen leben werden: Von der 3-phasigen zur 6-phasigen Biografie
Quelle: ITZ 2014

eintraten, lebten wir in der Kleinfamilie und gingen (das traf natürlich mehrheitlich für die Männer zu) einer Erwerbsarbeit nach, für die wir vorher eine Ausbildung gemacht hatten. Jenseits des 60. Lebensjahrs war diese lange Phase des Erwerbslebens abgeschlossen und wir bereiteten uns – der demografische Wandel spielte noch keine Rolle – auf die letzten zehn gesunden Jahre vor.

Großfamilie 2.0 baut in starkem Kontrast zu der dreiphasigen Biografielogik der industriellen Ära auf der neuen sechsphasigen Ordnung unserer Lebensentwürfe auf. Hierzu gehört unter anderem, dass wir (und mit uns alle Menschen, die in modernen Volkswirtschaften aufwachsen, also auch Chinesen, Russen oder Brasilianer) zwischen dem 20. und 30. Lebensalter versuchen, das Erwachsensein nach Möglichkeit aufzuschieben. Tendenziell begreifen die jungen Erwachsenen diese Phase der Postadoleszenz als Möglichkeitsraum, der es ihnen erlaubt, Korrekturen vorzunehmen und vieles noch einmal anders zu machen. Hierzu gehören aber auch Erwachsenenbiografien zwischen dem 30. und 55. Lebensjahr, die wir als „Rushour des Lebens" bezeichnen: Nach dem Moratorium des Erwachsenseins muss jetzt ganz

Großfamilie 2.0 – Antwort auf leere Rentenkassen und kaputte Gesundheitssysteme

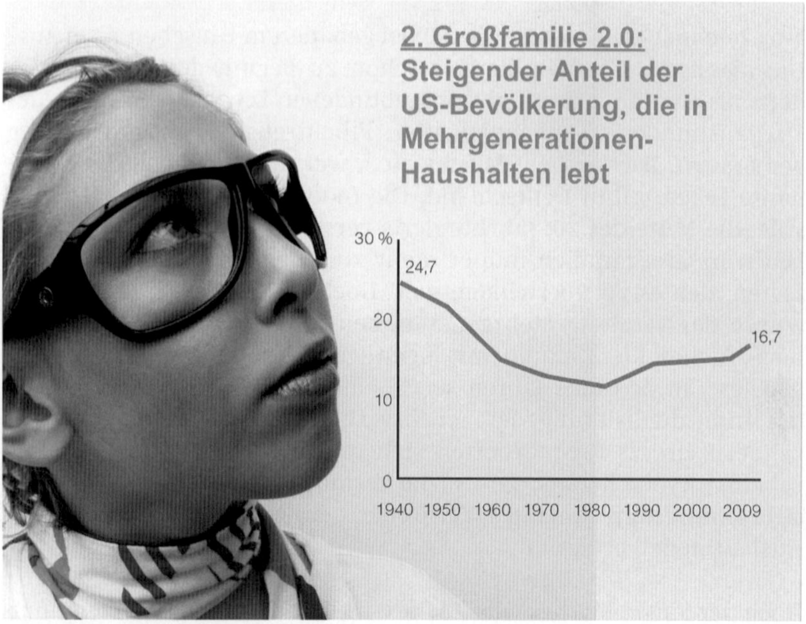

Abbildung 3: Großfamilie 2.0: Steigender Anteil der US-Bevölkerung …
Quelle: ITZ 2014

schnell – und in relativ begrenzter Zeit – die Ernte eingefahren werden: Kinder, Karriere, beruflicher Erfolg, Reichtum, Glück. Großfamilie 2.0, das ist unsere Überzeugung, bildet einen sozioökonomischen und lebensweltlichen Bezugsrahmen, in dem das Ausleben dieser neuen Lebensstile überhaupt erst möglich wird. Oder anders gesagt: Großfamilie 2.0 liefert Antworten auf den Megatrend demografischer Wandel (welche Lebenschancen dabei auch für Menschen jenseits der 60 Jahre entstehen, werden wir gleich sehen). Großfamilie 2.0 wird für immer mehr Menschen – in Mitteleuropa genauso wie in Nordamerika – zu einem bevorzugten Lebensstil und Biografieentwurf – weil Großfamilie 2.0 nicht zuletzt auch eine Lösung angesichts leerer Rentenkassen und kaputter Gesundheitssysteme anbietet.

A. Zur Genese der Großfamilie 2.0 – Abkehr vom Single-Mythos

Was zeichnet die Großfamilie 2.0 bei genauerem Hinsehen noch aus? Die klassische Großfamilie galt schon zu Beginn des 20. Jahrhunderts als ein Relikt der traditionsgebundenen Lebensverhältnisse des 19. Jahrhunderts (Abhängigkeiten, Pflichtreligion, Unterdrückung der Frauen, patriarchale Muster etc.), war aber dennoch der dominante Lebensstil in Deutschland. Die Individualisierung der Lebensstile, die Mitte des 20. Jahrhunderts verstärkt einsetzte, machte das Leben in Großfamilien immer mehr zu einem Atavismus aus alten Zeiten, den es zu überwinden galt. Doch erst in den 1950er-Jahren wurde das veraltete Mehrgenerationen-Wohnen endgültig von der bürgerlichen Kleinfamilie (mit Eigenheim und Pkw vor der Haustür) abgelöst. In den 80er-Jahren setzte eine zweite Phase der verstärkten Individualisierung der Lebensverhältnisse in allen westlichen Ländern ein. Es kristallisierten sich mit Yuppies und Singles neue Lebensstiltypen heraus, die – so die Vermutung der zeitgeistigen Sozialforschung zum damaligen Zeitpunkt – das Modell Familie zu einem Auslaufmodell erklärten.

Doch der Single-Mythos wird nicht wirklichkeitshaltiger, indem man ihn von Forschergeneration zu Forschergeneration weitergibt. Zu dem Single-Mythos gehört auch, dass wir alle zu urbanen Asphaltcowboys mutieren, die beziehungsskeptisch das Oberflächliche und leicht Aufkündbare bevorzugen: Individualisierung als selbstgewählte, souveräne Isolation. Tatsächlich wären nicht die bundesdeutschen Metropolen, sondern die pittoreske Stadt Regensburg Deutschlands Single-Hauptstadt – wenn der Single-Mythos stimmen würde. Aber er stimmt sowieso nicht, es gibt nämlich den „Single an sich“ nicht. In Regensburg kommen so viele „Alleinwohner“ zusammen, weil es dort viele Studenten gibt, die in Wohngemeinschaften leben, aber auch als alleinlebend gezählt werden. Außerdem strömen viele junge Menschen aus der Umgebung in die Stadt, um in den dortigen BMW-Werken zu arbeiten. Auch sie lassen sich nicht als klassische Singles bezeichnen.

Tatsächlich nahm und nimmt die Anzahl der Alleinlebenden im internationalen Maßstab nach wie vor zu, speziell auch in Deutschland. Doch die Single-Diskussion vollzog sich in den 80er-Jahren in einer Situation der Modernisierungseuphorie (Zunahme der Dienstleistungs- und IT-Jobs, Medien- und Telekommunikationsboom, Neuer Markt) und beruhte auf einem subtilen Rechenfehler. Die Apologeten einer angeblich sich durchsetzenden „Single-Gesellschaft“ interpretierten einfach Menschen, die in Ein-Personen-Haushalten lebten, als Singles und als Menschen, die das Single-Dasein als bewusste Lebensform mit Lust und Überzeugung lebten. Sieht man sich die Bevölkerungszahlen in unterschiedlichen Ländern an, stellt man fest, dass der ach so anachronistische „Familien-Modus" niemals aus der Mode geraten ist. Nach wie vor wachsen Kinder in Familien auf. In Deutschland sind das rund zwölf Millionen Eltern-Kind-Gemeinschaften. Was sich stetig erhöht, sind lediglich die Zahlen der Kinder, die außerhalb fester ehelicher Verbindungen großgezogen werden.

Doch wo kommt plötzlich die Großfamilie 2.0 her? Der Trend hin zu modernen Mehrgenerationenfamilien, das könnte ein passendes Synonym für Großfamilie 2.0 sein, manifestiert sich seit Mitte der 2000er Jahre in den USA ebenso wie in der EU. Aus einer EU-Studie[1] unter 25- bis 34-Jährigen geht hervor, dass ein Drittel aller Männer und ein Fünftel aller Frauen (noch) zusammen mit ihren Eltern leben. In Deutschland leben exakt 18,7 Prozent der Männer und 9,2 Prozent der Frauen zwischen 25 und 34 Jahren mit mindestens einem Elternteil zusammen. Zwischen 1980 und 2008 ist laut den Demographieforschern von Pew Research in den USA die Zahl der Menschen, die mit mindestens einer weiteren Generation in einem Haushalt zusammenleben, von 28 Millionen auf 49 Millionen angestiegen. Allein zwischen 2007 und 2008 stieg die Zahl der Amerikaner, die in Mehrgenerationenhaushalten zusammenleben, um 2,6 Millionen. Wichtig hierbei: Der Trend zur Großfamilie 2.0 ist in den USA durch alle ethnischen Gruppen und soziale Schichten hindurch zu beobachten. Großfamilie 2.0 ist aus naheliegenden Gründen nicht an ein Haus gebunden. Unter den Lebensentwürfen, die wir als Großfamilie 2.0 bezeichnen, finden sich natürlich auch viele „multilokale Mehrgenerationenfamilien", wie sie der Familiensoziologe Hans Bartram einmal genannt hat.

Der Tourismusmarkt hat diesen neuen Familientypus längst in seine Angebotspalette integriert. Im Jahr 2006 wurden 13 Prozent aller Reisen mit Kindern bis zu 13 Jahren in Begleitung von Personen über 50 Jahren nachgefragt, hat die Forschungsgemeinschaft Urlaub und Reisen (FUR) herausgefunden. Ein Herz für die Großfamilie 2.0 beweist der Urlaubsveranstalter ITS mit der Offerte „Oma/Opa gratis": Fahren zwei Erwachsene mit Kindern in den Urlaub, kann ein Großelternteil kostenlos mitkommen. Das Zukunftsmodell Großfamilie 2.0 ist keinesfalls auf das Leben in einem Haus festgelegt. Gerade die Großelterngeneration bereichert diese Konzeptfamilie häufig von außen

1 Eurostat 2010.

als Kümmer- und Erledigersatellit, auch mit gesunder emotionaler Distanz, lebt in der Nachbarschaft oder am anderen Ende der Stadt, ist aber zeitnah verfügbar, wenn es darum geht, Kinder zu betreuen, Einkäufe zu machen oder Reparaturen zu erledigen.

Großfamilie 2.0 verspricht als sozioökonomischer Trend darüber hinaus noch, die folgenden Innovationspotenziale zu entfalten:

- Großfamilie 2.0 könnte sich bis 2030 als eine „Zeitmaschine" herausstellen, in der durch das Zusammenspiel mehrerer Generationen Zeit gewonnen und geschenkt wird. Großfamilie 2.0 bringt die Zeitvorräte der Elternpaare („Rushour des Lebens", grundsätzlich zeitknapp) und der Großeltern (relativ hoher Zeit- und Geldwohlstand) auf ideale Weise in Einklang. Modelle der Großfamilie 2.0 werden sich vor diesem Hintergrund als hochmoderner Lebensstil entpuppen, der eine Lösung für das Problem der chronischen Zeitknappheit vieler Menschen und des ausbleibenden Zeitwohlstands liefert. Die Großelterngeneration, die in den kommenden Jahren immer älter wird, sich dabei aber immer jünger fühlt, hat bis 2030 in der Regel ausreichend Zeit und ausreichend Geld („Time Rich, Money Rich") und sucht vor allem eines: Sinn und Beziehung. Die Verdienergeneration findet in der Großfamilie 2.0 das so bitter nötige Backup für Kinderbetreuung und Alltagsbewältigung. Selbst die jungen Erwachsenen („Emerging Adults") sehen Großfamilie 2.0 als passende Startrampe für den Weg in die Verantwortungswelt.
- Großfamilie 2.0 könnte sich – bei entsprechender Förderung durch Gesellschaft und Wirtschaft – zu einer „Sinnmaschine" entwickeln, die alten und sehr alten Menschen einen lebenswerten entschleunigten Ort gibt und den Eltern in der Rushour des Lebens Zeitwohlstand schenkt.
- Großfamilie 2.0 ist ein Beziehungsnetzwerk am Puls der Zeit. Wenn wir uns in den kommenden Jahren ernsthaft auf die Suche nach neuen Wohlstandsmodellen machen wollen, die Wohlergehen nicht mehr auf materielles Gewinnstreben verkürzen, dann wird die Großfamilie 2.0 dabei ein wichtiger Faktor sein. Warum beziehen sich gerade immer mehr junge Menschen auf Familie? 40 Prozent der US-Bürger zwischen 20 und 29 Jahren kehren mindestens noch einmal in die Herkunftsfamilie zurück. Das hat nicht nur mit Dauerrezession zu tun. Es zeigt, dass Familienbande für immer mehr Menschen (jung und alt) einen Gegenentwurf liefern zu Sozialtransfers, Ego-Dekade („Economist": „i-Decade") und kollabierendem Neoliberalismus.

B. Die vielen Gesichter der Großfamilie 2.0

Die Großfamilie 2.0 gibt es in vielen Schattierungen. Hier nur ein kleiner Ausschnitt der Untertypen, die uns bei unseren Recherchen und Interviews begegnet sind:

I. Generation Boomerang: Rückkehr in der Krise

Derjenige Typus, der in letzter Zeit die größte Aufmerksamkeit in den Medien genoss, war die Herkunftsfamilie, in die der Spross nach dem Studium noch einmal zurückkehrt. Das „Manager Magazin" (14.11.2011) berichtete von Karl, einem jungen Amerikaner, der auf der Suche nach dem richtigen Job ist: „Wir sind erstaunlich gut miteinander ausgekommen", beschreibt Karl die Zeit zu Hause. Klar, es gab Gemecker, weil er den Abwasch nicht machte oder sein Zimmer nicht aufräumte, aber seine Mutter freute sich auch, wenn sie sonntagabends für ihn und seine Freunde kochen konnte. Alles wie früher also. Nur dass Karl, der begeisterte Surfer und Radfahrer, diesmal ein großes Radrennen in seiner Stadt organisierte – statt mitzufahren wie als Teenager." Es gibt darüber hinaus die Großfamilie 2.0 als erweiterte Kernfamilie. Hier leben drei Generationen in der Regel im Haus der Großeltern zusammen und organisieren gemeinsam die Erziehung der Kinder.

II. Moderne Großmütter: Karrierecoach und Oma

Im Interview mit einer „modernen Oma" aus einer solchen Großfamilie wird deutlich, dass klare Regeln und eine niedrige Erwartungshaltung die Grundvoraussetzungen für das Gelingen des Projekts sind. „Dass wir unser Haus für drei Generationen nutzen, war nicht geplant, aber was lässt sich schon planen. Ich habe mich sehr auf meine Enkel gefreut und möchte meinen Sohn bei seinem Karrierestart unterstützen. Klar ist aber auch, dass ich als Oma nicht nur den Dreck wegmache. Dafür braucht man klare Regeln, sonst kracht es." Häufig stehen Karrierebrüche oder Krankheiten bei der »Gründung« einer Großfamilie 2.0 im Hintergrund. Nicht selten sind es zunächst pragmatische Übereinkünfte mit der Perspektive, auch genauso gut in eine andere Beziehungsform zurückkehren beziehungsweise wechseln zu können, wenn es nicht läuft.

III. Alleinerziehende Frauen mit Karriereanspruch: Großfamilie 2.0 als Rückzugsort

Auch alleinerziehende Frauen, die aktiv als Partnerersatz ein modernes Mehrgenerationenmodell favorisieren, haben wir identifizieren können. Hier spielt natürlich die Ursprungsfamilie die dominante Rolle. Nicht selten leben sogar vier Generationen unter einem Dach. Die alleinerziehende Frau kann in dieser Konstellation ihre beruflichen Selbstverwirklichungsansprüche durchsetzen und ist der Hahn im Korb. Ins Wackeln gerät dieses Großfamiliensystem dann, wenn ein Lebensgefährte an die Familie andocken soll: „Ich glaube, er (der Lebensgefährte) findet unsere Familie altmodisch und irgendwie merkwürdig. Ich glaube, er sucht nach Gründen, weswegen ich in dieser Konstellation lebe, und findet keine Antworten."

Großfamilie 2.0: Im Zentrum vieler moderner Lebensstile

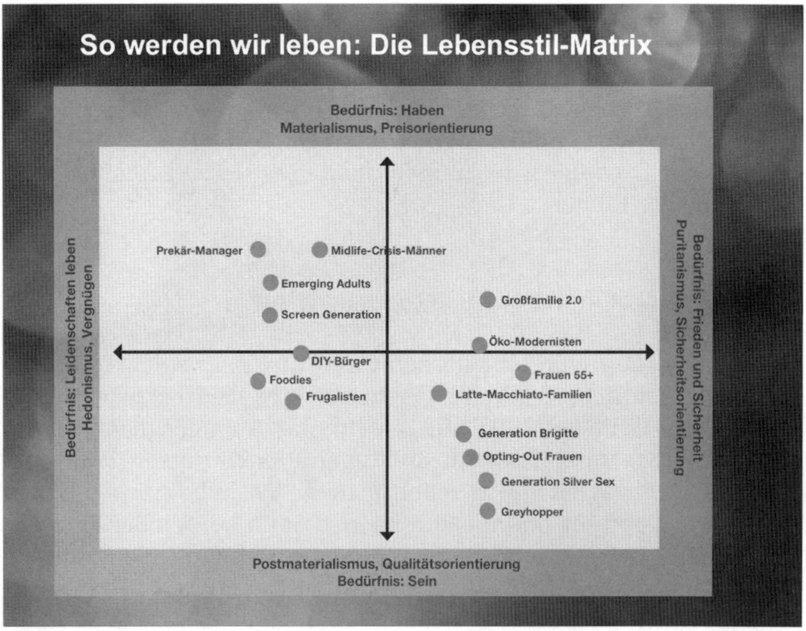

Abbildung 4: So werden wir leben: Die Lebensstil-Matrix
Quelle: ITZ 2014

IV. Mehrgenerationen-WG: ‚Mein Kind als Erwachsenen kennenlernen'

Eine weitere interessante Ausprägung der Großfamilie 2.0, auf die wir gestoßen sind, ist die WG-artige Mehrgenerationenfamilie. „Es ist interessant, sein Kind als Erwachsenen länger zu erleben. Wir können jetzt ganz anders miteinander reden«, das war bei unseren Gesprächen mit Akteuren von WG-haften Mehrgenerationenfamilien das eher positive Statement. Es überwiegen aber Aussagen wie: „Es funktioniert, so wie es jetzt ist, aber ich weiß, dass es nicht für immer ist." Und: „Ich weiß, dass es ungewöhnlich ist. Oft habe ich mich auch schon gefragt, was schiefgegangen ist, dass meine Tochter wieder nach Hause zurückgekehrt ist." Auch in „Brigitte Woman"[2] wird der Fall einer Großfamilie 2.0 geschildert, die sich quasi nach der abgeschlossenen Volljährigkeit der drei Töchter erneut konstituiert hat. O-Ton der Mutter, die ihre Tochter wieder im eigenen Haushalt begrüßt: „Als sie auszog, hätte ich mich am liebsten verkrochen. Aber dann hab ich sie doch fest umarmt und gesagt: ‚Du kannst jederzeit zurückkommen!' Sie gab mir gnädig einen Kuss: ‚Ich weiß!' Und nun steht sie da und beruft sich auf mein Versprechen von damals. Ja, ich hab's gesagt. Aber mein Leben hat sich in der Zwischenzeit verändert. Ich hab mich verändert. Als vor kurzem ihre Beziehung in die Brüche ging, hatte ich nichts dagegen, Lisa erst mal nach Hause zu holen und aufzupäppeln. Aber seitdem macht sie es sich hier wieder bequem."

C. Geburtsstreik, Mittelschichtsmänner und die Flexibilisierungs-Lüge

Es war Mitte der 2000er-Jahre, als Ursula von der Leyen mit den „Vätermonaten" den neuen Mann ausrief – vergeblich und voreilig. Wir sollten die Großfamilie 2.0 ausrufen, als Konzeptfamilie mit niedrigem Ritualisierungsgrad und leichter Aufkündbarkeit. Der Soziologe Ulrich Beck hat das unnachahmlich auf den Punkt gebracht, als er feststellte, Deutschlands Männer seien, was die neuen partnerschaftlichen Männlichkeitskonstruktionen angeht, „verbal aufgeschlossen, bei gleichzeitiger Verhaltensstarre". Klar, es gibt keine Umfrage mehr, in der die Männer nicht im Brustton der Überzeugung bestätigen, dass sie gerne mehr Zeit mit ihren Kindern verbringen möchten. Doch das Muster der Selffulfilling Prophecy hat nicht funktioniert.

Die Ex-Familienministerin hätte sich besser in die Diskussion eines neuen Familienbildes gestürzt. Das wäre sicherlich weniger populis-

2 http://woman.brigitte.de/leben-lieben/familie/bei-eltern-wohnen-1024807.

tisch gewesen, denn die Diskussion über die „Familie der Zukunft" ist speziell in Deutschland ein ganz heißes Eisen. Durch das gesamte 20. Jahrhundert hindurch war Familie eigentlich das Sinnbild für konservativ-reaktionäre Wertvorstellungen. Spätestens seit den 60er-Jahren galt die spießige Kleinfamilie mit frei stehendem Haus als die „Keimzelle der Abstraktion" und der Schauplatz von Verdrängung, Gewalt und Neurose. Und was ebenfalls aus diesen längst vergangenen geglaubten Zeiten übrig geblieben ist, ist die spezifisch deutsche Rollenverteilung in der Familie und genauer bei der Familiengründung: Schauen wir auf die Zahlen, ist es für deutsche Frauen nach wie vor enorm schwer, frühzeitig nach der Mutterschaft in den Beruf zurückzukehren. Flexibilisierung der Arbeitswelt ist ein Mythos, der sich in der Berufswelt unseres Landes nach wie vor kaum wiederfindet.

Nach wie vor ist Mutterschaft eine Karrierebremse. Zwischen 2001 und 2006 stieg die Zahl der weiblichen Führungskräfte in Deutschland laut DIW leicht an, von 22 Prozent auf 27 Prozent. Verglichen mit Frankreich, USA und den nordeuropäischen Ländern war dies jedoch ein Zugewinn fast von null. Seit 2006 und trotz erfreulicher Reformbemühungen stagniert die Zahl wieder. Familiengründung ist nach wie vor der Karrierekiller Nummer eins. In jüngeren Jahren, wenn noch keine Familie da ist, ist der Frauenanteil in den deutschen Chefetagen mit 37 Prozent noch recht ordentlich. In der Kernerwerbsphase zwischen 35 bis unter 55 Jahren, wenn das große Geld verdient wird, sinkt er dramatisch auf 25 Prozent.

Und die Männer? Deutschlands Männer verlassen zwar offiziell (wenn auch immer später) das »Hotel Mama«, tauschen aber oft einfach nur das »Betreuungspersonal« aus. Die Gießener Familienforscherin Uta Meyer-Gräwe hat herausgefunden, dass sich 72 Prozent aller deutschen Männer im Alter zwischen 20 und 25 Jahren das tägliche Essen von ihren Müttern, Großmüttern oder Ehepartnerinnen zubereiten lassen. Der Gebärstreik ist also nicht nur den Frauen zuzuschreiben. Wahrscheinlich ist er mit mindestens dem gleichen Recht den deutschen Männern zuzuschreiben. Denn sie führen auf subtile Weise die Karrieremodelle ihrer Väter weiter: Ausgestattet mit einer guten bis sehr guten Ausbildung, die über lange Jahre an Schulen und Universitäten errungen wurde, möchte der deutsche Mittelschichtsmann Karriere machen, möglichst schnell die nächste Sprosse auf der Karriereleiter hinauffallen, ordentlich Geld verdienen – und dafür glaubt er, pro Tag zehn bis zwölf Stunden im Büro verbringen zu müssen. Teilzeit? Nicht wirklich eine Alternative. Europaweit sieht es übrigens nicht deutlich anders aus. Lediglich in den Niederlanden arbeiten deutlich mehr als 10 Prozent der Männer in Teilzeit, genau 22,5 Prozent (Frauen: 74,8 Prozent). Der EU-Durchschnitt liegt bei 30,4 Prozent Frauen und 6,6 Prozent Männern. In den hochgelobten nordeuropäischen Staaten wie Dänemark und Schweden liegen die Quoten der in Teilzeit beschäftigten Männer ebenfalls nur bei 12,5 beziehungsweise 12,4 Prozent.

Der Gebärstreik ist tatsächlich keine Frauensache. Er hat viel zu tun mit dem Teilzeit-Mythos, und mehr noch: mit unserer Mittelschichten-Arbeitsethik, die nach wie vor von männlichen Leitbildern aus der industriellen Ära geprägt ist. Dahinter steckt auch die berühmte Angst des (männlichen) Mittelschichtsmenschen, aus der watteweichen Wohlstandswelt herauszufallen. Angeblich sind wir ja von einer dramatischen Schrumpfung der Mittelschicht bedroht. Die Amerikaner haben der allgegenwärtigen Angst, aus der Mittelschicht herauszukippen, bereits den hübschen Slogan „The Fear of Falling" verliehen. Tatsächlich lässt sich eine dramatische Schrumpfung der deutschen Mittelschicht in den Zahlen nicht wiederfinden: Laut den Berechnungen des Politologen Herfried Münkler gehörten im Jahr 2009 exakt 61,5 Prozent der Mittelschicht an (DIW: 60 Prozent) – im Jahr 1993 waren es Münkler zufolge gerade einmal 0,6 Prozent mehr.

Der karrierebewusste deutsche Mittelschichtsmann jedenfalls nutzt „The Fear of Falling", um neue Lebensentwürfe subtil zu blockieren. In den USA sind kürzlich mehrere Studien erschienen, die belegen, dass Männer aus der Arbeiterschaft ihre höher gebildeten Geschlechtsgenossen zu überholen beginnen, was das Engagement für Haushalt und Familie angeht: Zwischen 1965 und 2003 steigerten einer Oxford-Studie zufolge akademisch gebildete Männer ihre Arbeitsanteile im Haushalt um 33 Prozent. Männer aus den unteren Schichten dagegen erhöhten den Zeitaufwand für Einkaufen und Kinderpflege um mehr als 50 Prozent. Die männliche Arbeiterklasse in den USA steckt also nicht in der patriarchalischen Vergangenheit fest, wie gerne angenommen wird. Aber die Männer aus der Mittelschicht hängen offenbar nach wie vor einem Karriere-Mythos an, der dazu führt, dass 38 Prozent der männlichen Vielverdiener mehr als 50 Stunden pro Woche am beruflichen Fortkommen arbeiten.

Doch gerade in der Finanzkrise hat es sich als wichtige Maßnahme erwiesen, die Arbeit zu flexibilisieren. „In Deutschland sind 3,1 Millionen Arbeitsplätze gerettet worden, weil die Arbeitszeiten reduziert wurden und Unternehmen in der Hoffnung auf eine relativ rasche wirtschaftliche Erholung Beschäftigte gehalten haben", erklärte Gustav Horn, Direktor des gewerkschaftsnahen Forschungsinstituts IMK in Berlin, gegenüber der „Financial Times Deutschland" (3. November 2010). Anders als bei früheren Rezessionen und Konjunktureinbrüchen ist die Beschäftigungsquote in Deutschland während der Finanzkrise kaum gesunken – dafür sind jedoch die Arbeitszeiten deutlich verkürzt worden. Im Aufschwung bis 2008 hatten die Beschäftigten unzählige Überstunden angehäuft, die sie in der Rezession abbauen konnten. Laut Berechnungen des Nürnberger Instituts für Arbeitsmarkt- und Berufsforschung (IAB) haben vor allem Verkürzungen der Wochenarbeitszeit, der Anstieg von Teilzeitarbeit sowie der Abbau von Überstunden zu einem fast 70-prozentigen Rückgang der Arbeitszeit geführt. Die neue Vereinbarung zwischen Unternehmen und Beschäftigten in Form von Arbeitszeitkonten hat maßgeblich dazu beigetragen, dass die Unternehmen auf die Finanzkrise nicht mit Personalabbau reagiert haben.

Keine Frage, die Zukunftsvergessenheit unserer Gesellschaft zeigt sich in erster Linie an den niedrigen Geburtenraten. Gesellschaften, denen die Aussicht auf Zukunft abhandengekommen ist, frieren ihr Leben im Ist-Zustand ein. Damit tritt eine ganze Gesellschaft in den Geburtsstreik ein. In letzter Konsequenz ist es unsere Zukunftsverdrossenheit, die dazu geführt hat. Viele Menschen können sich eine Zukunft unseres Gesellschaftsmodells schlechterdings nicht mehr vorstellen. Das liegt nicht zuletzt daran, dass wir in unseren Mittelschicht-Mindsets, in unseren bundesrepublikanischen Bewusstseinsstrukturen, noch im 20. Jahrhundert feststecken.

D. Großfamilie 2.0: Wege aus der Zukunftsvergessenheit

Ich bin überzeugt, dass wir erst dann im 21. Jahrhundert angekommen sind, wenn wir die Stechuhren ausgemustert haben. Im Anschluss daran sollten wir uns keinen Illusionen bezüglich einer »bunten Kreativgesellschaft« hingeben. Die von vielen Lifestyle-Soziologen beschworene „Kreative Klasse" mit der ihr eigenen Lust an Projektarbeit und Patchwork-Biografien betrifft nur einen kleinen Anteil der Bevölkerung und wird auf absehbare Zeit nicht die 10- oder 15-Prozentgrenze, was den Anteil an der Wertschöpfung betrifft, überschreiten. Wir müssen Lebenszeit neu verstehen und einteilen lernen, dann werden wir zwangsläufig auch zu neuen Arbeitszeitmustern kommen. Großfamilie 2.0 kann in diesem Transformationsprozess eine entscheidende Rolle spielen. Es wird uns aber nur gelingen, wenn wir die Mittelschicht-Mindsets samt den männlichen Karrieremodellen der besser verdienenden Männer hinter uns lassen. Das würde bei den Frauen eine neue Karrierelust wecken. Der Führungskräftemonitor des Deutschen Instituts für Wirtschaftsforschung zählt lediglich 2 Prozent Frauenanteil bei den Führungskräften in den Großunternehmen der Finanzbranche. Die Arbeit muss vom Achtstundentakt befreit werden. Es ist an der Zeit, dass die Männer die ungezählten Stunden der nicht bezahlten Familien- und Erziehungsarbeit als prioritäres Projekt in Angriff nehmen – first things first. Das Konzept der Großfamilie 2.0 hält die nötigen Spielräume für ein Ende von Geburtsstreik und Zukunftsvergessenheit bereit.

Großfamilie 2.0 liefert Lösungen für diese Zukunft. Großfamilie 2.0 bedeutet alimentierungsfreie Selbst- und Wohlstandsorganisation. Großfamilie 2.0 wird sich als dezentrales, autonomes Wirtschaftsmodell (Oikos, οἶκος: Haus- und Wirtschaftsgemeinschaft) etablieren. Denn das Konzept immunisiert gegen die Disruptionen einer Stupid Economy. Großfamilie 2.0 hilft, den unausweichlichen demografischen Wandel mit vielen alten Menschen zu managen. Durch Großfamilie 2.0 entsteht neuer Gestaltungsspielraum – für die jungen Suchenden ebenso wie für die Verdiener, Leistungsträger und auch für die Alten. Konzeptfamilie als Einladung zur kreativen Lebenskunst. Wir brauchen in unserer Gesellschaft mehr Selbststeuerung, eigensinnige Wertschöpfungsmodelle. Die Menschen sehnen sich nach Partikularität, nach eigensinnigen Lebensentwürfen. Großfamilie 2.0 ist ein Zukunftsmodell, weil es Lösungen für diese neofamiliären Sehnsüchte bereithält.

Familienfreundlichkeit zum Markenzeichen der deutschen Wirtschaft machen!

Sofie Geisel

A. Plattform und Referenzgröße für Familienbewusstsein in der deutschen Wirtschaft – das Unternehmensnetzwerk „Erfolgsfaktor Familie"

Für betriebliches Familienbewusstsein gibt es kein Patentrezept. Zwar gab es vor acht Jahren noch andere Gründungsimpulse für das Unternehmensnetzwerk „Erfolgsfaktor Familie" – doch diese Erkenntnis gehörte dazu: Sollen Betriebe sich wirksam für mehr Vereinbarkeit von Beruf und Familie engagieren, sind gute Ideen nötig. Gute Ideen, die sich an den individuellen Bedürfnissen der Beschäftigten und den (ebenfalls individuellen) betrieblichen Gegebenheiten orientieren!

Weil solche Ideen oft dann entstehen, wenn Unternehmen gemeinsam und *voneinander* lernen, ging es den Vätern und Müttern des Unternehmensnetzwerks „Erfolgsfaktor Familie" genau darum. Sie wollten eine Plattform schaffen, auf der Betriebe aller Größen und Branchen kostenfrei Wissen, Erfahrung und gute Praxis zur Umsetzung einer familienbewussten Personalpolitik teilen und austauschen können. Als Teil des gleichnamigen Unternehmensprogramms wurde es als Kooperationsprojekt von Bundesfamilienministerium, den Spitzenverbänden der deutschen Wirtschaft sowie dem DGB Anfang 2007 ins Leben gerufen.

Was 2006 vereinbart wurde, um „Familienfreundlichkeit zum Markenzeichen der deutschen Wirtschaft zu machen", wurde über die Jahre zur Erfolgsstory: Über 5.000 Mitglieder konnte das Unternehmensnetzwerk seither gewinnen, in über 600 Veranstaltungen erreichte das beim DIHK angesiedelte Netzwerkbüro über die Jahre fast 30.000 Unternehmen. Zu 80 Prozent vom Bundesfamilienministerium finanziert, publiziert das Netzwerkbüro inzwischen eine Vielzahl von Publikationen und Services zur familienbewussten Personalpolitik, bietet Beratungsgespräche für Unternehmen und Multiplikatoren an und veröffentlicht branchenspezifische Ansätze und Unternehmensbefragungen. Durch seine betriebs- und praxisnahe Arbeitsweise trägt das Netzwerk maßgeblich dazu bei, dem noch zu Beginn des Jahrzehnts mitunter belächelten Vereinbarkeitsthema eine Karriere zu ermöglichen, die in den Unternehmen Wirkung zeigte: Waren laut dem

Abbildung 1: Angela Merkel, Ursula von der Leyen und Ludwig Georg Braun 2006 bei der Gründung des Unternehmensnetzwerks (Quelle: „Erfolgsfaktor Familie“)

Abbildung 2: Eric Schweitzer, Präsident des DIHK und Manuela Schwesig, Ministerin des Bundesministeriums für Frauen, Senioren, Familie und Jugend beim Unternehmenstag 2014 (Quelle: „Erfolgsfaktor Familie“/Ingo Heine)

Unternehmensmonitor Familienfreundlichkeit 2003[1] noch nicht einmal die Hälfte aller Unternehmen überzeugt, dass Beruf und Familie ein betrieblich relevantes Thema sei, waren es 2012 über 80 Prozent.

B. Das Herz des Netzwerks – seine Mitgliederstruktur

Kontinuierlich wachsende Mitgliederzahlen haben das Unternehmensnetzwerk „Erfolgsfaktor Familie" inzwischen zur größten Unternehmensplattform werden lassen. Längst sind nicht nur große Unternehmen Mitglieder – drei Viertel der Netzwerkmitglieder haben weniger als 500 Beschäftigte. Etwa ein Drittel der Unternehmen kommt aus dem Dienstleistungssektor; aus der Gesundheitswirtschaft, der öffentlicher Verwaltung und dem produzierenden Gewerbe kommen jeweils knapp ein Sechstel.

Das Netzwerk versteht sich als kostenloses und niedrigschwelliges Angebot für alle Unternehmen in Deutschland, auch für jene, die sich noch nicht explizit mit Beruf und Familie beschäftigen oder beschäftigt haben. Gleichwohl sind die über 5.000 Mitgliedsunternehmen teilweise überdurchschnittlich aktiv. Eine 2012 durchgeführte Mitgliederbefragung ergab, dass mehr als 86 Prozent der Mitglieder Teilzeitlösungen anbieten und jeweils über 70 Prozent individuell vereinbarte Arbeitszeiten, knapp die Hälfte auch in Führungspositionen. Rund 47 Prozent der Mitglieder bieten Telearbeit an. Im Bereich betriebliche Kinderbetreuung engagiert sich insgesamt deutlich mehr als ein Drittel der Mitgliedsunternehmen. Fast 30 Prozent fördert speziell die Vereinbarkeit für Väter und rund ein Viertel kümmert sich aktiv um Maßnahmen zur Vereinbarkeit von Beruf und Pflege. Im Durchschnitt hatten sich die befragten Unternehmen 2012 bereits über acht Jahre mit dem Thema Beruf und Familie beschäftigt.

Der einfache Zugang zu praxisnah aufbereiteten Informationen ist für fast alle Mitglieder die Hauptmotivation für die Mitgliedschaft: 90 Prozent treten dem Unternehmensnetzwerk aus Interesse an entsprechenden Fachinformationen bei. Jeweils zwei Drittel der Mitglieder suchen auch den Erfahrungsaustausch mit anderen Mitgliedern und wollen in ihrem Unternehmen ein sichtbares Zeichen für mehr Familienfreundlichkeit setzen. Dass diese Erwartungen offensichtlich nicht unerfüllt bleiben, zeigt sich darin, dass 74 Prozent der Unternehmen das Netzwerk weiterempfehlen.

1 Bundesministerium für Familie, Senioren, Frauen und Jugend: Unternehmensmonitor Familienfreundlichkeit 2013.

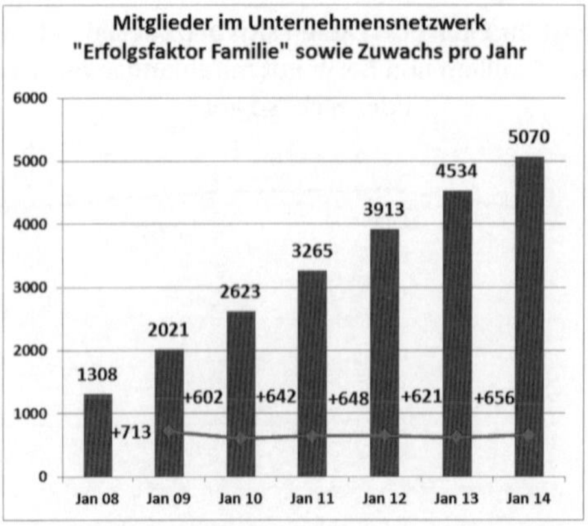

Abbildung 3: Entwicklung der Mitgliederzahlen des Unternehmensnetzwerks „Erfolgsfaktor Familie“
Quelle: „Erfolgsfaktor Familie“

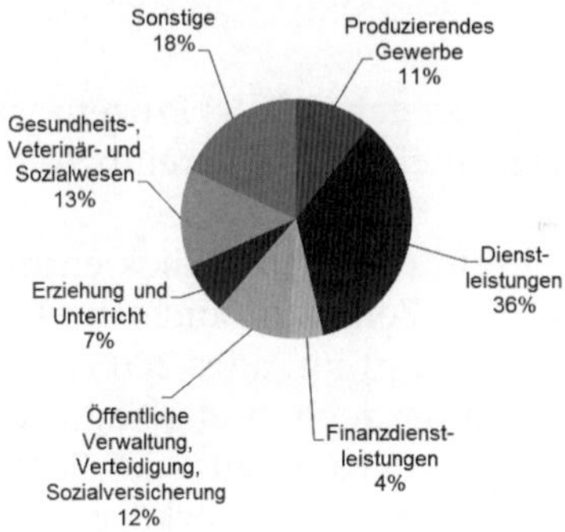

Abbildung 4: Struktur der Netzwerkunternehmen nach Branchenzugehörigkeit
Quelle: „Erfolgsfaktor Familie“

C. Beruf und Familie als gesellschaftliches Anliegen praktisch umsetzen

Seit Jahren durchgeführte Allensbach-Befragungen belegen: Für eine Bevölkerungsmehrheit in Deutschland ist die Vereinbarkeit von Beruf und Familie ein zentrales gesellschaftspolitisches Anliegen – zugleich aber auch ein „anhaltendes Problem“: 47 Prozent der Gesamtbevölkerung (und 60 Prozent der Eltern von Kindern unter 18 Jahren) waren 2012 der Meinung, dass Vereinbarkeit zu den „derzeit wich-

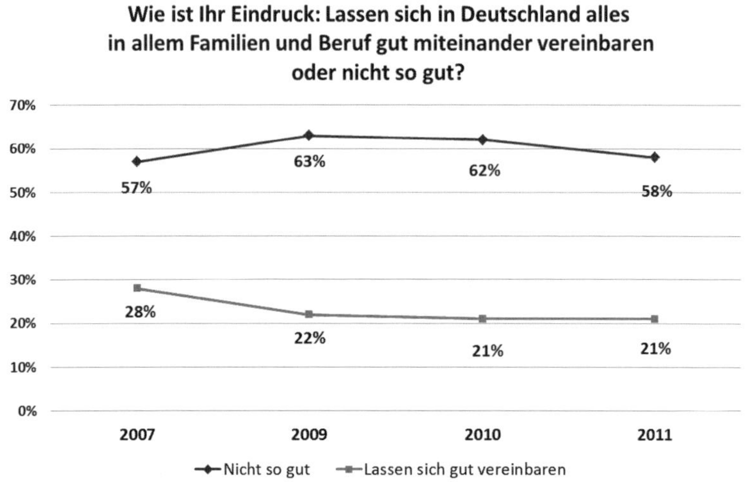

Abbildung 5: Vereinbarkeit von Familie und Beruf in Deutschland (Basis: Bundesrepublik Deutschland, Bevölkerung ab 16 Jahre)

Quelle: Allensbacher Archiv, IfD-Umfragen 10000, 10036, 10053, 10075

tigsten politischen Anliegen gehört", 58 Prozent waren der Meinung, beides lasse sich „zurzeit nicht so gut vereinbaren".

Diese Befunde sind nur auf den ersten Blick entmutigend. Denn tatsächlich stieg im gleichen Zeitraum auch die Frauenerwerbsquote signifikant an – von 60 Prozent im Jahre 2005 auf fast 70 Prozent im Jahr 2012. Weil sich dahinter auch (und gerade!) eine steigende Müttererwerbsquote verbirgt, wuchs parallel der Bedarf nach Vereinbarkeitslösungen deutlich an. Immerhin verkürzte sich seit Einführung der Elternzeit die Dauer der Erwerbsunterbrechung von Müttern auf unter zwei Jahre, während sie 2005 im Durchschnitt noch über sieben Jahre dauerte.[2]

Auf die Frage, wer für solche Lösungen „zuständig" sei, sehen drei Viertel der Eltern Politik und Wirtschaft gleichermaßen in der Verantwortung. Dabei wird einmal mehr deutlich, dass Beruf und Familie ein geradezu idealtypisches Kooperationsthema für Politik *und* Wirtschaft ist. Dies war und ist daher auch maßgeblich für die Ausgestaltung von Zielen und Arbeitsweisen im Rahmen des Unter-

2 ISSP 2005, in: Allmendinger, Jutta (2010), Verschenkte Potenziale, Lebensverläufe nicht erwerbstätiger Frauen, und IGES 2014, Einfluss ehe- und familienbezogener Maßnahmen und Leistungen auf die Erwerbsbeteiligung von Müttern.

nehmensnetzwerks „Erfolgsfaktor Familie“. An der Schnittstelle zwischen Politik und Wirtschaft – in diesem Fall als Kooperationsprojekt zwischen Bundesfamilienministerium und DIHK – angesiedelt, liegt seine Aufgabe insbesondere darin, den Erfahrungsaustausch zwischen Unternehmen und die Verbreitung guter Handlungsweisen zu befördern und zu beflügeln.

Unter dem Motto „Erfahrungen teilen, Ideen entwickeln“ fungiert das Netzwerk daher als funktionsfähige „Infrastruktur“, die Kontakte und Kommunikationskanäle zwischen Politik und Wirtschaft herstellt. Ziel ist es, möglichst viele Unternehmen in Deutschland individuell für ein Engagement für Vereinbarkeit von Beruf und Familie zu gewinnen, Wissen und gute Praxis zu familienbewusster Personalpolitik transparent zu machen und Betriebe zu motivieren, für sich selbst passgenaue Maßnahmen zu entwickeln und umzusetzen. Umgekehrt ist das Netzwerk aber auch Resonanzkörper und „Sounding Board“, das Feedback und Impulse in die Politik zurücksendet.

D. Vereinbarkeit als Strategie zur Fachkräftesicherung nutzbar machen

Der deutsche Arbeitsmarkt hat in den vergangenen sieben Jahren einen veritablen Paradigmenwechsel erlebt: Waren im Jahr 2005 noch über 5 Millionen Arbeitslose zu verzeichnen, wächst seit einigen Jahren die Sorge, dass Deutschland buchstäblich der Nachwuchs ausgehen könnte: Hochrechnungen zufolge könnten bis 2030 in Deutschland rund 6,5 Millionen Fachkräfte fehlen.

Tatsächlich haben schon heute Betriebe in diversen Branchen und Regionen zum Teil erhebliche Schwierigkeiten, ihren Fachkräftebedarf zu decken. Im Arbeitsmarktreport des DIHK gibt seit Jahren regelmäßig etwa ein Drittel der Unternehmen an, offene Stellen nicht ohne weiteres besetzen zu können. Angesichts der teilweise dramatisch sinkenden Schulabgängerzahlen ist hier auch keine Besserung in Sicht!

Bei der Analyse bestehender Fachkräftepotenziale zeigt sich, dass in Deutschland insbesondere bei Frauen und Müttern Talente schlummern: Obwohl sie im Hinblick auf Bildungsergebnisse vielfach besser abschneiden als Männer, arbeitet annähernd die Hälfte aller Frauen in Deutschland – in der Mehrzahl aus familiären Gründen – in „kleiner“ Teilzeit. Kleine Teilzeit bedeutet ein durchschnittliches Arbeitsvolumen von 18,6 Stunden pro Woche. Glaubt man der Bundesagentur

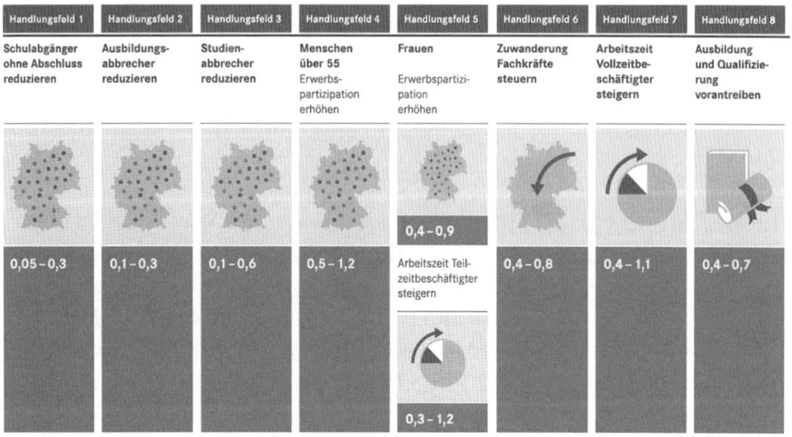

Abbildung 6: Fachkräftepotenziale im Vergleich
Quelle: Bundesagentur für Arbeit 2011, Perspektive 2025

für Arbeit, würde eine Angleichung der Frauenerwerbsbeteiligung an das schwedische Niveau rechnerisch ein Erwerbspotenzial bis zu 2 Millionen Vollzeitäquivalenten bedeuten.

Um diese „weiblichen" Potenziale zu mobilisieren, ist Vereinbarkeit von Beruf und Familie ein wichtiger Hebel. Im Mittelpunkt stand dabei in den letzten Jahren vor allem der Ausbau der Kinderbetreuung. In gemeinsamer Anstrengung von Bund, Ländern und Kommunen wird der Ausbau bis heute intensiv vorangetrieben. Ermuntert durch das Förderprogramm „Betriebliche Kinderbetreuung" (2008 bis 2012) und der Länder sowie durch die Öffentlichkeitsarbeit von „Erfolgsfaktor Familie" hat auch das Engagement von Unternehmen in diesem Bereich zuletzt spürbar zugenommen. Doch natürlich geht es um deutlich mehr als Kinderbetreuung: Auch der Ausbau flexibler und familienbewusster Arbeitszeiten birgt Potenziale. Ergebnisse der Initiative „Familienbewusste Arbeitszeiten" im Rahmen von „Erfolgsfaktor Familie" offenbaren interessante Ergebnisse:

- Eltern, vor allem Väter, wünschen sich generell mehr Zeit für die Familie,
- etwa ein Fünftel aller berufstätigen Mütter möchte ihre Arbeitszeit gerne ausweiten und
- eine Mehrheit der nicht berufstätigen Mütter wären gerne (überwiegend in Teilzeit) erwerbstätig.

Daher gehört es zu den Zielen von „Erfolgsfaktor Familie", auch und gerade für flexible und familienbewusste Arbeitszeitmodelle zu werben. Arbeitszeitmodelle, durch die zumindest ein Teil der oben genannten Frauenerwerbspotenziale zu mobilisieren wäre – und damit auch ein spürbarer Beitrag zur Fachkräftesicherung!

E. Vereinbarkeit von Beruf und Familie für Frauen und Männer

Familiäre Verpflichtungen gegenüber dem Arbeitgeber anzusprechen ist spätestens seit Einführung der Elternzeit auch für Väter kein Tabu mehr. Gleichwohl deuten zum Beispiel Ergebnisse des „Monitor Familienleben 2013"[3] darauf hin, dass Väter es mitunter schwieriger finden als Mütter, Beruf und Familie unter einen Hut zu bringen. Schaut man auf andere Befragungen wird deutlich, dass betriebliche Vereinbarkeitspolitik künftig mehr als bisher auch die Väter in den Blick nehmen sollte:

Laut Bundesinstitut für Bevölkerungsforschung finden beispielsweise zwei Drittel der Väter bis 40 Jahre, dass Väter für ihre Kinder beruflich kürzer treten sollten. Eine aktuelle Forsa-Studie im Auftrag der Zeitschrift „Eltern"[4] spricht von einem Drittel der Väter, die gerne Teilzeit arbeiten wollen, die meisten von ihnen zwischen 30 und 35 Wochenstunden. Horst Opaschowski, einer der Nestoren der deutschen Zukunftsforschung, beschreibt es als Paradigmenwechsel, dass es über drei Viertel der Bevölkerung „ideal" finden, wenn beide Elternteile berufstätig sind. Sechs Jahre zuvor waren Opaschowski zufolge noch 70 Prozent der Bundesbürger der Meinung, dass es besser sei, wenn nur ein Elternteil arbeitet und der andere die Erziehung der Kinder übernimmt. Als Seismograph in der deutschen Vereinbarkeitsdebatte greift das Unternehmensnetzwerk „Erfolgsfaktor Familie" diesen Trend auf. Hinter ihm steht der Wunsch vieler junger Paare, familiäre Fürsorge- und Versorgungsverantwortung partnerschaftlicher aufzuteilen.

Doch nicht nur das: „0,8 + 0,8 ist mehr als eine Vollzeitstelle plus Minijob". Hinter dieser schlichten Formel könnte sich ein Modell verbergen, das nicht nur familiäre Zeitbudgets, sondern auch betriebliche Personalpolitik nachhaltiger macht: Künftig könnten junge

---

3 Bundesministerium für Familie, Senioren, Frauen und Jugend 2012: Monitor Familienleben.

4 „Eltern": Väter 2014 – Zwischen Wunsch und Wirklichkeit, http://www.eltern.de/familie-und-urlaub/familienleben/vaeter-2014.html.

Väter und Mütter *beide* arbeiten, aber nicht „Vollzeit plus", sondern „in Vollzeit für Eltern" – etwa zwischen 30 und 35 Stunden. Ein weiteres Ziel von „Erfolgsfaktor Familie" ist es daher, *gemeinsam* mit Unternehmen Strategien und Ansätze zu entwickeln, wie Betriebe personalpolitisch und wirtschaftlich (re)agieren können, wenn sich Familienmodelle verändern: Wie sie zum Beispiel jungen Vätern *und* Müttern individuelle Beruf- und Karrierechancen einräumen können, die nicht mehr nach „Entweder-oder" und „Verzicht" klingen. Und wie sie so auch „Kapazitäten" gewinnen und halten können, um für den Fachkräftemangel gerüstet zu sein.

F. Impulse geben und Ideen entwickeln – das Netzwerkbüro „Erfolgsfaktor Familie" und seine Arbeitsweise

Immer mehr Unternehmen in Deutschland interessieren und engagieren sich für die Vereinbarkeit von Beruf und Familie. Sie bieten flexible Arbeitszeitmodelle, investieren in betriebliche Kinderbetreuung, Elterförderung und Familienservices oder organisieren Wiedereinstiegsprogramme. Die Erfahrungen aus dem Unternehmensnetzwerk „Erfolgsfaktor Familie" offenbaren zudem eine wachsende Vielfalt der Maßnahmen mit „Vereinbarkeitswirkung" – und damit auch wachsende Anforderungen an eine professionelle Umsetzung. Reichte vor Jahren noch das Bekenntnis, familienbewusst sein zu *wollen,* um sich von anderen Unternehmen zu unterscheiden, wuchs angesichts der Akzeptanz des Themas folgerichtig die Notwendigkeit, dies auch zu *können*. Gerade KMU mit kleiner Personalabteilung und geringen Kapazitäten sind hier mehr denn je gefordert, wenn sie den Anspruch haben, betriebliche Vereinbarkeitspolitik wirkungsvoll umzusetzen. Zentrale Aufgabe des Netzwerkbüros ist es daher, gerade die Unternehmen zu erreichen, die Interesse an einer niedrigschwelligen und praxisnahen Unterstützung haben. Hierfür kooperiert das Netzwerkbüro mit einer Vielzahl regionaler Partner: Kammern, regionale (Branchen)Verbände, Bundesländer, Wirtschaftsförderungen und Gebietskörperschaften, Arbeitsagenturen, aber auch Kommunen und lokale Bündnisse sind bundesweit aktive Partner des Unternehmensnetzwerks. Rund 70 Mal war das Netzwerkbüro allein 2013 mit Informations- und Diskussionsveranstaltungen oder Workshops zu vereinbarkeitsrelevanten Themen vor Ort. Ziel ist dabei nicht nur, Unternehmen für den „Erfolgsfaktor Familie" zu gewinnen, sondern auch Ideen und Erfahrungen zu sammeln, von denen Unternehmen andernorts ebenso profitieren.

Abbildung 7: Foto von der Bühnengestaltung des Unternehmenstages 2012
„Acht Leitsätze für flexible und familienbewusste Arbeitszeiten"
Quelle: Erfolgsfaktor Familie

Beispielhaft sei dies an einer Veranstaltungsreihe zum Thema „Flexible und familienbewusste Arbeitszeitgestaltung" verdeutlicht, die das Netzwerkbüro in den vergangenen drei Jahren umgesetzt hat: Ausgehend von der bereits genannten Initiative „Familienbewusste Arbeitszeiten" entwickelte das Netzwerkbüro zunächst gemeinsam mit Mitgliedsunternehmen acht Leitsätze für eine flexible und familienbewusste Arbeitszeitpolitik. Diese Leitsätze wurden in über 50 Diskussionsveranstaltungen und Workshops in konkrete Ideen und Ansätze zu ihrer Umsetzung weiterentwickelt.[5]

5 Ein Artikel dazu von Sofie Geisel findet sich auch in der von Martin Klaffke 2014 herausgegebenen Publikation „Generationenmanagement – Konzepte, Instrumente, Good-Practice-Ansätze", Springer Fachmedien Wiesbaden, S. 175–203.

G. Mehr als der Betriebskindergarten – Perspektiven einer modernen betrieblichen Vereinbarkeitspolitik

Für eine bessere Vereinbarkeit von Beruf und Familie gibt es nur sehr wenige Patentrezepte. Was schon bei der Gründung des Unternehmensnetzwerks „Erfolgsfaktor Familie“ maßgeblich war, hat sich in den vergangenen sieben Jahren bestätigt: Betriebe und die Lebenssituationen ihrer Beschäftigten sind zu individuell, um sie mit einem ultimativen Maßnahmenkatalog zu erfassen. Betriebliches Familienbewusstsein ist vielmehr ein komplexes Kultur- und Schnittstellenthema. Ein Thema, das fast alle betrieblichen Bereiche beeinflussen kann und von ihnen beeinflusst wird, und das seinerseits vom Wandel der Familien- und Geschlechtervorstellungen geprägt ist.

Moderne betriebliche Vereinbarkeitspolitik tut deshalb gut daran, sich an Arbeitsmarktdaten und Demoskopie zu orientieren. Im Kern beruht sie auf einem lebendigen Dialog, auf einer funktionierenden Kommunikation des Unternehmens mit seinen Beschäftigten, seinem regionalen Umfeld *und* mit anderen Unternehmen. Sie profitiert vom Austausch der Unternehmen, wenn diese ihre Erfahrungen bei der Konzeption und Umsetzung von spezifischen Maßnahmen miteinander teilen.

Betriebliche Vereinbarkeitspolitik bedarf zudem eines gezielten Ausbaus vereinbarkeitsunterstützender Infrastrukturen – nicht nur im Bereich der Kinder- und Schülerbetreuung, sondern auch in der Angehörigenpflege und bei haushaltsnahen Dienstleistungen. Sie muss sich mehr denn je um reibungslose Ein- *und* Aufstiegsoptionen für Menschen kümmern, die Beruf und Familie nicht ohne Weiteres in Einklang bringen können, um ihre Potenziale nicht zu verschenken.

Moderne betriebliche Vereinbarkeitspolitik bedarf schließlich einer Bildungs- und Karrieresystematik in Deutschland, die familiär erworbene Kompetenzen noch mehr schätzt, integriert und weiterentwickelt als bisher – und sie muss für Männer und Frauen gleichermaßen gedacht, gemeint und eingerichtet sein! Dies alles gelingt im partnerschaftlichen Miteinander zwischen Politik und Wirtschaft – und mit Hilfe eines dynamischen Unternehmensnetzwerks „Erfolgsfaktor Familie.“

Die Autoren und Herausgeber

Jutta Allmendinger, Prof., ist seit 2007 Präsidentin des Wissenschaftszentrums Berlin für Sozialforschung. Sie studierte Sozialwissenschaften in Mannheim und an der University of Madison, Wisconsin und promovierte 1989 an der Harvard University. 1993 habilitierte sie sich an der Freien Universität Berlin. 1992 bis 2007 war sie Professorin für Soziologie an der Ludwig-Maximilians-Universität München und leitete von 2003 bis 2007 das Institut für Arbeitsmarkt- und Berufsforschung der Bundesagentur für Arbeit. Sie ist Mitglied zahlreicher Akademien, Gremien und Beiräte. 2013 wurde ihr das Bundesverdienstkreuz erster Klasse der Bundesrepublik Deutschland verliehen. Jutta Allmendinger ist Autorin zahlreicher Bücher, darunter „Schulaufgaben. Wie wir das Bildungssystem verändern müssen, um unseren Kindern gerecht zu werden“ (2012).

Stefan Becker, Jahrgang 1965, Dipl.-Volkswirt sozialwissenschaftlicher Richtung, seit 1998 Geschäftsführer der „berufundfamilie gGmbH – eine Initiative der Gemeinnützigen Hertie-Stiftung“, die mit dem „audit berufundfamilie“ Marktführer bei der Zertifizierung einer familienbewussten Personalpolitik ist. Stefan Becker war unter anderem berichtender Experte für den Siebten Familienbericht (2004) und den Achten Familienbericht der Bundesregierung (2012), ist seit 2006 Mitglied des Präsidiums des Familienbunds der Katholiken und verantwortet für die Hertie-Stiftung den Themenschwerpunkt „Arbeit und Alter“.

Petra Diener ist seit 2005 für den Arbeitgeberverband HessenChemie tätig. Als ausgebildete Online-Redakteurin und Socia-Media-Managerin verantwortet sie dort die verschiedenen Internetauftritte sowie die Social-Media-Aktivitäten des Verbandes. Zuvor arbeitete sie in verschiedenen Agenturen im Rhein-Main-Gebiet. Schon Mitte der 90er-Jahre entdeckte sie ihre Passion zum Internet und war für die Webpräsenzen verschiedener Unternehmen verantwortlich. 2009 begann sie, Social Media bei der HessenChemie zu etablieren und nach und nach strategisch umzusetzen. Seit 2012 beschäftigt sie sich zudem im Verband mit dem Thema Enterprise 2.0.

Silke Eilers ist seit dem Jahr 2003 Projektleiterin am Institut für Beschäftigung und Employability IBE. Ihre Arbeits- und Forschungsschwerpunkte liegen in der demografischen Entwicklung, der Generationendiversität, dem Trendscanning sowie Employability und Lebensphasenorientierter Personalpolitik.

Jürgen Funk, Diplom-Pädagoge, seit Januar 2012 Geschäftsführer für Kommunikation und Bildungspolitik des Arbeitgeberverbandes HessenChemie. 2003 bis 2011 Pressesprecher des Verbandes. 2000 bis 2003 Geschäftsführer einer PR-Agentur. 1995 bis 2000 Landesgeschäftsführer der FDP Hessen. 1993 bis 1995 Wahlkampfassistent der FDP Bundespartei. 1990 bis 1993 Jugend- und Presseoffizier der Bundeswehr. 1985 bis 1990 verschiedene Führungsaufgaben im Truppendienst. 1982 bis 1985 Studium an der Universität der Bundeswehr. Verheiratet, drei erwachsene Kinder.

Wido Geis, Dr., Jahrgang 1981, studierte internationale Volkswirtschaftslehre mit Schwerpunkt Ostasien (China) in Tübingen. Für seine Promotion 2011 zum Thema „From Immigration to Integration: Four Essays on Economic Aspects of the Transition Process" erhielt er von der Eberhard-Karls-Universität Tübingen den Preis für die beste Promotion in VWL. Von 2007 bis 2011 war er am ifo Institut für Wirtschaftsforschung in München als Junior Economist im Bereich der Sozialpolitik und Arbeitsmärkte tätig. Seit 2011 ist Wido Geis als Economist am Institut der deutschen Wirtschaft Köln im Kompetenzfeld Humankapital und Innovation tätig und beschäftigt sich hier vor allem mit Fragen der Familienpolitik und Zuwanderung.

Sofie Geisel studierte Volkswirtschaft, Politikwissenschaft, Geografie und Romanistik in Tübingen und Genf. Nach dem Studium war sie mehr als fünf Jahre als Unternehmensberaterin tätig, unter anderem im Bereich Public Services bei Roland Berger Strategy Consultants. Anschließend war sie drei Jahre Beraterin beim Institut für Organisationskommunikation (IFOK). Parallel dazu absolvierte sie eine Ausbildung als Auditorin für das „audit berufundfamilie" der gemeinnützigen Hertie Stiftung. Seit 2007 ist sie Leiterin des Netzwerkbüros „Erfolgsfaktor Familie", einer gemeinsamen Initiative des Deutschen Industrie- und Handelskammertages (DIHK) und des Bundesfamilienministeriums. Seit 2013 ist sie zudem Prokuristin der DIHK Service GmbH.

Edeltraud Glänzer, Jahrgang 1955, Diplom-Pädagogin; seit 20 Jahren hauptamtlich bei der IG Bergbau, Chemie, Energie (vorher IG Chemie-Papier-Keramik) in verschiedenen Funktionen tätig; seit Oktober 2013 stellvertretende Vorsitzende der IG BCE und zuständig für die Themenbereiche Mitbestimmung, Sozialpolitik, Frauen/Gleichstellung, Junge Generation/Ausbildung und politische Schwerpunktgruppen; Mitglied der 11. Synode der Evangelischen Kirche in Deutschland (EKD) und seit November 2010 Mitglied des Rates der EKD; seit

März 2014 alternierende Vorsitzende des Vorstandes der Knappschaft Bahn-See.

Stefan Grüttner, seit 2010 Hessischer Minister für Soziales und Integration in Wiesbaden; zuvor war er Staatsminister und Chef der Staatskanzlei sowie Parlamentarischer Geschäftsführer der CDU-Landtagsfraktion. Seit 1997 ist er Mitglied in der Stadtverordnetenversammlung Offenbach und seit 1994 Kreisvorsitzender der CDU Offenbach. 1983 machte er sein Diplom im Studiengang Volkswirtschaftslehre an der Johannes-Gutenberg-Universität in Mainz.

Barbara Hilse ist als HR Managerin beim Bio-Pharmaunternehmen AbbVie in Wiesbaden beschäftigt und dort für die Personalarbeit in den Bereichen Commercial und Medical Affairs verantwortlich. AbbVie entstand 2013 aus der Abspaltung der forschenden Pharma-Sparte vom Gesundheitskonzern Abbott – bei Abbott startete sie 2002 und übte seitdem verschiedene Rollen im HR-Bereich aus. Vorher war Barbara Hilse im Personalbereich anderer Unternehmen tätig, darunter Boehringer Ingelheim. Sie hat einen Abschluß als Diplom-Psychologin (Universität Bochum) mit dem Schwerpunkt Wirtschaftspsychologie.

Michael Hüther, Prof. Dr., Jahrgang 1962, absolvierte von 1982 bis 1987 sein Studium der Wirtschaftswissenschaften sowie der mittleren und neuen Geschichte an der Justus-Liebig-Universität Gießen. Nach Abschluss des Promotionsverfahrens wurde er 1991 Wissenschaftlicher Mitarbeiter und 1995 Generalsekretär des Sachverständigenrates zur Begutachtung der gesamtwirtschaftlichen Entwicklung. Im Jahr 1999 wechselte er als Chefvolkswirt zur Deka-Bank und wurde dort 2001 zum Bereichsleiter Volkswirtschaft und Kommunikation ernannt. Seit August 2001 ist er Honorarprofessor an der EBS Business School in Oestrich-Winkel. Seit Juli 2004 ist er Direktor und Mitglied des Präsidiums beim Institut der deutschen Wirtschaft Köln.

Nora Hummel, Rechtsanwältin und Mediatorin, ist seit dem 1. Januar 2009 Mitglied der Geschäftsleitung und Personalleiterin des Arbeitgeberverbandes Chemie und verwandte Industrien für das Land Hessen e.V. (HessenChemie). Als Leiterin des Bereichs Sozial- und betriebliche Personalpolitik verantwortet sie bereits seit 2007 die Themen Sozialpolitik und Demografie und hat insbesondere die Demografieberatung als neue Dienstleistung des Arbeitgeberverbandes mit aufgebaut. 2011 übernahm sie zusätzlich das Thema Weiterbildung und Lebenslanges Lernen.

Manfred Koch verantwortet seit 2013 als HR Director Deutschland die Personalarbeit beim Bio-Pharmaunternehmen AbbVie. AbbVie entstand 2013 aus der Abspaltung der forschenden Pharma-Sparte vom Gesundheitskonzern Abbott: Die Rolle des HR Directors Deutschland hatte er seit 2009 bereits bei Abbott inne. Zuvor war Manfred Koch in verschiedenen Managementaufgaben bei IBM und in der Unternehmensberatung tätig. Er hält einen Abschluss in Wirtschaftspädagogik (Universität Mainz) sowie in Betriebswirtschaftslehre (Berufsakademie Stuttgart).

Eric Morel ist seit 2009 als Rechtsanwalt und Mediator BM beim Arbeitgeberverband Chemie und verwandte Industrien für das Land Hessen e.V. (HessenChemie) beschäftigt. In seiner Funktion als Referent für Sozialpolitik verantwortet er das Thema Vereinbarkeit von Beruf und Familie. Ein besonderes Augenmerk gilt der Umsetzung des bundesweiten Tarifvertrags Lebensarbeitszeit und Demografie, der Antwort der Chemiesozialpartner auf die Frage nach zukunfts- und wettbewerbsfähigen Personalstrukturen in Unternehmen. In diesem Kontext berät er die Mitgliedsunternehmen des Verbandes zu arbeits- und sozialrechtlichen Fragestellungen. Daneben unterstützt er Unternehmen als Mediator bei der Lösung innerbetrieblicher Konflikte.

Jutta Rump, Prof. Dr., ist Professorin für Allgemeine Betriebswirtschaftslehre, insbesondere Internationales Personalmanagement und Organisationsentwicklung, an der Hochschule Ludwigshafen. Daneben leitet sie das Institut für Beschäftigung und Employability IBE, das den Schwerpunkt seiner Forschungsarbeit auf personalwirtschaftliche, arbeitsmarktpolitische und beschäftigungsrelevante Fragestellungen legt. Sie hat darüber hinaus zahlreiche Mandate auf regionaler und nationaler Ebene inne.

Axel Schack, Dr. jur., ist seit 2005 Hauptgeschäftsführer des Arbeitgeberverbandes Chemie und verwandte Industrien für das Land Hessen e.V. (HessenChemie). Seit 1995 betreute er den Bereich der Sozialpolitik und des Arbeits- und Gesundheitsschutzes des Bundesarbeitgeberverbandes Chemie e.V. (BAVC) als Referent und seit 2001 als Geschäftsführer. Dr. Schack gilt als Pionier der tariflichen Altersvorsorge. Er betreute für die Chemiearbeitgeber die Vorbereitung des Rentenreformgesetzes 1999, die konzeptionelle Arbeit für den ersten Flächentarifvertrag zur tariflichen Altersvorsorge 1998, den Abschluss des ersten Konsortial-Gruppenvertrages zur tariflichen Altersvorsorge in Deutschland und begleitete die Gründung des ersten Branchenpensionsfonds in Deutschland.

Karl-Christian Schelzke, Jahrgang 1950, ist ein deutscher Kommunalpolitiker (SPD) und war von 1992 bis 1999 Bürgermeister der Stadt Mühlheim am Main (1997 Wiederwahl). Ab 01.07.1999 ist Schelzke Geschäftsführender Direktor des Hessischen Städte- und Gemeindebundes in Mühlheim am Main und seit 2001 zugleich als Rechtsanwalt zugelassen. Er studierte von 1969 bis 1975 Rechtswissenschaften und Politikwissenschaften in Frankfurt am Main und Gießen. Nach erfolgreichem zweitem juristischem Staatsexamen wechselte er, nach einer Tätigkeit als Strafverteidiger in Wetzlar, 1977 in den hessischen Justizdienst als Staatsanwalt in seine Geburtsstadt Frankfurt am Main. Im Anschluss war er 1978 bis 1986 als Staatsanwalt in Frankfurt am Main und nebenamtlich als Dozent an der Verwaltungsfachhochschule Wiesbaden tätig. 1986 wurde er als Referatsleiter in das hessische Ministerium der Justiz berufen und dort 1989 zum Oberstaatsanwalt befördert. Schelzke hat unter anderem im Justizministerium die Grundlagen für die Gründung des Landespräventionsrates Hessen erarbeitet.

Manuela Schwesig ist seit dem 17. Dezember 2013 Bundesministerin für Familie, Senioren, Frauen und Jugend. Die 1974 in Frankfurt (Oder) geborene Diplom-Finanzwirtin arbeitete zunächst in Finanzämtern in Frankfurt (Oder) und Schwerin sowie im Finanzministerium Mecklenburg-Vorpommern und engagierte sich in der Kommunalpolitik. 2008 wurde sie Ministerin für Soziales und Gesundheit und ab 2011 Ministerin für Arbeit, Gleichstellung und Soziales des Landes Mecklenburg-Vorpommern. Seit 2009 ist die Politikerin stellvertretende Parteivorsitzende der Sozialdemokratischen Partei Deutschlands (SPD). Manuela Schwesig ist verheiratet und hat ein Kind. Sie lebt mit ihrer Familie in Schwerin.

Margret Suckale ist seit Mai 2011 Mitglied des Vorstandes der BASF SE. Suckale ist derzeit verantwortlich für Human Resources, Engineering & Maintenance, Environment, Health & Safety sowie das Verbund Site Management Europe. Sie ist Arbeitsdirektorin der BASF SE und Standortleiterin für das Werk Ludwigshafen. Zuvor war Suckale seit 2009 Senior Vice President Global HR – Executive Management and Development. Suckale trat in die BASF ein, nachdem sie seit 1997 für das Transport- und Logistikunternehmen Deutsche Bahn in verschiedenen leitenden Positionen tätig war. Unter anderem war sie von 2005 bis 2009 im Vorstand der Deutschen Bahn zuständig für Personal und Dienstleistungen. Suckale begann ihre berufliche Laufbahn im Jahr 1985 beim Öl und Gasunternehmen Mobil Oil, wo sie in unterschiedlichen Positionen in den Bereichen Recht und Human Resources im In- und Ausland tätig war. Margret Suckale wurde 1956 in Hamburg geboren. Nach dem zweiten juristischen Staatsexamen und einer mehrjährigen Tätigkeit als wissenschaftliche Mitarbeiterin an der Universität Hamburg erwarb sie einen Executive Master of Business Administration der WHU, Vallendar, und Kellogg School of Management, Illinois, USA, sowie den Executive Master of European and International Law der Universität St. Gallen, Schweiz. Seit Juni 2013 ist Margret Suckale Präsidentin des Bundesarbeitgeberverbandes Chemie (BAVC).

Bernadette Tillmanns-Estorf, Dr., ist Direktorin Unternehmenskommunikation und Wissensmanagement des B. Braun-Konzerns. In dieser Funktion verantwortet sie die interne und externe Kommunikation des Medizintechnik- und Pharmaherstellers, der mit 50.000 Mitarbeitern in 61 Ländern tätig ist. Nach ihrem Studium der Politikwissenschaften sowie der spanischen und portugiesischen Philologie in Bonn und Lissabon mit abschließender berufsbegleitender Promotion war sie von 1990 bis 1995 zunächst journalistisch und dann in verschiedenen Positionen im deutschen Bundestag tätig. Bei B. Braun arbeitet sie seit 1996. 1998 übernahm sie die Leitung der Öffentlichkeitsarbeit in Deutschland. Seit 2000 ist sie für die weltweite Kommunikation verantwortlich und übernahm 2012 die Verantwortung für den Bereich Wissensmanagement.

Thomas Wedekind wurde 1962 in Celle geboren. Im Jahre 1986 hat er seine Laufbahn bei der international tätigen Technoform Group im Landkreis Kassel begonnen und ist seit 20 Jahren Geschäftsführer in unterschiedlichen Firmen der Unternehmensgruppe. Zurzeit ist Thomas Wedekind Geschäftsführer der Technoform Glass Insulation GmbH. Seit mehreren Jahren engagiert er sich zudem ehrenamtlich als Vorstandsmitglied der HessenChemie und ist Fachausschussvorsitzender und Verhandlungsführer der Tarifkommission der KVI Hessen.

Dr. *Eike Wenzel,* Gründer und Leiter des Instituts für Trend- und Zukunftsforschung (GmbH) und Chefredakteur des Zukunftsletters (www.zukunftsletter.de). Mit dem Portal www.zukunftpassiert.de betreibt Dr. Eike Wenzel *das* deutsche Webportal für wissenschaftliche Trend- und Zukunftsforschung. Er gilt als einer der renommiertesten deutschen Trend- und Zukunftsforscher und hat sich laut „Spiegel" und Wikipedia als erster deutscher Forscher mit den LOHAS (Lifestyle of Health and Sustainability) beschäftigt. Das Institut für Trend- und Zukunftsforschung ist ein An-Institut der DHBW Heilbronn und das erste Trendforschungsunternehmen an einer deutschen Hochschule. Er ist Kolumnist der „Wirtschaftswoche" und nimmt Lehraufträge an deutschen und internationalen Universitäten wahr. Zusammen mit Börsenguru Dirk Müller gibt er den Börsenbrief Cashkurs Trends (www.cashkurs-trends.de) heraus und ist Herausgeber der Zukunftsstudien-Reihe „Trendwärts".

Constanze Wollrath studierte Angewandte Fremdsprachen und Wirtschaft an der Justus-Liebig-Universität Gießen und der Universidad de León/Spanien. Seit 2008 ist sie im Bereich Management Systeme der Technoform Glass Insulation GmbH in Lohfelden bei Kassel tätig und dort unter anderem verantwortlich für den Bereich Beruf und Familie sowie für die Presse- und Öffentlichkeitsarbeit.